Le dualisme constitutionnel sur la forme de l'État au Tchad

Une confrontation dans la recherche de la refondation de l'État Tchadien

Collection « Études africaines »

dirigée par Denis Pryen et son équipe

Forte de plus de mille titres publiés à ce jour, la collection « Études africaines » fait peau neuve. Elle présentera toujours les essais généraux qui ont fait son succès, mais se déclinera désormais également par séries thématiques : droit, économie, politique, sociologie, etc.

Dernières parutions

Roger NGOUFO, Paul TCHAWA et Moïse TSAYEM DEMAZE, *Environnement tropical et développement territorial. Pour une géographie décloisonnée et appliquée*, 2023.
Abdoulaye Aboubacrine, *Droit international de l'environnement et droit malien. Vers un droit africain harmonisé de l'environnement*, 2023.
Victor PUATI VANGU, *Les impératifs du développement industriel durable en République démocratique du Congo. Face aux exigences de l'éthique et du leadership,* 2023.
Arsène ELONGO, *Métaphore dans la culture congolaise,* 2023.
Jaribu MULIWAVYO, *Procès contre les rebelles ADF À Beni, Récit d'une tragédie politico-judiciaire*, 2023.
Dieudonné MUSA ALOKPO, *L'éducation en Afrique dans des sociétés en mutation. À partir du cas de la RD Congo*, 2023.
Ruddy KABAMBI TSHITADI, *Internationalisation de l'insécurité des eaux du bassin du Congo. Géostratégie de la sécurité*, 2023.
Émile AMOUZOU, *Littérature comparée et enseignement du français. Pour une didactique des humanités en Afrique : le cas de la Côte d'Ivoire*, 2023.
Sena Yawo AKAKPO-NUMADO et Bilakani TONYEME (dir.), *L'école en Afrique. La fin des mythes et le début d'une nouvelle ère*, 2023.
Sabine NDZENGUE AMOA, *Justice pour l'environnement en Afrique et ailleurs. La cour internationale pour le climat (CIC)*, 2023.

Ousmane Koudangbé Houzibé

Le dualisme constitutionnel sur la forme de l'État au Tchad

Une confrontation dans la recherche de la refondation de l'État Tchadien

L'Harmattan

À Madame Mariam Mahamat IBET, ma mère

À Amira Houzibé et Naïma Houzibé mes filles

Au Dr. ALASSANI Zeinatou, mon épouse

À Monsieur DJIBRINE HOUZIBE KIRO, mon père.

5-7, rue de l'École-Polytechnique – 75005 Paris
www.editions-harmattan.fr
ISBN : 978-2-336-40588-9
EAN : 9782336405889

Remerciements

Au terme de cette analyse juridique, constitutionnelle et institutionnelle sur le Tchad, j'adresse mes sincères remerciements à mes Maîtres, le Professeur Philippe LAGRANGE, Agrégé de Droit public, Doyen Honoraire de la faculté de Droit et Sciences sociales de l'Université de Poitiers en France pour avoir préfacé ce modeste ouvrage en compagnie de son collègue, le Professeur Ismaïla Madior FALL, Agrégé de Droit public et de Science politique de l'Université Cheikh Anta Diop de Dakar, Ministre de la Justice, Garde des Sceaux du Sénégal, pour m'avoir donné le goût d'emboîter ses pas dans la discipline du droit constitutionnel et institutions politiques.

Un Grand merci aussi, à mon épouse, Dr. Alassani Zeinatou (Juriste), spécialiste du droit international pour ses conseils, lectures et corrections dans la rédaction de mes ouvrages. Merci aussi, à mon jeune frère, Josué Kanabo (doctorant en droit à l'université de Grenoble) pour la mise en forme de l'ouvrage. Un Grand Merci au Dr. Ali Abdel Rahmane Haggar, pour sa fraternité, son amitié et son amabilité à mon égard. Merci pour le soutien !

PREFACE

C'est toujours une satisfaction pour un Directeur de thèse que d'avoir à préfacer la thèse de doctorat d'un de ses anciens étudiants. C'est une plus grande satisfaction encore que d'être sollicité pour préfacer un ouvrage s'inscrivant dans la continuité de ses travaux de recherche post-doctorat. De ce point de vue, le Docteur Ousmane Koudangbé HOUZIBE est d'une grande constance. Non seulement ce dernier reste fidèle à ses Directeurs de recherche, mais encore continue-t-il de s'inscrire dans une louable démarche académique visant à proposer une analyse lucide et objective des évolutions politiques de l'État tchadien.

Après avoir examiné le processus d'implantation de la démocratie pluraliste au Tchad, le Docteur Ousmane Koudangbé HOUZIBE continue de s'inscrire dans la perspective « constitutionnaliste », conçue au sens large, comme un moyen d'éclairer l'évolution politique d'un État donné au travers de l'analyse de ses différents régimes et Constitutions, qui guidait son second ouvrage, pour livrer une nouvelle réflexion particulièrement aboutie sur les causes et problèmes rencontrés par le Tchad dans son processus de développement constitutionnel, institutionnel et politique.

Le décès tragique du Président Idriss Deby a en effet conduit à l'instauration d'un dialogue national qui, au-delà de permettre le bon déroulé du processus de transition, se traduit aussi par une profonde remise en question des fondements même de l'État tchadien, État unitaire décentralisé, dont nombre de citoyens considèrent qu'il devrait évoluer vers une forme fédérale. Acteur du processus de transition, qu'il a suivi dans toutes ses phases, en ayant également participé en tant que chercheur et « personne ressource » au dialogue national, le Docteur Ousmane Koudangbé HOUZIBE ne s'est pas contenté, dans l'ouvrage que le lecteur va être amené à parcourir, de simplement témoigner de ce qu'il a vécu et perçu de ce processus.

Il a aussi entendu se constituer comme force de proposition, en développant deux avant-projets de Constitutions, l'une fédérale et l'autre unitaire. Le concept d'État-nation, héritage intellectuel de l'ex-puissance coloniale mérite à l'évidence d'être interrogé et il est heureux que de tels questionnements soient pensés *in concreto* et non de façon purement académique, sous le double signe de l'égalité et de la justice sociale, et avec pour perspectives le développement de l'État et l'épanouissement du peuple tchadien.

De tels ouvrages sont précieux et trop rares sur le continent africain. Il faut souhaiter leur généralisation, de façon à permettre aux peuples concernés de se réapproprier leur destin et de participer effectivement du devenir de leurs sociétés respectives. Que cette préface soit dès lors et aussi l'occasion de féliciter le Docteur Ousmane Koudangbé HOUZIBE d'avoir pris le temps, avec ambition, pédagogie et humanité, de contribuer à cette grande aventure collective.

Pr. Philippe LAGRANGE
Agrégé de Droit public, Doyen Honoraire de la faculté de Droit et Sciences sociales de l'Université de Poitier, France.

&

Pr. Ismaïla Madior FALL
Agrégé de Droit public et Science politique de l'Université Cheikh Anta Diop de Dakar, Ministre de la justice, Garde des Sceaux du Sénégal

SOMMAIRE

INTRODUCTION

Le constitutionnalisme[1] tchadien montre depuis un moment un dualisme[2] sans précédent sur le choix de la forme de l'État. Il est d'une certitude que le Tchad en tant qu'État est miné par une instabilité politique chronique dès sa proclamation en République en novembre 1958. Il a connu une vie constitutionnelle et politique mouvementée et les conséquences de cette série des crises politiques ont produit, une crise de confiance entre les Tchadiens, induisant un dualisme constitutionnel sans précédent sur le choix de la forme de l'État dans la recherche de la refondation de l'État tchadien soixante-trois ans après son accession à l'indépendance.

---

[1] Le Constitutionnalisme est une notion qui renvoie au « mouvement historique d'apparition des constitutions, et définit la signification d'une constitution comme technique de limitation du pouvoir » ; Voir DE VILLIERS M., LE DIVELLEC. A., *Dictionnaire du droit constitutionnel,* Sirey, 2022, p. 83. Dans son acception contemporaine, il « met en avant la suprématie de la constitution, garantie par l'existence d'un contrôle de constitutionnalité » ; Cf. GUINCHARD. S., DEBARD. T. (dir.), *Lexique des termes juridiques*, Dalloz, 30ème ed. 2022- 2023, p. 279 ; Voir également HOUZIBE. O. K., *Le constitutionnalisme tchadien, de la proclamation de la République à l'instauration démocratique. 1958-2021*, L'Harmattan, 2022, 360 p.

[2] Le dualisme est une notion qui postule l'existence de deux principes fondamentaux et opposés, généralement considérés comme étant à la base de tout phénomène ou de toute réalité. Cette notion est souvent utilisée dans des domaines tels que la philosophie, la théologie, la psychologie, la sociologie ou la politique. Dans la théologie, le dualisme peut désigner la croyance en l'existence de deux forces opposées et éternelles, comme le bien et le mal, ou Dieu et le diable. En psychologie, le dualisme peut faire référence à la distinction entre le conscient et l'inconscient, ou entre la raison et l'émotion. En sociologie, le dualisme peut désigner la division entre les travailleurs et les employeurs, ou entre les classes sociales. En politique, le dualisme peut faire référence à la division des pouvoirs entre les différents organes de l'État, tels que l'exécutif et le législatif, ou entre les partis politiques. En droit, la notion signifie simplement deux principes distincts qui cohabitent ou s'affrontent. Voir Olivier Duhamel et Yves Meny, *Dictionnaire constitutionnel*, Paris, PUF, 1992, p. 694.Voir à ce sujet pour plus d'éclairages, Hans Kelsen, *Théorie pure du droit*, LGDJ, La pensée juridique, 1999, 376 p ; Georges Scelle, *Théorie générale de l'État et du droit international public,* LGDJ, 1962, 921 p ; Vattel, Emmerich de, *Le Droit des gens, ou, Principes de la loi naturelle appliqués à la conduite et aux affaires des nations et des souverains,* Neuchâtel : Samuel Fauche, 1758 ; Carl Schmitt, *Le Nomos de la Terre*, Flammarion, 2021.

En effet, après sa proclamation en République le 28 novembre 1958, le Tchad, ancienne colonie française d'Afrique noire aux confins du Sahel et du Sahara, accède à l'indépendance le 11 août 1960. Les régimes politiques[3] qui se sont succédé aux commandes du pays n'ont pu relever les défis majeurs de la mise en place des institutions fortes en lieu et place des hommes forts qui ont gouverné sans pouvoir réussir la consolidation d'une unité nationale et la cohésion sociale fondée sur la justice et l'égalité entre les Tchadiens. De même, l'instabilité constitutionnelle et institutionnelle chronique, a produit un résultat fâcheux en termes de retard dans le respect des libertés et droits fondamentaux de l'homme et aussi une disproportionnalité sociale ambiante dans la croissance économique entre les citoyens déterminant ainsi, un niveau bas du pays à l'échelle sous régionale, continentale et mondiale sur le plan d'indice de développement humain.

Dès son indépendance, le Tchad en tant qu'État n'a pu préserver à sa population un minimum vital social commun pour tous et n'a pu lutter contre la paupérisation de sa population pour enrayer l'instabilité politique et économique chronique dans le cadre de la consolidation d'un État[4] et d'une démocratie a minima. Aussi, les libertés fondamentales et les droits de l'homme ainsi que le développement de la croissance économique du pays n'ont pu constituer une priorité pour les différents pouvoirs qui se sont succédé à la tête du pays déstabilisant de facto, le fonctionnement normal de l'État[5] de droit acquis dans son fondement.

C'est cette logique qui a pu conduire forcément vers une crise de confiance entre les Tchadiens débouchant ainsi sur des velléités de partage du pouvoir dès septembre 1977 avec « l'accord de Khartoum »[6] entre les putschistes du Conseil Supérieur Militaire CSM

---

[3] FALL. I. M., « La construction des régimes politiques en Afrique : insuccès et succès », *Afrilex*, janvier 2014, p. 2.

[4] Georges Burdeau, *Traité de science politique. Les régimes politiques*, 2e éd., Paris, LGDJ, 1970, p. 2-14.

[5] La notion de système politique renvoie à « l'exercice du pouvoir tel qu'il résulte de la pratique institutionnelle dominante ». Voir Olivier Duhamel, Droit constitutionnel et politique, Paris, Seuil, 1994, p. 653-654.

[6] Grâce à une médiation soudano-égyptienne, les négociations aboutirent à la signature d'un accord dit « Accord de Khartoum » le 16 septembre 1977. Le 25 août 1978, une « Charte Fondamentale » tenant lieu de Constitution provisoire fut promulguée. Elle prévoyait entre autres, la dissolution du CSM et du CCFAN, la

au pouvoir, à la suite du coup d'État du 13 avril 1975[7], et les rebelles du Conseil de Commandement des Forces Armées du Nord CCFAN qui ont abouti à la formation d'un Gouvernement d'union nationale de transition en août 1978. Avec ce premier partage du pouvoir au sommet de l'État, entre un Président putschiste issu de la zone méridionale du pays, le Général Félix Malloum Ngakoutou Bey-Ndi, et un Premier Ministre rebelle issu de la zone septentrionale du pays, l'ancien diplômé de Science-Po Paris, Hissein Habré ; les acteurs politiques tchadiens ont pu inaugurer ainsi sans le savoir, un dualisme constitutionnel sur la forme de l'État. Dans cette logique régionaliste de partage du pouvoir, certains acteurs ont estimé que chaque province doit désormais se développer en fonction de ses ressources disponibles. C'est ainsi, qu'à la faveur du coup d'État militaire d'avril 1975 et du partage du pouvoir issu de l'accord de Khartoum[8] de septembre 1977, certains tchadiens ont commencé à soutenir ouvertement l'instauration de la forme fédérale de l'État en République du Tchad.

Autrement dit, la source du dualisme constitutionnel et institutionnel actuel au Tchad est liée essentiellement au non-respect des dirigeants successifs des droits[9] économiques, sociaux et culturels, proclamés au titre du pacte international[10] relatif aux droits économiques, sociaux et culturels adopté en décembre 1966 par l'Assemblée Générale des Nations unies dont le Tchad est signataire. Ces droits fondamentaux de l'homme ainsi que les droits civils et politiques devraient être respectés par les dirigeants tchadiens afin de fonder une stabilité constitutionnelle et institutionnelle en ce sens qu'ils représentent des droits importants pour la cohésion sociale et l'unité nationale au sein d'un État jeune qui venait juste d'entamer son processus de

---

désignation d'un nouveau Président de la République et d'un Premier ministre, la formation d'un Gouvernement d'Union Nationale Provisoire ainsi que la création d'autres institutions de transition. Le 29 août 1978, Malloum prête serment en qualité de Président de la République et nomme Hissein Habré au poste de Premier ministre.

[7] Voir DEBOS. Marielle., Le métier des armes au Tchad. Le Gouvernement de l'entre-guerres, Karthala, Les Afriques, 2013, 264 p.

[8] BOUQUET. Ch., *Tchad, Genèse d'un conflit,* L'Harmattan, 1982, 250 p.

[9] Ata Ajavon, « La protection des droits de l'homme dans les constitutions des États de l'Afrique Noire francophone », *RIPIC* n° 1, Mars 1992, p. 128.

[10] Il s'agit du Pacte international relatif aux droits civils et politiques, entré en vigueur le 23 mars 1976 et de celui relatif aux droits économiques sociaux et culturels entré en vigueur le 3 janvier 1976.

développement. Ils sont généralement qualifiés des droits dits de la deuxième génération et permettent aux gouvernants d'assurer aux citoyens le bien-être social et surtout l'union et la cohésion sociale dans un pays.

Cependant, très tôt, le régime parlementaire[11] de 1958, devenu entretemps un régime présidentialiste fort[12] dès janvier 1962, a conduit à un étranglement des droits civils et politiques, complètement ignorés et constamment violés conduisant à une forme de violence de l'État[13] contre sa population entrainant une forme de légitime défense de la population contre l'État[14]. L'État tchadien dès janvier 1962, sous le virage du régime présidentialiste[15] fort a commencé à persécuter et réprimer sa population au mépris total de l'ensemble des textes de protection des droits de l'homme. Le régime politique[16] réprimait et persécutait toutes les voix discordantes et toute opposition d'une manière générale. Au lieu de suivre l'exemple de beaucoup de jeunes États africains indépendants à cette époque qui ont privilégié les droits économiques, sociaux et culturels ainsi que les droits civils et politiques pour faire asseoir une cohésion nationale, et surtout assurer la stabilité politique de leurs États, pour la consolidation d'un régime démocratique et le pérenniser par la suite, le régime présidentialiste

[11] Olivier Duhamel et Yves Meny, *Dictionnaire constitutionnel*, Paris, PUF, 1992, p. 694. Lauvaux définit quant à lui le parlementarisme rationalisé comme le fait de « traduire par les règles juridiques écrites et des mécanismes formels, les modes de fonctionnement du système parlementaire, et de les aménager dans une perspective rationnelle », Philippe Lauvaux, *Parlementarisme rationalisé et stabilité de l'Exécutif*, Bruxelles, Bruylant, 1988, p. 9.

[12] Voir LANNE. B., Histoire politique du Tchad de 1945-1958. Administration, Partis, élections, Karthala, 1998, 352 p.

[13] Voir BUIJTENHUIJS. R. *Le FROLINAT et les révoltes populaires du Tchad, 1965-1976,* Walter de Gruyter; Reprint 2019 éd. Édition, novembre 1978, 526 p.

[14] Voir BANGOURA. M. T., *Violence politique et conflits en Afrique : le cas du Tchad*, L'Harmattan, 2006, 488 p.

[15] Voir Jean-Louis Quermonne, « La distinction entre régime présidentiel et régime parlementaire commande-t-elle encore l'avenir de la Ve République ? », *RDP* 2005, no 6, p. 1505-1511, notamment p. 1508 ; Brigitte Vincent, « La typologie classique des régimes politiques à l'épreuve du constitutionnalisme est-Européen », dans Genoveva Vrabie (dir.), *L'évolution des concepts de la doctrine classique de droit constitutionnel, Bucarest*, Institutul European, 2008, p. 69-79.

[16] Jean Gicquel et Jean-Éric Gicquel, *Droit constitutionnel et institutions politiques*, 24e éd., Paris, Montchrestien, 2010, p. 132.

fort tchadien de 1962 s'est employé à faire le contraire[17] en opérant le choix de l'exclusion et la répression des opposants[18] politiques, tout en construisant la personnalisation[19] du pouvoir de l'État. Cette conception de l'exercice et la conservation du pouvoir[20] de l'État par le seul prisme[21] de la dictature qui opprime[22] toute une population ou toute voix discordante, postule à la désacralisation du mode de dévolution normale du pouvoir connu sous le vocable du respect des règles démocratiques. C'est en cela que l'on peut qualifier dès lors, la notion de dévolution démocratique du pouvoir de simple théorie constitutionnelle et institutionnelle dans l'exception tchadienne en matière de gouvernance politique, surtout dans la transmission du pouvoir et le renouvellement de la classe politique.

De ce qui précède, il convient de tout de même de cerner les principales notions qui composent notre sujet qui attrait au dualisme constitutionnel sur la forme de l'État au Tchad. Il s'agit de rechercher et comprendre le sens des notions et mots contenus dans ce sujet. Tout d'abord, nous allons expliquer le sens et la signification des mots « dualisme », « constitutionnel » et « forme de l'État » pour étayer l'esprit du lecteur et clarifier notre démarche méthodologique à faire remonter l'histoire des institutions juridiques dans le contexte tchadien. En effet, dans son étymologie le mot « dualisme »[23] provient du latin « dualis », qui signifie « deux », et du suffixe « -isme », qui indique une doctrine ou une théorie. Ainsi, sur le plan étymologique,

---

17 L'échec de la greffe du régime présidentiel de type américain tient à « la complexité inhérente au schéma institutionnel issu de la répartition du pouvoir dans la Constitution américaine du 17 septembre 1787 » qui débouchait sur une « défaillance "congénitale" des transplants institutionnels africains », Ismaïla Madior Fall, « La construction des régimes… », art. cité, p. 9 et 10.

18 Ata Ajavon, « La protection des droits de l'homme dans les constitutions des États de l'Afrique Noire francophone ». *art,* cit., p. 81.

19 Louis Dubouis, « Le régime présidentiel dans les nouvelles constitutions des États africains », Penant, n° 691, 1962, p. 222.

20 Sur la typologie des exécutifs, voir Joseph Owona, « Le pouvoir exécutif », *Encyclopédie juridique de l'Afrique,* Dakar-Lomé-Abidjan, Nouvelles Éditions africaines, 1982, t. I, p. 97 ; Paul-Marie Gaudemet, *Le pouvoir exécutif,* Paris, Montchrestien, 1966.

21 FALL. I. M., Le pouvoir exécutif dans le constitutionnalisme des États d'Afrique, Paris, L'Harmattan, 2008, p. 13.

22 Raymond Carré de Malberg, *Contribution à la théorie générale de l'État*, Tome I, Paris, Sirey, 1920, p. 232.

23 Voir La Toupie, dictionnaire juridique et politique en ligne, https://www.toupie.org/Dictionnaire

le mot « dualisme » désigne une théorie ou une doctrine selon laquelle il y a deux principes fondamentaux ou deux réalités distinctes dans l'univers et qui cohabitent. Autrement dit, dans un contexte philosophique, le mot dualisme peut se référer à l'opposition entre le corps et l'esprit, la matière et l'esprit, le bien et le mal, le monde sensible et le monde intelligible, etc. Dans un contexte religieux, le mot « dualisme » peut faire référence à l'opposition entre le bien et le mal, le pouvoir et l'opposition etc.

Aussi, le mot « constitutionnel »[24] également provient du latin « constitutio », qui signifie « établissement », « règlement », ou « constitution ». Le suffixe « -nel » indique une appartenance ou une relation à quelque chose. Ainsi, le terme « constitutionnel » se réfère à tout ce qui concerne la Constitution ou les règles fondamentales d'un pays ou d'une organisation. En général, il est utilisé pour décrire des lois, des principes ou des processus qui sont conformes à une Constitution ou qui sont liés à sa création et son fonctionnement. Enfin, le mot composé « la forme de l'État »[25] peut signifier dans son acception complète comme étant l'organisation politique d'un pays ou d'une nation. Étymologiquement, le mot « État » provient du latin « status », qui signifie « condition », « position » ou « situation ». Le terme « État »[26] a évolué pour désigner l'organisation politique souveraine d'une société ou d'un territoire. La forme de l'État[27] est donc la manière dont l'organisation politique de l'État est structurée et réglementée, en termes de pouvoir exécutif, législatif et judiciaire.

Les différentes formes de l'État incluent notamment l'État unitaire et l'État fédéral. L'étymologie du mot « forme » provient également du latin « forma », qui signifie « aspect », « apparence » ou « configuration ». La forme de l'État est donc l'apparence ou la configuration de son organisation politique, qui peut varier en fonction de divers facteurs historiques, culturels et institutionnels.

---

[24] Raymond Guillien et Jean Vincent, *Lexique des termes juridiques,* 17e éd., Paris, Dalloz, 2010, p. 935.

[25] L'État, en droit constitutionnel, se définit par des éléments constitutifs, qui sont au nombre de trois : un territoire, une population et un pouvoir politique organisé. Une fois constitué il peut revêtir différentes formes, que ce soit en tant qu'État unitaire ou en tant qu'État composé.

[26] Raymond Carré de Malberg, *Contribution à la théorie générale de l'État*, cité par Chevalier (J.), *L'État de droit*, Paris, Montchrestien, 1992, pp. 16-17.

[27] Maurice Hauriou, *Précis de droit constitutionnel*, 2ème édition, Dalloz, 1929.

Ainsi, rassemblées les différentes définitions et significations de notre sujet intitulé « le dualisme constitutionnel sur la forme de l'État » donne comme signification dans son acception globale comme étant une doctrine juridique qui prévoit que les citoyens d'un État peuvent avoir le choix entre deux formes différentes de l'État : l'État unitaire et l'État fédéral. Dans un État unitaire, le pouvoir est centralisé au niveau national et il n'y a qu'une seule Constitution pour tout le pays. Le pouvoir est généralement exercé par un gouvernement central et les collectivités locales n'ont que des pouvoirs limités délégués par le gouvernement central. Dans un État fédéral, le pouvoir est partagé entre l'État fédéral et les États fédérés. Chaque niveau d'État possède sa propre constitution, ses propres institutions et ses propres pouvoirs, et ces pouvoirs sont généralement définis dans la Constitution fédérale. Les États fédérés peuvent avoir des pouvoirs législatifs, exécutifs et judiciaires propres.

Le choix entre ces deux formes d'États dépend généralement de la taille et de la diversité du pays, ainsi que de son histoire et de sa culture politique. Les pays avec une grande diversité culturelle, linguistique ou ethnique peuvent choisir une forme fédérale pour permettre une plus grande autonomie locale et pour préserver l'identité culturelle des différentes régions. Les pays avec une culture politique plus homogène peuvent préférer une forme unitaire pour une gestion plus centralisée et efficace du pays. Toutefois, le choix de la forme de l'État dans le contexte actuel du Tchad apparaît comme un enjeu majeur qui doit être tranché par un référendum constitutionnel en perspective.

De ce qui précède, l'État de droit demeure alarmant[28] jusqu'à preuve du contraire au Tchad faute de politique claire, qui garantit la promotion et la sauvegarde de l'ensemble des droits protégés par les instruments juridiques internationaux que le Tchad a pourtant ratifié au cours de son évolution tumultueuse en tant qu'État disposant de sa souveraineté complète. La question fondamentale du moment, comme nous le constatons en toute quiétude est celle de savoir, quelle forme de l'État doit être privilégiée pour garantir la cohésion sociale et l'unité nationale entre les Tchadiens ? Il s'agit pour les Tchadiens de déterminer le meilleur choix de la forme de l'État incluant le meilleur mécanisme régalien à même de garantir à l'ensemble des citoyens, la

[28] Raymond Carré de Malberg, *op. cit.*, Tome I, p. 488.

justice et l'égalité ainsi que la pleine jouissance de leurs droits et libertés publiques constamment violées par les dirigeants successifs à la tête de l'État depuis 1960.

Au-delà de la dualité constitutionnelle[29] tchadienne qui cherche à opérer un choix réel sur la forme de l'État[30], condition essentielle au respect de la protection des droits et libertés du citoyen, cette question de la satisfaction équitable des besoins vitaux des citoyens se pose également avec acuité dans plusieurs pays africains confrontés à d'énormes difficultés économiques, sociales et politiques dès les indépendances des années 1960. En principe, l'équité et la satisfaction des besoins vitaux des citoyens dans un État ne devraient souffrir d'aucune ambiguïté pour se résumer à la simple reconnaissance officielle du principe de la souveraineté d'un État sur le plan du droit international.

De ce fait, la signature et la ratification des textes juridiques internationaux en matière des protections des droits de l'homme et du citoyen par le Tchad devraient servir de moyens de pression à la Communauté internationale afin d'apprécier la conduite et l'attitude des dirigeants tchadiens[31] successifs depuis l'indépendance à l'égard de la population. Ces mesures et dispositions qui constituent des moyens de pression vis-à-vis de tout État[32], devraient s'accompagner d'une judicieuse observation par la Communauté internationale de l'ensemble des droits et l'équité de justice entre les Tchadiens sur le plan de la gouvernance, sans préférence d'une partie au détriment des autres tchadiens. La politique tchadienne de protection en matière des droits et libertés de l'homme devrait aussi et surtout s'apprécier par la capacité de l'État à prévoir des mécanismes de protection auxquels les citoyens peuvent à tout moment avoir recours pour se faire rétablir dans leurs droits (la saisine du Conseil constitutionnel par exemple).

---

[29] Voir POIRMEUR (Y.) et ROSENBERG (D.), « La doctrine constitutionnelle et le constitutionnalisme français », *in* Centre universitaire des recherches administratives et politiques de Picardie, *Les usages sociaux du droit,* Paris, PUF, pp, 230-251. Cités par MANANGOU (V. R.), « Contre-pouvoirs, tiers pouvoirs et démocratie en Afrique », *in Constitution, pouvoirs et contre-pouvoirs,* Association française de droit constitutionnel, Congrès de Lyon, 26, 27 et 28 juin 2014, p. 1.

[30] Voir Georges Burdeau, *L'État,* Nouvelle édition, Points, 2009, 197 p.

[31] Voir DINGAMADJI (A.), Les gouvernement du Tchad. De Gabriel LISETTE à Idriss DEBY ITNO 1957-2010, Paris, L'Harmattan, 2011, 309 p.

[32] DINGAMADJI (A.), NGARTA TOMBALBAYE : Parcours et rôle dans la vie politique du Tchad, 1959-1975, Paris, L'Harmattan, 2007, 442 p.

En effet, et suivant le processus de la consolidation de la cohésion sociale et de l'unité nationale, toutes les Constitutions[33] tchadiennes qui ont existé jusqu'ici, ainsi que les Chartes proclamées par les différents dirigeants successifs à la tête de l'État, affirment dans leurs préambules la nature unitariste[34] et démocratique de l'État. Cette affirmation gratuite qui revient le plus souvent dans le constitutionnalisme tchadien et qui n'est pas du tout appliquée en pratique tire sa source de la définition théorique des régimes démocratiques à travers le principe du gouvernement du peuple par le peuple et pour le peuple qui rassure par une telle affiche la Communauté internationale et les partenaires. Malheureusement, dans la plupart des régimes politiques tchadiens, la pratique de la satisfaction des besoins vitaux à la population, d'équité et de justice entre les citoyens ainsi que la protection des droits et libertés fondamentales pèche souvent par une absence notoire de véritables mécanismes capables de garantir le respect de la théorie proclamée dans les textes fondamentaux à l'ensemble du corps social, entrainant des velléités fédéralistes voire des tentations séparatistes pour garantir un développement séparé à chaque province du fait de l'injustice et d'inégalité croissante entre les Tchadiens.

De ce fait, la Conférence nationale souveraine[35] du Tchad tenue à N'Djamena du 15 janvier au 07 avril 1993 à l'image des états généraux de la France en 1789, a pu redéfinir un nouvel ordre politique[36] et constitutionnel du pays en réorientant la gouvernance politique[37] vers la sauvegarde de l'unité nationale et la cohésion

---

[33] HOUZIBE. O.K., Le constitutionnalisme tchadien, de la proclamation de la République à l'instauration démocratique. 1958-2021, L'Harmattan, 2022, 360 p.

[34] Debbasch Roland, Le principe révolutionnaire de l'unité et de l'indivisibilité de la République, Paris, Economica, 1988, p. 1.

[35] Voir Fabien Eboussi Boulaga, *Les Conférences nationales en Afrique noire. Une affaire à suivre*, Paris, Karthala, 1993, 229 p ; Sur le même sujet voir l'article de Jean-Jacques Raynal, « Les Conférences nationales en Afrique », Recueil Penant, octobre – décembre 1994, pp. 310-321 ; Maurice Kamto, « Les Conférences nationales africaines ou la création révolutionnaire des Constitutions », *in* Dominique Darbon et Jean du Bois de Gaudusson, *La création du droit en Afrique*, Paris, Karthala, 1997, pp. 177-183.

[36] Voir Jean-Jacques Raynal., « Le renouveau démocratique béninois, modèle ou mirage ? », *Afrique contemporaine*, n° 160, 4e trimestre 1991, pp. 3-25.

[37] Daniel Bourmaud, Patrick Quantin, « Le modèle et ses doubles : les Conférences nationales en Afrique noire (1990-1991) », *in* Yves Mény, *Les politiques du mimétisme institutionnel. La greffe et le rejet*, Paris, L'Harmattan, 1993, p. 167.

sociale ainsi que le respect des droits fondamentaux de l'homme et des libertés publiques. L'objectif de cette Conférence nationale souveraine était pour les Tchadiens comme l'évoquait tantôt Fréderic Joël Aïvo dans le cas béninois *« de pallier les errements politiques du passé et d'assurer l'instauration d'un État de droit respectueux des principes sacro-saints de la démocratie, la Conférence a pris la résolution d'opter pour une constitutionnalisation des droits de l'homme et des libertés fondamentales »*[38]. Ce fut exactement dans le cas tchadien avec la création par la suite de la Commission Nationale des Droits de l'Homme CNDH pour aider l'État à mieux repérer les injustices et les inégalités entre les Tchadiens pour améliorer la situation globale pour une cohésion nationale, pilier essentiel de l'unité nationale dans un État[39].

Pourtant, le Tchad intègre en théorie les droits proclamés et protégés par les deux pactes internationaux de 1966 dans ses textes fondamentaux qu'il s'agisse des différentes Constitutions respectives et des Chartes proclamées de manière successive. En effet, la Déclaration universelle des Droits de l'Homme et bien d'autres droits prévus par divers instruments juridiques internationaux[40] sont repris et intégrés dans les textes juridiques fondamentaux qui sont traduits comme loi suprême de l'État. Non seulement, ces textes juridiques internationaux intégrés dans les lois fondamentales ont acquis une valeur constitutionnelle indiscutable, mais aussi, la sauvegarde de leur respect est surtout confiée à deux institutions indépendantes, et distinctes des autres pouvoirs. Il s'agit du Conseil constitutionnel et la Commission Nationale des Droits de l'Homme. Ces institutions issues des résolutions et recommandations de la Conférence nationale souveraine de 1993, devraient jouer un rôle aussi important dans le système de protection en matière des droits l'Homme au Tchad, surtout œuvrer pour une égalité et justice entre les Tchadiens.

---

[38] Fréderic Joel AïVO, Le juge constitutionnel et l'État de droit en Afrique. L'exemple du modèle béninois, L'Harmattan, 2006, p. 22.

[39] Voir Gérard Mairet, Le principe de souveraineté, histoire et fondements du pouvoir moderne, Paris, Folio Essais, 1996, 311 p.

[40] Jacques Nguéma, « l'Afrique et le développement », *Revue de la Commission Africaine des Droits de l'Homme et des Peuples*, vol. I, octobre 1991, p. 39.

L'intégration dans la Constitution[41] démocratique du 31 mars 1996 de certains droits dont le respect est jugé indispensable à la sauvegarde de la dignité de l'Homme[42], à la liberté et à l'égalité, ainsi qu'à la justice pour tous, traduit la ferme volonté des constituants originaires de 1993 d'assurer aux êtres humains et surtout aux tchadiens une meilleure protection en République du Tchad. Aussi, les attributions reconnues au Conseil constitutionnel de statuer en matière des violations présumées des droits et libertés fondamentales prévues par la Constitution de mars 1996, pose le jalon d'une meilleure protection pour garantir en principe l'unité nationale et la cohésion sociale qu'ont voulu les constituants tchadiens de 1993. Elles sont sans doute l'expression de la crédibilité qu'accordent les constituants tchadiens de 1993 au respect des droits de l'homme[43] et des libertés fondamentales dans le fonctionnement de l'État de droit surtout dans la justice et l'égalité entre les Tchadiens.

En effet, cette recherche vise à prouver dans cette étude que la Conférence nationale souveraine de 1993, a permis au Tchad d'adopter sur le plan juridique plusieurs textes visant l'intégration au droit positif tchadien, des normes et valeurs provenant des textes régionaux, et internationaux en matière de protection des droits et libertés fondamentales de l'Homme pour solder certaines velléités en matière des violations de l'unité nationale et la cohésion sociale. Afin de sauvegarder la justice et l'égalité entre les Tchadiens, il a été mis également sur orbite la promotion et la diffusion ainsi que l'enseignement des droits et libertés fondamentales de l'Homme pour la reconstruction de l'unité nationale et la cohésion sociale entre les Tchadiens.

L'objectif de cette recherche est de ressortir les éléments factuels de contingence historiques qui ont influencé et conduit les Tchadiens, dans la conception psychique d'un dualisme constitutionnel sans précédent au choix de la forme de l'État. A cet égard, notre postulat d'étude repose essentiellement sur deux raisons principales, il s'agit

---

[41] Voir Gérard Conac, « L'évolution constitutionnelle des États francophones d'Afrique noire et de la République démocratique Malgache », *in* Gérard Conac (Dir.), *Les institutions constitutionnelles des États d'Afrique francophone et de la République Malgache*, *op. cit.*, pp. 8-12.

[42] Kéba Mbaye, *Les droits de l'homme en Afrique*, 2ème éd. Paris, A. Pedone, 2002, p. 169 et s.

[43] Yves Madiot, *Droits de l'Homme*, Paris Milan Barcelone, Masson, 1991, 230 p.

du non-respect des valeurs purement démocratiques par les différents dirigeants tchadiens, et les violations constantes du dispositif de promotion et de protection des droits de l'homme et des libertés fondamentales. Il faut aussi avouer que le choix de la protection constitutionnelle des droits de l'Homme et du citoyen fait par les constituants de 1993 n'a vraiment pas été efficace pour sauver l'unité nationale et la cohésion sociale entre les Tchadiens. Il s'agit pour nous de remonter l'histoire constitutionnelle et institutionnelle du Tchad à travers des contingences factuelles qui ont généré des causes et problématique qui se sont traduites au fil du temps par une crise de confiance entre les Tchadiens conduisant à une crispation identitaire régionaliste, sinon ethniciste, voire claniste et tribale débouchant sur un dualisme constitutionnel ouvert qui a atteint son paroxysme au choix de la forme de l'État. Aussi, il s'agit pour nous d'expliquer dans cette étude, les éléments factuels qui ont généré de manière contingente cette crise de confiance ambiante entre les Tchadiens et qui mettent en difficulté actuellement l'unité nationale et la cohésion sociale.

Pour comprendre la problématique du dualisme constitutionnel tchadien une principale interrogation taraude l'esprit de cette étude. Est-ce que ce sont les manques d'application dans la pratique, de l'effectivité, sinon de l'efficacité de la constitutionnalisation[44] des droits de l'Homme, dans le rôle et la portée de l'action du Conseil constitutionnel[45] qui font défaut dans la sauvegarde aussi bien des droits et libertés fondamentales que de l'État de droit lui-même pour sauvegarder l'unité nationale et la cohésion sociale entre les Tchadiens ? Dans cette démarche basée sur des éléments factuels empiriques, nous voulons prouver que la garantie des droits de l'Homme et des libertés fondamentales dans un État[46] aussi fragile comme le Tchad pouvait sauver ce pays des conséquences[47] du virage

[44] Voir Adjovi (D. F.), *Les entraves à la liberté de la presse au Bénin de 1960 à nos jours*, Mémoire de Maîtrise d'Histoire, Abomey-Calavi, Université d'Abomey-Calavi, 1999, 67 p.

[45] Du BOIS De GAUDUSSON (J.), CONAC (G.), DESOUCHES (Ch.), *Les Constitutions africaines publiées en langues française*, tome 2, Bruxelles, Bruylant, 1998, 458 p.

[46] Maurice Ahanhanzo Glélé, « Pour un État de droit en Afrique », *in Mélanges Pierre-François Gonidec*, Paris, LGDJ, 1985, p. 66.

[47] Pierre-François Gonidec, « Esquisse d'une typologie des régimes politiques africains », *in Les pouvoirs africains*, *Pouvoirs* n° 25, 1983, p. 69.

constitutionnel et institutionnel de 1962 qui ont provoqué la crise de l'État et la prise du pouvoir par les tentacules du FROLINAT après la guerre fratricide de 1979. Évidemment, la constitutionnalisation des droits de l'Homme après la Conférence nationale souveraine de 1993 et son contrôle par un organe indépendant[48] distinct des autres pouvoirs et dont la mission était entre autres de garantir le respect pour tous, l'égalité et la justice[49], pouvait concrètement éviter à l'État une crise sous-jacente de confiance entre les Tchadiens. Cette crise ouverte inter-tchadiens a conduit souvent à une thérapie des pourparlers pour sauver la forme unitaire de l'État mais qui n'arrive toujours pas à soigner les maux qui effritent l'unité nationale et la cohésion sociale, généralement nommées le « vivre ensemble » dans le jargon politique tchadien.

Dans la perspective d'une confrontation idéologique et référendaire entre les Tchadiens sur le choix de la forme de l'État qui était sous-jacent au départ mais devenu ouvert aujourd'hui, notre étude vise à expliquer ce dualisme constitutionnel sans précédent sous deux angles majeurs. Tout d'abord, il s'agit de ressortir dans une première partie la genèse, cause et problématique du dualisme constitutionnel sur la forme de l'État au Tchad à travers les conséquences qu'a engendré le virage constitutionnel de 1962[50] et la prise du pouvoir par les tentacules du FROLINAT[51]. Ensuite, nous allons essayer de prouver dans la deuxième partie de l'étude que les conséquences des éléments

---

[48] Michel Fromont, La justice constitutionnelle dans le monde, Paris Dalloz, 1996, p. 1.

[49] Voir l'édifiant article de Jean-Louis Atangana Amougou sur le Conseil constitutionnel camerounais : « La constitutionnalisation du droit en Afrique : l'exemple de la création du Conseil Constitutionnel camerounais », *Annuaire International de Justice constitutionnelle*, XIX, 2004, pp. 45-63.

[50] BUCHMANN. (J.), *L'Afrique noire indépendante*, Paris, LGDJ, 1962. B. ASSO, *Le Chef de l'État africain : l'expérience des États de succession française*, Paris, Albatros, 1976. CONAC. G, « Le présidentialisme en Afrique : unité et diversité. Essai de typologie » (Communication à la Table-ronde de Bordeaux des 4 et 5 février 1977, Association française de Science politique, IEP de Bordeaux. Pour une étude du présidentialisme au regard de la classification des régimes politiques, V. R. MOULIN, *Le présidentialisme et la classification des régimes politiques,* Paris, LGDJ, 1978.

[51]Voir BUIJTENHUIJS. R., *Le FROLINAT et les guerres civiles du Tchad, 1977-1984*, Karthala,1987,478, p.

factuels précédents ont provoqué une crise de confiance[52] entre les Tchadiens devenus au fil du temps un vrai facteur de dualisme constitutionnel sur le choix de la forme de l'État. Cette crise de confiance a reçu à plusieurs reprises la thérapie[53] des pourparlers pour la sauvegarde de la forme unitaire de l'État sans succès et s'est révélée dans les débats institutionnels nationaux en véritable dualisme ouvert au choix de la forme fédérale de l'État par une masse des Tchadiens qui ne trouvent plus leur compte dans la forme unitaire initiale.

---

[52] Voir Goukouni Weddeye, *Combattant, une vie pour le Tchad*, Espaces & Signes, Illustrated édition, t, 1 et 2, 436 p.

[53] Cette thérapie n'est autre que les différents dialogues entamés depuis la Conférence nationale de janvier à avril 1993, le Forum national inclusif de 2018, celui de 2020 et le dernier d'août à octobre 2022 mais qui n'arrivent pas à concilier les Tchadiens pour garder la forme unitaire de l'État. Plusieurs tchadiens réclament haut et fort après la mort du Président Idriss Deby ITNO, une forme fédérale de l'État pour solutionner la crise de confiance dans la gestion des affaires publiques et satisfaire chaque tchadien dans la gestion des ressources publiques par rapport à chaque région.

PREMIERE PARTIE :

Genèse, cause et problématique du dualisme constitutionnel sur la forme de l'État au Tchad

CHAPITRE I :

Les conséquences du virage constitutionnel de 1962

Le virage constitutionnel de 1962 opéré par le Président[54] Tombalbaye a eu pour conséquence directe l'instauration d'un régime présidentialiste[55] fort et la personnalisation du pouvoir pour opprimer le reste des Tchadiens. Ce choix d'un régime oppresseur a plus servi à la promotion de l'instabilité politique du pays juste deux ans seulement après son accession à l'indépendance. En effet, par rapport au régime précédent de 1958, le virage constitutionnel du 16 avril 1962 a institué une dictature qui a comprimé l'espace politique[56] et instauré la violence d'État contre sa population. Les conséquences de ce choix se révèlent être aujourd'hui la genèse sinon la cause même du dualisme constitutionnel qui s'est imposé soixante ans après ce virage. Évidemment, les conséquences d'un tel choix politique personnel que d'intérêt national ont provoqué indubitablement chez les populations opprimées du Tchad profond un système d'autodéfense contre l'État prédateur, sinon oppresseur. Le système d'autodéfense de la population contre l'État a constitué également une réaction problématique vers un dualisme constitutionnel.

Pour pouvoir apporter plus de détails sur les conséquences du virage constitutionnel de 1962, il serait évident d'évoquer tout d'abord, la compression de l'espace politique et la violence de l'État comme genèse et cause du dualisme constitutionnel (section I), ensuite, expliquer le système d'autodéfense de la population contre l'État

[54] Voir AÏVO F. J., *Le Président de la République en Afrique noire francophone. Essai sur les évolutions institutionnelles de la fonction au Bénin, au Cameroun, au Gabon et au Togo*, Thèse de doctorat en droit, Université Jean Moulin Lyon 3, Lyon, mai 2006, 644 p.

[55] Voir BUCHMANN. J., *L'Afrique noire indépendante*, Paris, LGDJ, 1962 ; ASSO. B., *Le Chef de l'État africain : l'expérience des États de succession française*, Paris, Albatros, 1976.

[56] Voir HOUZIBE O.K., *L'impasse du processus démocratique en Afrique noire francophone : le cas du Tchad. Les dimensions juridiques, politiques et institutionnelles de la démocratisation en Afrique subsaharienne*, l'Harmattan, 2016, 435 p.

comme une réaction problématique vers un dualisme constitutionnel (section II).

SECTION 1 : La compression de l'espace politique et la violence d'État comme genèse et cause du dualisme constitutionnel

Le virage constitutionnel de 1962 a induit en pratique par son contenu, une compression autoritaire de l'espace politique et l'exclusion graduelle de certains cadres politique du système de gouvernance politique. Cela a pu provoquer une violence et la persécution de l'État[57] envers sa population au lieu d'offrir une protection sociale pour bâtir l'unité nationale et la cohésion sociale.

A. La compression de l'espace politique et l'exclusion des cadres de la gouvernance

En janviers 1962, la genèse de la crise intentionnelle chronique tchadienne qui a comprimé l'espace politique et l'exclusion de certains cadres du nord de la gouvernance a commencé par un autoritarisme politique du fait des conséquences directes du virage constitutionnel, et l'instauration d'un régime présidentialiste fort. Ce régime surprésidentialiste[58] a œuvré véritablement pour l'adoption d'une nouvelle Constitution d'avril 1962. Ainsi, le nouveau régime de Fort-Lamy a instauré les bases légales d'une nouvelle politique de compression[59] de l'espace politique en épurant systématiquement certains cadres politiques du nord qui animaient véritablement l'opposition politique contre le Président Tombalbaye. La nouvelle Constitution a organisé un déséquilibre des pouvoirs dans une logique d'absence et de contrepoids en faveur du régime présidentialiste érigé.

---

[57]CONAC. G., « Portrait du Chef de l'État africain », *Pouvoirs* n°25, 1983, p. 121.

[58] GICQUEL. J., « Le présidentialisme négro-africain : l'exemple du Cameroun », *Mélanges Burdeau*, LGDJ, 1977, pp. 701-725.

[59] DUHAMEL. O. et MENY. Y., *Dictionnaire constitutionnel*, Paris, PUF, 192, p. 598.

Tout d'abord, le constat fut le renforcement des dispositions de la Constitution en faveur du statut du Président de la République et de ses prérogatives régaliennes de puissance publique.

Ce nouveau statut légal, que fixe la Constitution de 1962 en faveur du Président de la République se trouve être en réalité un vrai monocentrisme présidentiel ou encore une monocratie présidentielle qui a systématiquement verrouillé l'espace politique tchadien en épurant de force plusieurs leaders politiques du nord à la suite des réactions violentes et légitimes des populations de la zone du centre, de l'Est et du nord par rapport au poids de l'impôt et l'exclusion des candidats du terroir aux législatives. En effet, cette volonté de dérive présidentialiste a conduit délibérément en 1962 à la genèse, cause et problématique du dualisme constitutionnel actuel. La dérive a pu instituer de manière successive l'oppression sinon l'inégalité entre les Tchadiens. La manœuvre a copié un type de régime politique, répandu en Afrique, et caractérisé par le culte de la fonction présidentielle. Ce régime politique qui verrouille l'espace politique et opprime sa population en épurant les opposants politiques n'a offert aucune protection sociale minimaliste pour renforcer l'unité nationale et la cohésion sociale entre les Tchadiens.

De même, le régime politique de 1962 fut spécifique en ayant pour principale caractéristique, « le Chef de l'État est la clef de voûte des institutions politiques. Il est au centre de tout. C'est lui qui bâtit la nation, dirige l'État et le personnalise à l'extérieur comme à l'intérieur »[60]. C'est une version du « présidentialisme négro-africain »[61], un système achevé partout en Afrique noire francophone et institué au Tchad en 1962. Ce système politique qui a instauré un présidentialisme fort et l'avènement du parti unique au Tchad a permis au Président Tombalbaye de procéder à la compression de l'espace politique et de l'élargissement progressif du régime répressif.

Deux années après l'indépendance, le président Tombalbaye a fait adopter une nouvelle Constitution qui instaure un régime présidentialiste fort de type négro-africain annonçant une rupture totale avec le régime parlementaire de 1958. Ce nouveau régime politique a basculé dans la violence et la compression de l'espace

---

[60] CONAC. G., « Portrait du Chef de l'État africain », *Pouvoirs* n° 25, 1983, p. 121.

[61] GICQUEL. J., « Le présidentialisme négro-africain : l'exemple du Cameroun », *Mélanges Burdeau*, LGDJ, 1977, pp. 701-725.

politique, en neutralisant toute l'opposition et l'exclusion des cadres du nord de la gouvernance. Les principales raisons qui ont soutenu ce virage constitutionnel, sont *« l'exacerbation des rivalités entre les acteurs politiques pour la conquête du pouvoir, les antagonismes entre partisans et opposants du Chef de l'État ont systématiquement durci le régime politique, entrainant un autoritarisme comprimant l'espace politique »*[62].

Cette compression de l'espace politique, a évolué jusqu'à l'élimination des opposants réels ou supposés au présidentialisme instauré par le Président Tombalbaye dont le substrat juridique se trouve dans la Constitution d'avril 1962. Ce régime présidentialiste de nature propre aux régimes africains avec des caractéristiques spécifiques, mais une pratique commune aux pays de la colonie française en Afrique. Également, la compression autoritaire de l'espace politique instituée par le Président Tombalbaye a fini par créer une habitude systémique qui prône aujourd'hui l'exclusion des cadres compétents tchadiens et neutralise toute opposition au pouvoir en place.

Tout d'abord, la manœuvre du régime a créé un autoritarisme et un pouvoir hypertrophié du Chef de l'État, en décrétant dès le 19 janvier 1962 le parti unique et l'interdiction des autres partis politiques qui animaient la vie politique au Tchad. Il faut noter que cette dégénérescence du « régime présidentialiste négro-africain »[63] ou encore « régime présidentiel hétérodoxe » trouve son ancrage dans la Constitution, avec les articles 42 à 47. Ensuite, les caractéristiques de ce régime ont conduit inévitablement à la naissance des forces de contestation dans le Tchad profond, à travers les insurrections paysannes et les rébellions armées contre le régime.

Aussi, le résultat global a débouché sur un coup d'État militaire renversant le Chef de l'État Ngarta Tombalbaye le 13 avril 1975.

Cependant, conçu au départ pour être un régime présidentiel de type américain des États-Unis, ce régime a opéré un virage vers un

---

[62] Voir HOUZIBE., O.K, *Le constitutionnalisme tchadien, de la proclamation de la République à l'instauration démocratique. 1958-2021*, L'Harmattan, juin 2022, p 54.

[63] GICQUEL. J., « Le présidentialisme négro-africain : l'exemple du Cameroun », *Mélanges Burdeau*, LGDJ, 1977, pp. 701-725

surprésidentialisme de type négro-africain[64] trouvant ainsi son fondement dans la compression autoritaire de l'espace politique et l'exclusion des cadres opposants du nord face à un pouvoir personnalisé d'un président issu de la zone sud du pays. Toutefois, le régime présidentiel américain constitue peut-être aussi une exception, mais ce régime n'est pas, comme son appellation peut le laisser croire. C'est un régime à primauté présidentielle certes, mais un régime d'équilibre des pouvoirs. À cet effet, les Constituants américains de Philadelphie ont conçu mieux que quiconque, en fixant que, l'élément fondamental de la démocratie réside dans l'origine et l'exercice démocratique du pouvoir, comme le suggère l'utopie de Rousseau. Mais aussi et surtout, cet élément réside également dans le facteur réaliste qu'Alexis de Tocqueville a observé en Amérique, à savoir l'érection d'un système de pouvoirs et de contre-pouvoirs le *checks and balances* susceptible de faire que, par la disposition des choses, le pouvoir arrête vraiment le pouvoir.

À cet égard, les Constituants tchadiens de 1962 n'ont pu suivre l'exception américaine et ont plutôt conçu une règle fondamentale qui a généré de l'exclusion et la violence politique[65] au point de se muter en fondement d'un dualisme constitutionnel au sein d'un peuple uni au départ. Cette violence politique, a d'ailleurs, un concept polysémique qui comprend tout d'abord la violente d'État, et ensuite la violence contre l'État. C'est en quelque sorte, le principe social d'action qui entraine forcément une réaction après tant d'injustice infligée à une population qui espérait au contraire la protection de l'État au titre des deux pactes des Nations Unies de 1966. Dans cette période des années 1962 au Tchad, la violence naissante d'État, confirmait l'autoritarisme[66] du régime présidentialiste et l'exclusion des cadres du nord et du Mayo-Kebbi. Cette violence s'est manifestée

[64] BUCHMANN. (J.), *L'Afrique noire indépendante*, Paris, LGDJ, 1962. B. ASSO, *Le Chef de l'État africain : l'expérience des États de succession française*, Paris, Albatros, 1976. CONAC. G, « Le présidentialisme en Afrique : unité et diversité. Essai de typologie » (Communication à la Table-ronde de Bordeaux des 4 et 5 février 1977, Association française de Science politique, IEP de Bordeaux. Pour une étude du présidentialisme au regard de la classification des régimes politiques, V. R. MOULIN, *Le présidentialisme et la classification des régimes politiques,* Paris, LGDJ, 1978.

[65] Voir BOURMAUD. D., *La politique en Afrique*, Paris, Montchrestien, 1997, p. 69.

[66] ARON Raymond, *Démocratie et totalitarisme*, Paris Gallimard, 1965.

par la concentration et la personnalisation des pouvoirs, par le durcissement du régime investissant ainsi, le système de parti unique supprimant le multipartisme intégral de la période après la seconde guerre mondiale au début des indépendances, facteur essentiel de la démocratie. De même, la violence contre l'État va naitre dans cette période en réaction contre l'arbitraire et l'hypertrophie présidentialiste[67] de type négro-africain. Elle a été exercée sous forme de mouvements d'insurrection et de rébellion contre l'État dont les causes tirent leurs sources de la Constitution d'avril 1962.

Parler de la compression de l'espace politique et l'exclusion de certains cadres de la gouvernance du régime des années 1962, revient simplement à évoquer de manière prospective la genèse sinon les causes qui ont conduit le Tchad aujourd'hui dans un dualisme constitutionnel, mais aussi décrire ce qui implique la politique de l'État et ses institutions qui ont produit et continuent de produire de la violence au point de diviser les Tchadiens. Or comme tout pouvoir en Afrique noire francophone dans la période indiquée est généralement classé dans la catégorie des régimes autoritaires en pratique, mais qui disposent d'une option de régime constitutionnel théorique qui affine cette dégénérescence. Autrement dit, l'étude de ce virage constitutionnel du régime en système politique de compression autoritaire de l'espace politique et l'exclusion des cadres opposants nécessite la confrontation des structures institutionnelles ainsi que la hiérarchie des pouvoirs tels qu'elles ont été formalisées dans la Constitution, mais trop mal interprétées en pratique par les acteurs politiques en présence.

En effet, la compression de l'espace politique et l'avènement du parti unique trouvent en réalité leur origine dans l'autoritarisme conçu comme une stratégie politique par défaut. Cette stratégie politique qu'a pu faire usage le Président Tombalbaye n'est ni démocratique, moins encore totalitaire. C'est un système politique hybride[68] entre le régime présidentiel de type américain et un parlementarisme standard. Évidemment, la Constitution de 1962 a permis au Président Tombalbaye de mettre en œuvre une politique interne destinée à faire

---

67 Association française de science politique, *L'autoritarisme aujourd'hui : nouvelles formes ou nouvelles approches* ?, Congrès national, Grenoble, 25-28 janvier 1984, Paris, FNSP, 1984.

68 Voir CONAC Gérard, *Les institutions constitutionnelles des États d'Afrique noire francophone et de la République malgache*, Paris, Economica, 1979.

asseoir son pouvoir à la tête de l'État[69]. Il a commencé tout d'abord, par l'interdiction des partis politiques dès janvier 1962, et ensuite, l'éviction de tous les opposants politiques qui pouvaient s'attaquer au surprésidentialisme naissant.

À cet effet, le Parti progressiste tchadien PPT/RDA, branche du Rassemblement démocratique Africain, section du Tchad fut proclamé le seul et unique parti autorisé à fonctionner pour bâtir l'unité nationale entre les Tchadiens. Ainsi, la Constitution de 1962 a octroyé les principaux pouvoirs au Président Tombalbaye dans le cadre d'un nouveau cycle constitutionnel nommé le régime présidentialiste fort. L'évolution et la mise en œuvre de cette Constitution, vont entrainer le Chef de l'État à mener une politique de défaveur envers les cadres politiques du nord, du centre, de l'Est et du sud-Ouest du pays qu'il soupçonne comme des potentiels concurrents à son pouvoir régnant. À cela, il a commencé à appliquer une politique de terreur basée sur la concentration du pouvoir et la violence. Autrement dit, c'était une forme de brutalité à l'égard des politiques, dont il procédait aux purges, arrestations, enlèvements, emprisonnements arbitraires, assassinats et exclusions.

Alors, commence dès lors, un régime présidentialiste fondé sur un système purement autoritaire. La définition de régime autoritaire selon Guy Hermet, c'est un régime politique *« caractérisé par le refus de tolérer l'expression publique de désaccords politiques importants. L'opposition légale est soit interdite, soit encadrée et surveillée, dans les limites du parti unique notamment. Un tel régime utilise la coercition pour se faire entendre et la répression à l'encontre des adversaires déclarés ou supposés »*[70]. Ainsi, la compression de l'espace politique née de la Constitution présidentialiste de 1962 a permis au Président Tombalbaye d'éloigner systématiquement ses concurrents politiques du jeu démocratique, ensuite réprimer les adversaires politiques et les exclure du jeu politique puis instaurer le parti unique, véritable verrou d'un processus démocratique en construction dans un Tchad qui se voulait unitaire à la base où règne la cohésion sociale et l'unité nationale.

---

[69] Voir HERMET. G., BADIE. B., BIRNBAUM. P., BRAUD. P., *Dictionnaire de la science politique et des institutions politiques*, Paris, A. Colin, 1994., p. 212.

[70] *Ibid.*, p. 235.

Cette politique de compression de l'espace politique et l'exclusion des cadres consiste à écarter[71] les leaders politiques les plus audibles dans l'espace politique, mais un accent particulier a été mis sur les leaders originaires du nord et surtout du centre, de l'Est et du Sud-Ouest du pays et de la diaspora[72], pour qu'ils acceptent de rallier la politique menée par le parti unique et renforcer les pouvoirs du Président de la République. Ce parti unique qui renforce la compression de l'espace politique, provient de ce que Lanciné Sylla a distingué comme un *« procédés d'instauration du parti unique et de concentration du pouvoir dans les pays africains »*[73].

Il s'agit tout d'abord, des procédés politiques faits de *« fusion, amalgame, absorption, coalition. »* Selon l'auteur, *« ce sont les procédés par lesquels le parti au pouvoir cherche, par des moyens pacifiques, à parvenir à une fusion ou à une intégration avec les partis d'opposition en attirant ces derniers vers lui »* ; ensuite, *« les procédés juridiques ou institutionnels par les biais du présidentialisme et du scrutin de liste nationale. Le scrutin de liste nationale consiste pour chaque parti à présenter une liste nationale de candidats à l'Assemblée nationale. Le parti majoritaire emporte tous les sièges parlementaires vouant les partis minoritaires à une pure opposition extra-parlementaire ou à la négociation avec le parti majoritaire. Avec le scrutin de liste nationale, les petits partis ou les partis régionalistes, absorbés, ne peuvent plus subsister »* ; enfin, *« les procédés autoritaires et coercitifs via les lois d'exception et la répression. Dissolution des partis autres que le parti unique, interdiction de réunion des opposants, intimidation de ces derniers, jugement et condamnation par des tribunaux spéciaux, emprisonnement, accusation (fausse ou vraie) de complot, de subversion, saisie de journaux, purges internes au parti gouvernemental, voire élimination physique des opposants, telle est la panoplie généralement constatée. Dans ce contexte, le tribalisme et le régionalisme sont utilisés comme instruments dans la répression des partis politiques »*.

---

[71] Voir TOURA NGABA Pierre, *Non à Tombalbaye*, Paris, L'Harmattan, 1998, 71 P.

[72] BOUQUET Christian, *Tchad, genèse d'un conflit, op. cit.*, p. 123.

[73] SYLLA Lanciné, *Tribalisme et parti unique en Afrique noire : esquisse d'une théorie générale de l'intégration nationale*, Université nationale de Côte d'Ivoire, Presses de la FNSP, Paris, 1977, p. 218-225.

En conséquence, la Constitution de 1962 a entrainé le Tchad dans le fondement de la genèse, sinon la cause réelle même de ce qui va de manière évolutive devenir aujourd'hui le dualisme constitutionnel sur la forme de l'État. Les conséquences de ce virage constitutionnel ont été entre autres, la compression de l'espace politique et l'exclusion des cadres de la gouvernance en décrétant le parti unique et en utilisant surtout le dernier procédé cité par le chercheur Lanciné Sylla. Toutefois, la principale raison avancée par le Chef de l'État dans cette œuvre de compression de l'espace politique dans un nouveau cycle présidentialiste était qu' *« il n'y a pas d'opposition constructive au Tchad, qu'il n'y a qu'une poussière de partis qui ne sont que la manifestation d'ambitions et d'appétits mal définis que de soi-disant chefs politiques cachent sous un prétendu souci de bien public »*[74] . L'application de cette vision politique a verrouillé systématiquement l'espace et l'expression démocratique et a abouti à l'ordonnance du 19 janvier 1962 qui a prononcé l'interdiction formelle des partis politiques. La mesure a frappé tous les partis politiques sans exception sauf le parti au pouvoir le PPT/RDA du Président Tombalbaye. L'objectif principal était selon le parti unique, *« de forger l'unité nationale, de réaliser la construction nationale et de conduire le pays vers le progrès »*[75].

De même, l'évolution du régime présidentialiste tchadien n'a pas dérogé de cette logique des régimes présidentialistes négro-africains des années d'indépendances qui ont presque d'une manière ou d'une autre tenté ce virage constitutionnel, dont le schéma descriptif ressemble bien fort aux identifications faites par le chercheur Mahiou Ahmed qui relève qu'après l'acquisition de l'indépendance, suit immédiatement la conception d'un régime politique basé sur le présidentialisme et qui se termine forcement par un système de parti unique[76]. Cette description presque réelle du schéma politique des pays africains au lendemain des indépendances acquises par les États, crée ipso facto l'ivresse du pouvoir qui a permis au Président

---

[74] BUIJTENHUIJS. R., *Le FROLINAT et les révoltes populaires du Tchad*, *op. cit.* p. 94.

[75] Voir ZIEMER Klaus, « Le phénomène du parti unique », *in* Daniel C., BACH : *États et sociétés en Afrique francophone*, Paris, Economica, 1993, p. 110.

[76] MAHIOU Ahmed, *L'avènement du parti unique en Afrique noire*, Paris, LGDJ, 1969, p. 93.

Tombalbaye de faire adopter une nouvelle Constitution[77] qui lui accorde une concentration des pouvoirs Exécutif, Législatif et Judiciaire, et lui a permis, l'intensification de la répression et les dérives autoritaires sur la population qu'il est censé protégé.

B. La violence et la persécution de l'État envers sa population

Après l'instauration du parti unique par l'ordonnance du 19 janvier 1962, qui a tant soulevé des critiques contre le régime présidentialiste fort institué par le Président Tombalbaye. Il procède ensuite à la dissolution de l'Assemblée nationale le 28 janvier 1962 et organise des élections législatives le 04 mars de la même année pour avoir une majorité politique au parlement, et fait adopter une nouvelle Constitution le 14 avril, promulguée le 16 avril 1962. Ce cocktail de dérive juridico-politique a sans doute créé une forte réaction des opposants politiques face aux agissements d'un régime présidentiel hypertrophié. À cet égard, la réaction du pouvoir n'a pas tardé en intensifiant la répression et en organisant le durcissement du régime basé sur les dérives autoritaires contre la population.

L'intensification de la répression est passée par le durcissement du régime qui opère généralement par une restriction puis la privation des libertés publiques et l'exclusion définitive de la scène politique. Cette restriction des libertés publiques a pris forme avec l'adoption en 1962 de plusieurs lois, ordonnances et règlement qui ont fait obstruction au fonctionnement normal et effectif des associations, en réglementant les réunions publiques, les attroupements, les manifestations au point de prévoir l'état d'urgence[78] en cas de nécessité. L'objectif du régime est d'éviter toute contestation publique face au renforcement des pouvoirs du Président Tombalbaye au détriment d'un système démocratique et inclusif.

---

[77] GONIDEC Pierre-François, *La République du Tchad*, Paris, Berger-Levrault, 1971, p. 29. Voir aussi, la Loi constitutionnelle n°2-62 du 16 avril 1962, pp. 53-69. Ainsi, la constitutionnalisation du Parti unique interviendra par la suite, par une révision constitutionnelle de 1965.

[78] Article 15 de la Constitution du 16 avril 1962, *« Le Président de la République décrète en conseil des ministres l'état de siège ou l'état d'urgence »*.

Au fil du temps, le régime du Président Tombalbaye a pris l'allure d'une vraie dérive autoritaire en réprimant les citoyens[79] et les mouvements qui s'opposent à la majorité et aux actions du Gouvernement. Les adversaires politiques du Président Tombalbaye sont soit révoqués, soit mis en résidence surveillée ou encore jugés par une Cour criminelle[80] spéciale dans l'intensification de la répression. Aussi, le régime a intensifié la purge causant la mort des opposants au système à la suite des supposés complots organisés, dans le but d'éliminer au maximum les contestataires du Président Tombalbaye. De même, « plusieurs arrestations arbitraires, des mesures d'exils forcés, d'actes de torture et autres traitements inhumains, dégradants et cruels, ainsi que des disparitions et liquidations »[81] forcées dans le seul but d'imposer la dérive autoritaire du régime.

L'évolution de la violence[82] et la persécution d'État sur les populations va prendre des proportions nouvelles en mars 1963, où le Président de la République a dénoncé un grand complot contre sa politique de construction d'union nationale et de la cohésion sociale, en accusant ses opposants, pour la plupart, originaires du nord du Tchad, dont un du sud, pour complot contre la sûreté de l'État. Ces personnalités sont : le Président de l'Assemblée nationale, Mahamat Abdelkerim et quelques députés, le ministre Abo Nassour, le médecin Outel Bono, tous sont condamnés à l'issue d'un procès expéditif par la Cour criminelle. Pour certains, la sentence fut la peine de mort, pour d'autres, la perpétuité.

À la suite d'une réunion des opposants politiques interdite par l'ordonnance de 1962, une violente répression a été déclenchée par les forces de l'ordre contre les manifestants du canal Saint-Martin à Fort-Lamy le 16 septembre 1963. Le bilan a été estimé à plus de trente morts et plusieurs dizaines des blessés officiellement reconnus par l'État. À l'issue de cette émeute, trois leaders politiques ont été arrêtés et inculpés pour trouble à l'ordre public, acte de rébellion et complot

---

[79] BOUQUET Ch., *Tchad, genèse d'un conflit*, *op. cit.*, p. 124.

[80] Voir BANGOURA. M. T., *Violence politique et conflits en Afrique : le cas du Tchad, L'Harmattan, 2006,* « Le procès des personnalités impliquées dans le complot du 22 mars a lieu du 7 juin au 4 juillet 1963 »., *op. cit,* p. 135.

[81] Voir BANGOURA. M. T., *Violence politique et conflits en Afrique : cas du Tchad, op. cit.*, p. 134.

[82] LEMARCHAND René, « La violence politique », *in* COULON Ch., MARTIN D.-C., *Les Afriques politiques,* Paris, La Découverte, 1991, p. 206

contre la sûreté de l'État. Il s'agit des opposants Jean-Baptiste, ancien Maire de la ville de Fort-Lamy, Djibrine Kerallah, ancien ministre, Ahmed Koulamallah, ancien Premier ministre, tous ont été condamnés, avec plusieurs dizaines de leurs militants. L'ancien Maire Jean-Baptiste trouvera la mort en prison à la suite d'un traitement inhumain et dégradant et ses co-accusés ont été libérés huit années après leur condamnation.

À partir de ces évènements violents et douloureux opérés par le régime sur la population et les leaders politiques, les facteurs d'opposition entre le nord et le sud, le clivage confessionnel musulman chrétien ont entamé la difficile cohabitation pacifique et l'effritement total de la cohésion sociale, et mis à mal l'unité nationale chère au régime présidentialiste bourreau. Dès lors, la violence et la persécution d'État a fait couler tant de sang entre les Tchadiens et surtout des leaders politiques issus du nord, principalement visés pour leur opposition supposée non constructive selon les termes du désormais monarque républicain Tombalbaye. C'est d'ailleurs, à ce juste titre, que le chercheur Christian Bouquet a pu évoquer l'existence d'une « politique d'épuration » contre cette franche des populations tchadiennes. Par la suite, un tournant décisif va marquer l'histoire constitutionnelle et institutionnelle du pays située au cœur du continent africain, par l'intensification de la répression du régime en dérive totale contre sa propre population. Les principaux visés dans cette répression, sont généralement des leaders politiques du centre, du sud-ouest et du nord du pays.

Au cycle parlementaire précédent, cette catégorie des Tchadiens issus des zones géographiques citées était bien associée à la gestion des affaires publiques, consultées dans les grandes décisions politiques d'orientation du pays et contribuait activement pour l'expression démocratique. Cependant, la rude épreuve de concurrence et la réalité politique du pouvoir, ont conduit le Président Tombalbaye à mener une politique d'exclusion de toutes les instances dirigeantes de la République, de ces Tchadiens du centre, du sud-ouest et du nord du pays.

C'est dans ce cadre, et pour établir un lien de cause à effet entre la violence servie par l'État aux populations, et la violence comme réaction des populations contre l'État, l'analyste Lemarchand René a pu noter ceci : « *En Afrique comme partout ailleurs, la violence politique s'installe dans des situations de crises, révélatrices des particularités propres à chaque pays. À la crise de la participation politique succède la crise de la recherche hégémonique des appareils étatiques mis en place dans le sillage des indépendances. Partout en Afrique, cette recherche hégémonique implique la structuration du pouvoir de l'État autour de la fonction publique, de l'armée, du gouvernement, et dans la plupart des cas, du parti unique »*. Il fait des remarques importantes en relevant aussi, que la *« tendance quasi universelle des membres de l'élite au pouvoir à monopoliser les ressources de l'État y compris son potentiel de coercition pour en assurer la survie ou mieux, leur propre survie en tant que détenteurs de sinécures et de prébendes »*[83].

Sur le même registre, mais spécifiquement sur la dérive du régime de Tombalbaye, Bernard Lanne, ancien directeur de cabinet du Président Ngarta Tombalbaye et premier directeur de l'École Nationale d'Administration du Tchad a pu décrire cette dérive présidentialiste du nouveau cycle constitutionnel et institutionnel en relevant que : « *Ce système du parti unique était cohérent, mais il ne fonctionna pas, car, dès la première difficulté, il achoppa sur des lois non écrites de la politique tchadienne : l'équilibre entre régions dans la répartition des postes dirigeants. »*[84]

Ensuite, le limogeage du chef de la diplomatie tchadienne Djibrine Kerallah, dès mars 1963 par le Président Tombalbaye qui l'a fait remplacer par un élu du sud, a fait émouvoir les leaders politiques du nord et qui désormais n'ont eu aucun doute sur la dérive discriminatoire du Chef de l'État à leur égard, compte tenu de la répression qui s'abattait sur eux. À cet effet, l'auteur de dire : « *ce fut la première règle du fonctionnement du pouvoir suprême transgressée »*. Aussi, lors du *« Congrès de l'unité du parti, en mars 1963, Tombalbaye fait arrêter les principaux leaders du nord, il s'attaque au monde musulman. C'est certainement une erreur*

---

83 Voir LEMARCHAND. R., *« La violence politique » in* COULON. C., MARTIN. D-C., *Les Afriques politiques*, Paris, La Découverte, 1991, p. 206. Cité par BANGOURA. M. T. *op. cit.* p. 135-136.

84 LANNE Bernard fut le premier directeur de cabinet du Président de la République à l'indépendance du Tchad en 1960. Il est resté juste un an à ce poste, puis le Président Ngarta Tombalbaye lui a confié l'ouverture de l'École Nationale d'Administration ENA du Tchad en 1963. Il a ouvert et dirigé cette grande école de la République jusqu'en 1974.

politique majeure. Il est significatif que la première crise politique majeure ait eu lieu à propos du partage du pouvoir entre sudistes et nordistes »[85].

Au-delà de l'intensification de la répression et l'exclusion des leaders politiques et leurs militants, la dérive autoritaire s'est concrétisée par l'institutionnalisation de la violence politique en créant un organe de répression et de coercition. L'État a pu créer une force de police spéciale pour procéder aux arrestations de tous les opposants politiques, contestataires de cette dérive politique. Autrement dit, dans la période, les émeutes et manifestations contre l'État se sont accentuées d'un cran et en réponse à cette réaction de la violence par le bas, la force de police dédiée pour contenir ces réactions est devenue hyper active dans les arrestations et répressions.

Cette force institutionnalisée par le régime de Tombalbaye pour réprimer les manifestations, contre le gouvernement fut nommée, Compagnie tchadienne de Sécurité CTS[86] dont la composition de son effectif venait en grande partie de l'armée nationale qui était majoritairement composée des Tchadiens du sud. Cette force spéciale de répression fut apparue brutalement au public comme un corps d'élite expéditionnaire, illégal et non conforme à la Constitution de 1962, qui n'a pas prévu dans ses dispositions une force spéciale au service du Chef de l'État.

En réalité, l'objectif de cette force n'est pas républicain ni pour œuvrer à la cohésion sociale et au renforcement de l''unité nationale. Elle est une force spéciale au service du Président Tombalbaye et constitue en même temps sa garde rapprochée pour le protéger contre toute velléité de tentative de renversement de son régime politique, qui était devenu impopulaire aux yeux des Tchadiens du fait de la violence et de la répression contre sa population. Cette dérive de disposer d'une force spéciale en dehors de ce qui est prévu par la Constitution, a instauré une habitude sinon une coutume chez tous les présidents qui ont succédé au Président Tombalbaye pour gouverner le Tchad. À titre d'exemple, la Sécurité présidentielle SP avec le Président Hissein Habré et la Direction Générale des Services de

[85] Voir LANNE. B., *« Plaidoyer pour Tombalbaye »*, le mois en Afrique, n°251-252, décembre 1986-janvier 1987, p. 150 ; BANGOURA. M. T. *op. cit.*, p. 136.

[86] Voir VARSIA KOVANA, *Précis des guerres et conflits au Tchad*, Paris, L'Harmattan, 1994, p. 18.

Sécurité des Institutions de l'État DGSSIE avec le Président Idriss Deby ITNO.

Généralement, ces corps sont mieux traités que l'armée républicaine ou nationale elle-même. Cette force institutionnalisée par une dérive présidentialiste en 1963, est devenue en un laps de temps l'organe de sécurité principale et parallèle du Président Tombalbaye. Elle est déployée sur l'ensemble du territoire national et dans les grands centres urbains du pays pour contenir toute contestation contre le régime et aussi surveiller l'armée nationale pour éviter toute velléité de tentative de coup d'État contre le Président Tombalbaye. Dans sa vocation de servir au Chef de l'État, cette force va très rapidement instaurer une terreur au sein de la population en s'illustrant par une répression de tout rassemblement, à but confessionnel, religieux et même familial. Elle pratique des écoutes et scrute la population pour déceler les moindres soupçons de contestation dont le Président Tombalbaye en a fait une priorité, sinon une prérogative pour son régime.

Pour finir, cette force spéciale s'est accaparée de certaines prérogatives des forces armées tchadiennes, et a fait naître une certaine frustration[87] au sein de cette armée républicaine, que le Chef de l'État n'accorde plus d'importance et s'en méfie grandement. Cette situation de méfiance entre le Président de la République et son armée va générer une certaine colère chez certains officiers Généraux et qui va se solder par un coup d'État militaire contre le père fondateur du surprésidentialisme tchadien, le 13 avril 1975, date à laquelle le Président Tombalbaye fut assassiné par l'armée nationale. À la suite de cette dérive, le Groupe des Officiers des Forces armées tchadiennes GROFAT, va prendre le pouvoir et instaurer un Conseil Supérieur Militaire qui va suspendre la Constitution d'avril 1962, et légiférer par ordonnance. Cette transition militaire, la première du genre au Tchad, a pu interrompre de façon brutale et momentanée, la trajectoire du constitutionnalisme tchadien.

Après le coup d'État d'avril 1975, le Conseil Supérieur Militaire au pouvoir, a gouverné par ordonnance et a institué un semblant de charte intitulée « Cadre légal d'exercice du pouvoir en République du

---

[87] DECRAENE Philippe, *Difficultés persistantes pour M. Tombalbaye*, Le Monde diplomatique, novembre 1972, p. 20. Selon l'auteur, l'effectif des recrus de la CTS était estimé à 1200 hommes environs en 1972.

Tchad »[88]. Ce document est issu des résolutions du GROFAT, Groupe des Officiers des Forces armées tchadiennes. Ensuite, plusieurs ordonnances et décrets vont réglementer la vie en République du Tchad. Cependant, la menace de la rébellion du Front de libération nationale du Tchad FROLINAT pesait contre le pouvoir militaire de N'Djamena. C'est ainsi qu'un accord de paix, entre le Gouvernement du CSM et les rebelles du FROLINAT, fut signé le 16 septembre 1977 à Khartoum au Soudan voisin. Cet accord a pu permettre aux belligérants de s'accorder sur une Charte fondamentale[89], c'est celle du 25 août 1978, qui a partagé le pouvoir entre la junte militaire à majorité composée des Tchadiens du sud et les rebelles composés à majorité des Tchadiens du nord, et la langue arabe fut reconnue officiellement comme une deuxième langue officielle pour l'administration au Tchad. L'un des Chefs de la rébellion du FROLINAT en l'occurrence Hissein Habré fut désigné Premier ministre au côté du Général Malloum Chef de l'État. Juste un an à peine, l'accord de paix a volé en éclat et déclencha un affrontement armé entre les différentes factions en pleine capitale N'Djamena.

Après le déclenchement de la guerre civile entre les factions armées et les putschistes du CSM dans la capitale, plusieurs négociations vont s'ouvrir au Nigéria voisin pour ramener les frères ennemis tchadiens sur la voie légale du constitutionnalisme. Ces négociations de paix sont entre autres, les accords de Kano I du 14 mars 1979, les accords de Lagos[90] du 21 août 1979, qui ont permis de mettre en place un Gouvernement d'Union Nationale de Transition GUNT dirigé par Goukouni Oueddei, un des chefs de la rébellion du FROLINAT comme Président de la République, Chef de l'État. Ces accords de paix vont permettre également aux belligérants de mettre en place un texte faisant office de charte intitulé « La déclaration de N'Djamena du 08 mai 1982 ».

Cette déclaration a survécu juste un mois dans son existence, car le 07 juin 1982, une dissidence de la rébellion du FROLINAT dénommée

---

[88] Voir la résolution du GROFAT du 15 avril 1975, *Info-Tchad du 16 avril 1975*, p. 3-5.

[89] Voir NGANGBET. M., *Peut-on encore sauver le Tchad ?,* Paris, Karthala, 1984, p. 109.

[90] Voir KOVANA. V., *Précis de guerres et conflits au Tchad*, Paris, L'Harmattan, 1994, p. 102-111.

Forces armées du nord FAN dirigée par l'ancien Premier ministre Hissein Habré fit son entrée triomphale à N'Djamena via le Soudan voisin où il s'était réfugié pour venir renverser le Gouvernement d'union nationale le GUNT. Hissein Habré crée à cet effet un Conseil de Commandement des Forces armées du Nord CCFAN, qui a adopté « un acte fondamental de la République », proclamé par décret le 18 octobre 1982, qui a pour valeur de texte constitutionnel selon les dispositions de ce décret[91].

Cet acte fondamental, a pu régir la vie des Tchadiens comme texte de base à valeur constitutionnelle durant sept années consécutives. C'est en décembre 1989, que le chef de l'État Hissein Habré a pu proposer aux Tchadiens, une Constitution qui a été approuvée par le référendum constitutionnel du 10 décembre 1989. Ce texte proposé aux Tchadiens et approuvé par un référendum constitutionnel, disposait des fondements politiques et principes constitutionnels. Encore une fois, malgré son approbation par un référendum constitutionnel, il n'a pu survivre pour régir la vie des Tchadiens, car juste un an après son adoption, le régime présidentialiste d'Hissein Habré fut renversé à son tour le 1er décembre 1990 par la rébellion du Mouvement patriotique du Salut MPS, dirigé par Idriss Déby, Colonel de l'armée, ancien membre du CCFAN et dissident du régime du Président Hissein Habré.

La rébellion[92] du MPS arrivée au pouvoir en décembre 1990, a pu proclamer à son tour un texte à valeur constitutionnelle, intitulé « La charte nationale du 1er mars 1991 ». Cette charte a conduit les Tchadiens jusqu'à la conférence nationale souveraine du 15 janvier 1993, où la conférence de manière souveraine va adopter une nouvelle charte de transition le 04 avril 1993, abrogeant ainsi celle des rebelles du MPS au pouvoir. La charte de transition, a également encadré juridiquement les Tchadiens à son tour, jusqu'au référendum constitutionnel du renouveau démocratique[93] du 31 mars 1996, où les

---

[91] Voir *Journal officiel de la République*, octobre 1982, Décret n°025/PCE/SGCE/82

[92] CONAC G., (dir), *L'Afrique en transition vers le pluralisme politique*, Economica, 1993, pp. 387-391.

[93] Voir LISSOUCK (F.-F.), *Pluralisme politique et droit en Afrique noire francophone. Essai sur les dimensions institutionnelles et administratives de la démocratisation en Afrique noire francophone*, ANR, Thèse à la carte, 2003, 450 p, du même auteur, *Le discours de la Baule et le pluralisme en Afrique noire francophone. Essai d'analyse d'une contribution à l'instauration de la démocratie*

Tchadiens ont pu enfin adopter de manière souveraine et démocratique, une nouvelle Constitution fondatrice de la IIIème République au Tchad.

À cet effet, la rébellion du MPS en renversant le régime présidentialiste de type négro-africain d'Hissein Habré en décembre 1990, a annoncé le retour de la démocratie[94] jadis vécue par les Tchadiens au cycle parlementaire précédent, et qui a été rompue par le surprésidentialisme du Président Tombalbaye. Il importe à cet égard, d'analyser la réaction de la population face à la coercition du régime censé les défendre et les protéger sur la base des deux pactes des Nations unies de 1966.

À cet effet, la population s'est organisée en système d'autodéfense contre les exactions de l'État. Cette réaction a constitué une problématique[95] vers un dualisme constitutionnel d'un genre nouveau semé à cette époque mais qui produit aujourd'hui ouvertement ses effets.

SECTION 2 : Le système d'autodéfense de la population contre l'État comme une réaction problématique vers un dualisme constitutionnel

De manière historique, le système d'autodéfense de la population contre l'État et surtout le régime autoritaire du Président Tombalbaye fut déclenché de manière simultanée. Cette violence contre l'État[96] vient confirmer le ras-le-bol d'une population qui trouve l'État[97] censé le protéger comme un bourreau externe au corps social de la nation en devenir et dont le processus social est la protection et la cohésion

---

dans les États d'Afrique noire d'expression française, Mémoire de DEA-Science Politique, IEP de Lyon, 1994, 101 p.

[94] Voir FUKUYAMA Francis, *La fin de l'histoire et le dernier homme*, Paris, Flammarion, 1992, 350 p.

[95] Voir CHAPELLE Jean, *Le peuple tchadien, ses racines, sa vie quotidienne*, Paris, L'Harmattan, 1980, p. 9.

[96] Voir BADIE Bertrand, *L'État importé. L'occidentalisation de l'ordre politique*, Paris, Fayard, 1992, p. 223-225.

[97] Voir TSHIYEMBE Mwayila, « La science politique africaniste et le statut théorique de l'État africain : un bilan négatif », *Politique africaine*, n°71, octobre 1998, p. 109-132

nationale. Mais cette population, ne trouve plus de protection ni se reconnaît dans les agissements de ses dirigeants. À cet égard, une violence par le bas contre l'État fut le seul moyen d'autodéfense et a poussé les populations à une révolte pour se préserver par instinct de vie. Par la suite, des politiques aussi victimes des exactions et de la maltraitance de l'État, vont profiter des mécontentements de la population contre l'État pour se fédérer et créer une rébellion officielle pour lutter contre le pouvoir du Président Tombalbaye.

A. Les révoltes des populations de la zone du Centre, de l'Est et du Nord

Le facteur déclencheur de cette révolte devenue aujourd'hui viral pour un dualisme constitutionnel sur la forme de l'État au Tchad provient du fait qu'après l'exclusion des cadres du nord, du centre, de l'Est et du sud-Ouest du pays par le Président Tombalbaye, à la suite des manifestations du canal Saint Martin à Fort-Lamy en septembre 1963 qui ont occasionné des morts, des blessées et des arrestations, les populations de la zone géographique citée n'ont plus croisé les bras pour observer les exactions de l'État continuer contre eux. Les paysans ainsi que les cadres politiques ressortissants des zones citées sont à majoritaire d'abord musulmans et arabophones en plus vont avoir d'autres moyens d'expressions contre l'État pour se défendre par instinct de survie. Ils vont simplement au-delà de la révolte, choisir la lutte armée contre le régime et l'État.

Sur le plan scientifique, la réaction de cette population s'explique par la théorie dressée par Coquery-Vidrovitch dans ses recherches et qui explique une typologie des révoltes des populations en Afrique[98]. L'auteur explique d'une part les formes passives de la révolte d'une population par les fuites individuelles et collectives, l'émigration etc ; des formes actives de la résistance et qui produisent une révolte. L'auteur situe d'autre part, les révoltes en fonction du degré des motivations de la population face à ce qu'elle subit comme exaction venant de son bourreau. Cette recherche explique aussi que les

[98] VIDROVITCH, C., *Afrique noire : permanences et ruptures,* Paris, Payot, 1985, p. 256.

facteurs qui peuvent pousser à une réelle révolte d'une population peuvent provenir des facteurs suivants[99] :

- *les troubles de subsistance liés à l'alourdissement de la conjoncture qui, en temps de crise rend insupportables les pressions exercées sur la population ;*
- *la lutte pour la terre coutumière et la défense des droits traditionnels ;*
- *les problèmes liés à la violence fiscale ;*
- *la résistance à l'enrôlement ou aux travaux obligatoires ;*
- *la brimade religieuse ou ressentie comme telle ;*
- *la réforme agraire dans le cas précis.....*

Ces facteurs typologiques des éléments capables de faire révolter toute une population contre un régime autoritaire étaient bien présents dans le Tchad de Tombalbaye pour faire soulever contre l'État les populations des zones opprimées citées. En plus de ces facteurs cités, l'auteur de l'étude sur les révoltes des populations explique que *« le modèle d'organisation politique, le contexte religieux, le niveau de développement, le style de colonisation influent sur le déclenchement et les formes de la révolte »*[100]. L'étude en déduit *« qu'il serait dérisoire de vouloir classer les peuples en fonction d'une hypothétique aptitude à la révolte, d'autant plus que ces données varient pour le même groupe suivant les époques et les facettes de son histoire... »*[101].

À cet effet et selon l'étude sur les révoltes des populations toujours, une constante est présente, et jusqu'à nos jours : *« La communauté rurale, qui sur le plan local et régional appartient, par des liens complexes et anciens, à un tissu social solidaire, est organisée contre autrefois le chef, naguère contre le commandant, aujourd'hui contre le fonctionnaire (l'État) car le pouvoir supérieur s'est toujours manifesté par ses impératifs, rarement ou jamais par ses dons ou ses bienfaits immédiats »*[102].

---

[99] VIDROVITCH, C., *Afrique noire : permanences et ruptures*, citée par BANGOURA., M. T., *Violence politique et conflits en Afrique : le cas du Tchad*, L'Harmattan, 2006, p. 144

[100] *Ibid.*, p. 256.

[101] *Ibid.*, p. 144

[102] *Ibid.*, p. 256.

Dans la même veine, « *les résistances des populations, pas plus qu'elles ne le furent dans le passé, n'apparaissent aujourd'hui comme porteuses d'une révolution politique, si l'on entend par là, la substitution à l'État existant, honni en tant que tel, d'un État nouveau, aussi juste soit-il. Meurtris depuis un siècle au moins, et probablement depuis les débuts de leur histoire, les populations africaines, souvent aux limites de la survie, aspirent aujourd'hui comme hier, non pas à changer le pouvoir mais à le rejeter, c'est-à-dire, faute de mieux le plus souvent, à l'ignorer* »[103].

Les typologies dressées par cette étude sur les causes des révoltes des populations gouvernées par un pouvoir autoritaire se sont confirmées au Tchad du Président Tombalbaye avec les révoltes des populations du Centre-Est de Malgalmé et par la suite celle des populations du nord dans le Tibesti entre 1965 et 1968.

Pour comprendre les causes qui conduisent aujourd'hui le Tchad vers un dualisme constitutionnel sans précédent, il faut d'abord cerner les causes autrefois qui ont provoqué la révolte des populations de Mangalmé dans le Centre-Est du pays et celle des populations du Tibesti dans l'extrême nord du Tchad aux confins de la Libye. Ces populations n'ont pas été protégé par l'État qui au contraire s'est transformé en véritable bourreau du fait d'un manque d'un plan de développement réel pour cette partie du Tchad considérée par les fonctionnaires envoyés par l'État pour servir comme une zone de profit fiscale et non d'organisation ni de protection sur le plan régalien. C'est d'abord, ce sentiment d'abandon et aussi de persécution à la limite de l'inhumain, réservant un traitement humiliant et dégradant des Tchadiens de ces zones qui ont forcément provoqué un sentiment de révolte totale contre le pouvoir unitaire de Fort-Lamy de l'époque.

À cet égard, les raisons qui ont provoqué la révolte des populations Moubi de Malgalmé s'expliquent par des raisons qui reviennent le plus souvent dans l'histoire des révoltes au Tchad et qui parlent des prélèvements abusifs d'impôts par les agents de l'État (administrateurs, préfets et sous-préfets). Ces administrateurs civils de l'État sont généralement des Tchadiens du sud comme le Président Tombalbaye qui leur a imposé l'autorité traditionnelle d'un Sultan

---

[103] *Ibid.*, p. 258.

Bachar Gadaya que les clans Kibissimi de Bitchotchi et les Zilébinis de Labado, deux grands groupes sur trois des Moubis de Mangalmé[104] n'en veulent pas et digèrent mal cette imposition venue de l'administration. Alors les deux raisons principales de la révolte de cette population ont fédéré toute la zone qui s'est embrassée[105] par la suite contre l'État.

Au sujet de la cause sur le prélèvement abusif d'impôts, dès 1960 année à laquelle le Tchad est devenu indépendant et souverain, le budget de l'État était déficitaire de 2, 6 milliards de FCFA sur un total de 6 milliards de FCFA. Ce déficit budgétaire était comblé avant 1960 par le colonisateur français qui renflouait les caisses de l'État tchadien du fait de l'administration coloniale. Mais avec l'indépendance et la souveraineté du pays, le Tchad devait compter désormais sur ses propres ressources pour financer son développement. Alors, pour combler le déficit budgétaire, le Président Tombalbaye a fait recours à la création de plusieurs taxes et impôts[106] au niveau national sans d'ailleurs pouvoir se passer de l'aide budgétaire du Trésor public français, car l'argent pour financer l'État tchadien paraissait de plus en plus insuffisant pour couvrir les besoins globaux du pays.

Par conséquent, chaque année l'État se retrouve obliger d'augmenter l'assiette fiscale pour ponctionner les maigres ressources des populations tchadiennes pour atteindre les prévisions budgétaires. C'est ainsi qu'à partir des années 1964, le jeune État tchadien a décidé de faire des collectes d'impôts au niveau national pour la réalisation des infrastructures scolaires et sanitaires au profit des populations. Ces emprunts obligatoires au niveau national constituaient presque les seules ressources vitales pour l'État en plus de l'aide publique au développement du Trésor français pour réaliser les grands projets d'investissements. À cet effet, tant au nord, Centre-Est et au sud, cet emprunt national obligatoire provoque d'énormes frustrations chez ces

---

[104] Voir RONE B., *Tchad : L'ambivalence culturelle et intégration nationale*, L'Harmattan, juin, 2000, p. 157.

[105] Voir à propos les écrits sur le pouvoir de violence avec CHABAL Patrick, « Pouvoir et violence en Afrique postcoloniale », *Politique africaine*, n°42, juin 199, p. 51.

[106] Voir KOTOKO A., *Le destin de Hamaï*, Paris, L'Harmattan, 1989, p. 161

populations qui ont déjà plusieurs contentieux avec l'État sans trouver parfois de solution ni de compromis[107].

De même, dans la partie méridionale du pays, plus précisément les zones où les populations cultivaient des champs de coton, certains chefs des familles cultivaient le coton que pour avoir les ressources nécessaires pour pouvoir s'acquitter des impôts que l'État en avait vraiment besoin. Aussi, dans les zones du Centre et de l'extrême de Nord, les populations étaient vraiment harcelées par les agents d'impôts que l'État a déployé pour les collectes des emprunts d'impôts. Un an plus tard, c'est-à-dire à partir de 1965, dans le Centre-Est et plus précisément à Mangalmé, un mécontentement généralisé contre l'État par la population de cette zone s'est déclaré à cause de l'abus et du poids de l'impôt qui reste jusqu'à présent le principal détonateur de la révolte des paysans de cette zone contre l'État.

Sur le même registre, le chercheur Christian Bouquet note que *« Les contribuables des régions musulmanes souffraient déjà beaucoup des abus des collecteurs d'impôts qui passaient plusieurs fois par an pour le compte personnel de certains préfets et sous-préfets sudistes. En outre, dans cette région s'ajoutait une taxe sur le bétail qui faisait l'objet d'excès semblables »*[108]. Autrement dit, dans une parution d'un ouvrage collectif consacré au rapport entre la violence et l'État d'une manière générale, les intervenants expliquent que *« les fonctions économiques du monopole étatique de la violence, comme la perception des taxes et impôts sont l'un des aspects les plus importants de ce monopole, surtout en cas d'abus ou de dérapages de la part de ceux qui en ont la charge »*[109].

D'une manière globale, la révolte des populations s'explique par une réaction contre le pouvoir qui les opprime sans les protéger en tant que citoyens d'un pays qui jouissent aussi des droits et surtout des devoirs. Dans le contexte des années 1965, le régime du Président Tombalbaye

---

[107] ABBO, N, *Mangalmé 1965 : La révolte des Moubi*, Mémoire de l' ENAM de N'Djamena, Editions Sépia, St Maur, 1997, 106 p. Du même auteur : *Mangalmé 1965. Les révoltes des Moubi*, Paris, L'Harmattan, 1997.

[108] BOUQUET, C, *Tchad : genèse d'un conflit*, Paris, L'Harmattan, 1982, p. 127

[109] LE ROY., E., VON., T, *La violence et l'État : formes et évolution d'un monopole*, Paris, L'Harmattan, 1993, p. 247, cité par BANGOURA., M. T., *Violence politique et conflits en Afrique : le cas du Tchad*, L'Harmattan, 2006, p. 146.

n'avait pas trouvé d'autres moyens diplomatiques que d'opprimer sa propre population pour prélever l'impôts et même leur imposer des chefferies traditionnelles que parfois la population n'adhérait pas et trouvait en ces décisions des abus à l'encontre de leur tradition. Le cas du Sultan Bachar Gadaya imposé par l'administration à Mangalmé depuis Fort-Lamy par le Président Tombalbaye était considéré comme un *casus belli* par la population. Dès lors, la révolte fut déclarée par les populations Moubi de Mangalmé contre l'État unitaire fortement centralisé à Fort-Lamy en septembre 1965. Les causes de cette révolte demeurent *« une forte augmentation de la taxe civique et le lancement d'un emprunt forcé en bétail quelques mois auparavant ». « Plusieurs réunions avaient eu lieu depuis juin avec les chefs de canton pour tenter de résoudre le différend, mais aucune solution acceptable n'avait été obtenue. En octobre, trois cents paysans armés de piques et de sagaies décident alors s'en prendre aux autorités administratives locales représentant le pouvoir central et commettent des massacres »*[110].

La répression des populations révoltées contre l'État fut très brutale et disproportionnée[111] et a fait plusieurs centaines sinon des milliers des victimes dans le Centre-Est du pays. À titre d'ailleurs, le chercheur Néerlandais Buijtenhuijs Robert a pu noter ceci : *« pour la première fois, une révolte, bien que durement réprimée, ne se termine pas pour le peuple par un recul »*[112]. Bangoura Tétémadi de dire : *« L'armée tchadienne doit affronter des groupes d'autodéfense créés spontanément dans les villages. La révolte de Mangalmé marque également un changement dans la jeune histoire du Tchad ». « Pour la première fois la répression d'une manifestation dure plusieurs jours, se heurte à une résistance armée et ne vient pas totalement à bout de l'insurrection »*[113].

À cet effet, la révolte a pris de l'ampleur et a contaminé les provinces voisines du Batha, du Ouaddaï et du Salamat. Les causes qui ont fait

---

[110] BANGOURA., M. T., *Violence politique et conflits en Afrique : le cas du Tchad*, L'Harmattan, 2006, p. 146

[111] Voir LEMOINE, T., *Tchad : 1960-1990. Trente années d'Indépendance*, Paris, Lettres du Monde, 1997, p. 24

[112] Voir BUIJTENHUIJS, R., *Le FROLINAT et les révoltes populaires au Tchad 1965-1976*, The Hague, Mouton, 1978, p. 108

[113] BANGOURA., M. T., *Violence politique et conflits en Afrique : le cas du Tchad*, *op.cit.*, p. 147.

révolter les populations de Mangalmé furent les mêmes dans les provinces du Centre et de l'Est et toute la population fut vent debout contre le Gouvernement, le régime du Président Tombalbaye sinon l'État lui-même était vraisemblablement remis en cause du fait des comportements de ses agents et administrateurs et de certaines de ses décisions considérées par les populations comme arbitraires. Pour les Moubi, avant de cessez-le-feu avec l'État, ils obtiennent le départ[114] et le remplacement de tous les agents de l'État à commencer par le sous-préfet de Mangalmé qui sera remplacer par un fils Moubi du terroir et d'autres fonctionnaires également seront remplacés par des natifs de Mangalmé pour calmer la tension et la révolte.

À la dimension expliquant les causes réelles de la révolte née d'une pression fiscale, se rajoute une deuxième cause purement locale et traditionnelle au terroir Moubi. C'est celle du refus catégorique de plusieurs grands groupes Moubi de Mangalmé (les Kibissimi de Bitchotchi et les Zilébini de Labado)[115] qui réfutent systématiquement l'autorité traditionnelle du Sultan Bachar Gadaya désigné par le Président Tombalbaye et l'administration depuis Fort-Lamy sans leurs avis.

Aussi, l'auteur Roné Beyem s'interroge sur les causes de la révolte des populations Moubi en se demandant *« qui de l'administrateur ou du chef traditionnel à Mangalmé, est le responsable effectif de l'abus dans les prélèvements d'impôts ? » L'auteur explique « qu'il existe dans cette province comme dans d'autres un problème de chefferie. Lorsque Adoum Gadaya, chef de canton et sultan à Mangalmé décède, il est remplacé par son frère grâce au soutien de député et d'hommes politiques du Batha et s'impose à deux factions Moubi sur trois. Plus généralement, la réalité socio-politique dans le Centre-Nord du Tchad est que, depuis 1900, deux organisations à vocation étatique prélèvent chacune des impôts : la chefferie traditionnelle est un État théocratique et l'État tchadien qui est un État laïc »*[116].

---

[114] Voir DADI. A., *Tchad : l'État retrouvé*, Paris, L'Harmattan, 1987, p. 79

[115] Voir à ce sujet RONE B., *Tchad : L'ambivalence culturelle et intégration nationale*, L'Harmattan, juin, 2000 et ABBO, N, *Mangalmé 1965 : La révolte des Moubi* », Mémoire de l'ENAM de N'Djamena, Editions Sépia, St Maur, 1997, 106 p. Du même auteur : *Mangalmé 1965. Les révoltes des Moubi,* Paris, L'Harmattan, 1997.

[116] RONE. B, cité par BANGOURA, T. M., *op. cit.,* p. 157.

La cause de la révolte qui fut la pression fiscale fut identifiée comme un mal qui gangrenait déjà les provinces du Centre, de l'Est, du Nord et du Kanem-Batha où existaient six types d'impôts coutumiers d'origines islamique prélevés par les chefs traditionnels. Cette pression fiscale composée de zakkat, la fotthra, le moud, les amendes, les parts sur les héritages, les droits de pâturage devraient disparaître avec la création de l'État laïc mais la population a vu se rajouter la taxe laïque de l'État aux six autres traditionnelles sans un aménagement réel et ce qui a pu déborder le vase entrainant une contestation sinon une révolte de toute cette population sous une pression directe d'impôts sans obtenir une protection de la part de l'État. Cette population voulait à la base contrôler son pouvoir traditionnel pour juguler à la base le problème de la pression fiscale mais elle n'a reçu que répression et imposition. Au finish, il n'y avait pas d'autres voies que de se révolter pour arracher sa liberté et défendre sa cause au sein d'une entité appelé République et qui ne leur servait à rien du tout. Soixante années après cette macabre histoire, les mêmes causes se répètent avec la pression d'un pouvoir d'origine du nord du pays et qui met la pression sur les populations du sud du Tchad avec des exclusions dans la gestion des affaires publiques et la répression des populations en cas de protestation légitime comme le cas du 20 octobre 2022 qui restera une date sombre de l'histoire du Tchad et qui accentue aujourd'hui le clivage, la division sinon la scission entre tchadiens dont le moins disant dans la surenchère reste le dualisme constitutionnel pour choisir une nouvelle forme de l'État dont beaucoup de Tchadiens se lèvent aujourd'hui pour réclamer la forme fédérale où chaque province du pays trouvera son compte par une gestion fédérée des ressources disponibles.

Autant chez les populations Moubi de Mangalmé que la pression fiscale a poussé à une révolte historique contre l'État, autant aujourd'hui, les causes d'une pression généralisée d'un pouvoir tenu depuis plus de 40 ans par des Tchadiens du nord et qui ont instauré l'exclusion et la répression sur une grande partie des Tchadiens du sud pousse actuellement vers le choix d'une République fédérale pour ne pas dire une scission ou rupture comme certains tchadiens le prétendent. Si hier chez les populations Moubi, la question d'impôts était la cause, il y avait aussi la dimension de la réorganisation administrative de la circonscription ainsi que la représentation des Moubi dans les instances politiques nationales qu'il s'agissait aussi, notamment au Bureau politique national du Parti État de cette époque, c'est-à-dire le Parti progressiste tchadien PPT/RDA au pouvoir.

Finalement, un accord d'inclusion des fils de la province du Centre-Est et surtout des Moubi de Mangalmé fut conclu en janvier 1971 avec le Président Tombalbaye pour permettre aux rebelles Moubi de Mangalmé de déposer les armes[117] et réintégrer la légalité républicaine. L'accord a prévu de diminuer la pression fiscale sur les chefs de familles, et aussi prévoit que désormais les chefs de cantons ou chefs traditionnels devront être élus par les populations de leurs ressorts territoriaux au suffrage universel direct. Ce fut une liberté arrachée par la force des armes à cette époque, vu que le Président Tombalbaye en imposait certains chefs et d'autres se transmettaient généralement un pouvoir traditionnel par hérédité.

Ainsi, le manque de protection du régime Tombalbaye de 1962 au titre de deux pactes des Nations unies de 1966 sur les droits sociaux et économiques et culturels ainsi que le respect du droit civil et politique dans la participation de tous les citoyens sans distinction dans la gestion des affaires publiques ont poussé les populations Moubi de Mangalmé à prendre les armes contre l'État. Cette réaction violente contre les traitements inhumains et dégradants de l'État contre sa population, ne s'était pas seulement arrêté au niveau du Centre-Est du pays mais a aussi gagné la province de l'extrême Nord, composée de Borkou, Ennedi et Tibesti, communément appelée par les Tchadiens le BET. Cette province a fini aussi par se révolter contre les traitements inhumains et dégradant du Président Tombalbaye à travers ses représentants envoyés depuis Fort-Lamy pour les administrer. Dans cette province du BET, le Président Tombalbaye nommait que des officiers de l'armée tchadienne comme administrateurs des circonscriptions territoriales alors qu'au centre et au sud ou encore d'autres partie du Tchad, l'État affectait des administrateurs civils pour assurer la continuité des services de l'État.

Le Président Tombalbaye a purement et simplement reproduit le schéma de la colonisation française. Du point de vue géostratégique, l'intérêt français est prédominant dans le BET que partout ailleurs au Tchad. Donc les colons français eux-mêmes tenaient cette province du BET jusqu'en 1964 avec le dernier préfet militaire de cette province le

---

[117] Voir RONE. B., « section 2 : l'échec des politiques de réconciliation des Présidents Tombalbaye et Malloum » *Op. Cit.* p. 165.

Colonel Jean Chapelle. Cette stratégie d'administrer la province du BET par des officiers militaires relève d'une continuité de domination de la province par une stratégie de la colonisation française qui était de sauvegarder des intérêts miniers vitaux que regorgent les sous-sols de la province du BET en général et un intérêt particulier pour l'État tchadien.

Les causes du problème qui vont finir par faire révolter la population du BET proviennent essentiellement des causes d'amateurismes administratifs comme ce fut le cas au Centre-Est dans la province de Mangalmé chez les Moubi. Tout d'abord, les officiers tchadiens que le Président Tombalbaye nommait comme administrateurs sur le territoire de la province du BET sont tous généralement d'anciens simples soldats de l'armée coloniale françaises démobilisés et réintégrés dans la nouvelle armée nationale tchadienne créée avec l'indépendance du pays. Ces administrateurs officiers ne sont pas généralement formés ou destinés à administrer des militaires moins encore des populations civiles. Ces prétendus administrateurs militaires pour le Président Tombalbaye étaient sous la colonisation française des simples soldats qui obéissaient aux ordres d'un officier administrateur militaire français formé pour ces circonstances. D'où, ces administrateurs militaires tchadiens nommés par le Président Tombalbaye ne connaissaient que l'obéissance à l'ordre et la discipline militaire héritées de l'armée coloniale française. Cependant, cette administration militaire paraissait très inadaptée au contexte des principes de la population de cette zone de l'extrême nord du pays le BET où on retrouve les ethnies Goran et les Toubou[118].

Aussi, une autre cause se rajoute au fait déclencheur de la révolte de cette population de l'extrême Nord contre le régime autoritaire de Tombalbaye s'explique par le fait que les administrateurs militaires tchadiens nommés dans la province sont généralement des Tchadiens du sud du pays et qui administrent ou dominent en territoire conquis[119]. Le comportement de ces administrateurs militaires sudistes

[118] Voir RONE. B., *Op. Cit.*, p. 72

[119] Goukouni Weddeye, ancien président de la République du Tchad témoignages : « Le mécontentement qui a grandi dans le Tibesti tire ses origines de la mauvaise gestion administrative de ces jeunes officiers tchadiens qui ont pris la relève des colons français. Croyant mieux faire que les Français, le lieutenant Rodaï Samuel, sous-préfet du Tibesti, commandant de la compagnie de Bardaï et le sous-lieutenant Allafi Maurice, dans un premier temps chef de poste de Zouar,

alimente au contraire un préjugé des populations de la zone de l'extrême nord envers les Tchadiens du sud.

Naturellement, cette population par culture n'accorde pas de considération aux hommes de culture terrienne c'est-à-dire la nourriture ou la subsistance proviennent essentiellement du travail de la terre (les cultivateurs ou paysans). Il faut admettre que cette population de l'extrême nord du Tchad est d'une culture musulmane et éleveur nomade par essence et ne connaît pas le monde des cultivateurs paysans qu'elle trouve comme un monde des exclaves qui travaillent durement pour gagner leur vie au prix de l'effort physique en remuant la terre pour avoir à manger. Dans l'imaginaire collectif des populations de l'extrême nord du Tchad où se trouve un grand étendu du dessert, les Tchadiens du sud qui se nourrissent des produits venant de la culture de la terre ne peuvent être que des esclaves du fait de la difficulté à comprendre le dur travail du paysan pour tirer ses ressources vitales. Cette population a déduit dans ses préjugés que ce sont ces hommes provenant de cette culture de se nourrir des produits du travail de la terre qui sont nommés par le Président Tombalbaye pour les administrer chez eux. Cette situation est inacceptable à leur compréhension du fait de maintien de l'ordre et faire régner la discipline par les administrateurs militaires du sud envoyés par le Président Tombalbaye.

Sur ce registre, le chercheur BANGOURA disait : *« les militaires tchadiens, obnubilés par les règlements, la hiérarchie et leur mission n'hésitent pas à s'imposer aux Toubou par la force, la coercition et la violence. Comme leurs prédécesseurs, ils s'estiment plus instruits que leurs administrés et se croient porteurs de la civilisation. Ils agissent donc comme les administrateurs coloniaux auparavant pour civiliser rapidement les Toubou et les faire participer à l'œuvre de construction nationale. Le problème réside dans la perception que les*

---

ont contribué à aggraver la situation par ignorance des mœurs et de la mentalité toubou. Quand les Français viennent dans ce genre de zones reculées, ils étudient la mentalité des gens qui y habitent. Par contre, quand les Tchadiens partent dans une pareille zone, ils ne pensent pas à étudier la mentalité : parce qu'ils sont tchadiens, ils croient que tout le monde est pareil. C'est ainsi qu'en venant, il se sont très mal comportés. Je crois que ce n'est pas par mauvaise fois, mais par ignorance. Ils sont militaires, ils pensent que la population civile doit être gérée comme les militaires dans un camp, ce qui a tout fait rater ». CORREAU. L., *op.cit.*, rfi, 2008.

uns se font des autres car à ce moment-là, les Toubou pensent que ce sont eux qui sont civilisés, et non l'inverse »[120].

De même, le chercheur Christian Bouquet note au sujet de cette révolte ceci : *« il est possible de détecter deux niveaux de malaise : première malaise, dans les campements et les villages, une réticence à obéir à un nouveau commandant Sara ou sudiste (qui en d'autres temps aurait pu être leur esclave) apparaît : elle peut rester superficielle et se noyer dans le fatalisme et la passivité ou donner lieu à des réactions plus ou moins vives ;*

Deuxième malaise : dans les agglomérations où la présence militaire et administrative est mal vécue, les gens ne comprennent pas que des hommes aussi différents d'eux puissent venir exercer une quelconque autorité sur eux, les serviteurs de Dieu »[121].

Ce cocktail des malaises réunis explose en premier incident entre la population et les administrateurs militaires en septembre 1965 à la suite d'une bagarre rangée entre un groupe des soldats et les habitants de la garnison militaire de Bardaï chef-lieu du département de Tibesti à l'époque devenu aujourd'hui une province. Selon les témoignages rapportés par Pierre Claustre, le mari de l'archéologue française madame Françoise Claustre, retenue en captivité par les rebelles tchadiens des Forces Armées du Nord dans le Tibesti, l'auteur rapporte que *« des soldats ont eu un comportement jugé injurieux à l'égard d'une femme toubou qui participait à une danse traditionnelle. En réaction, l'un des soldats fut poignardé mortellement. Le commandant de la garnison qui exerçait les fonctions de sous-préfet réagit sans discernement en humiliant devant les locaux de la sous-préfecture et en arrêtant le principal notable : le Derdeï Weddeye Kihidemi, chef spirituel et temporel des Toubou et son fils Goukouni, qui furent déplacés à Faya-Largeau »*[122].

Par la suite, la révolte des populations de la zone de l'extrême nord contre le régime autoritaire du Président Tombalbaye va prendre de l'ampleur pour s'étendre les mois qui ont suivi l'incident de Bardaï

---

[120] BANGOURA, T. M., *op. cit.*, p. 149.

[121] BOUQUET. C., *op.cit.*, p. 126.

[122] Voir CLAUSTRE. P., *L'affaire Claustre, autopsie d'une prise d'otages*, Paris, Karthala, 1990 ou voir la *Revue française d'histoire d'Outre-mer*, Tome I.XXIX (1992), n°297.

qui ont humilié le chef spirituel, le Derdeï Kihidemi et son fils Goukouni en les arrêtant et les déportant à Faya capitale de la préfecture du BET. L'État n'a pas chercher à apaiser les esprits mais au contraire a multiplié des mesures draconiennes de provocation à l'encontre des populations de la zone décidée par le commandant militaire de la garnison, le lieutenant Allafi Maurice, sous-préfet du Tibesti à cette époque. Selon les témoignages rapportés par Abderahman DADI, dans un ouvrage, les mesures prises par le sous-préfet de la garnison militaire le lieutenant Allafi Maurice à l'encontre des populations Toubou[123] étaient les suivantes : *« 1. Tout citoyen de la zone pris en flagrant délit de port d'armes blanches apparentes ou non doit payer une amende de 6000 FCFA et deux ans d'emprisonnement ferme. 2. Tout citoyen de la zone pris en flagrant délit de port de turban doit payer 5000 FCFA d'amende ou subir un emprisonnement jusqu'à ce que l'intéressé soit solvable. 3. Les réunions sont interdites même entre deux personnes, sinon tout citoyen pris en flagrant délit de violation de cette interdiction doit payer une amende de 5000 FCFA et un emprisonnement d'un mois. 4. Tout citoyen pris en flagrant délit de dispute avec un autre citoyen de la zone recevra une punition de 50 à 100 coups de chicotte par personne plus une amende de 5000 FCFA. En ce qui concerne les femmes, elles verront leurs cheveux coupés, elles seront déshabillées et promenées en public dans la garnison militaire en guise de punition »*[124].

L'auteur de conclure sur ces mesures punitives en disant *« que la révolte des Toubou est la réponse logique à ces violences qui touchent toute la communauté. C'est à cette époque, en 1966, que le Derdeï Kihideimi Weddeye*[125] *décide de partir en exil en Libye »*[126], laissant

[123] Goukouni Weddeye extrait de témoignages : « A l'époque, les gardes nomades (les goumiers) patrouillaient pour arrêter les fraudeurs : ils arrêtaient les gens qui n'avaient pas de laisser-passer et qui allaient en Libye. Ceux qui portaient le couteau étaient aussi arrêtés. Lorsque ces deux lieutenants sont venus, ils ont aggravé les peines. Pour punir les fauteurs, ils ont commencé à faire payer des amendes très chères aux pauvres gens. Ils gavaient les gens avec de l'eau jusqu'à ce qu'ils perdent connaissance. Il leur arrivait même de raser totalement la tête des femmes. C'est interdit chez nous, c'est interdit dans nos mœurs… mais ils ne le savaient pas. Alors si deux femmes se battaient, ils rasaient leur tête. Ce qui fait que la population n'a pas réussi à supporter leur loi ».

[124] Voir DADI. A., *Tchad l'État retrouvé, Op. cit.,* p. 80

[125] Lire CORREAU. L. : *« Une jeunesse en pays Toubou. 1944-1971 »*, Rfi, août 2008. Lire les extraits de témoignages de l'ancien Président Goukouni Weddeye

derrière lui sa terre natale et humilié par une administration soi-disant moderne et qui veut l'unité nationale d'un pays.

Autrement dit, face à un traitement inhumain et dégradant d'une administration sur ses propres administrés et qui sert une violence sans commune mesure, tout comme une pression fiscale sur les populations du Centre-Est et l'humiliation sur celle de l'extrême nord éleveur et nomade du désert du Tibesti, il va naitre une nouvelle forme de lutte armée officielle contre le pouvoir central de Tombalbaye basé à Fort-Lamy. Les mécontentements généralisés ainsi que les révoltes multiples des populations du Centre-Est, Batha, de Salamat ainsi que celle du Tibesti vont pousser les acteurs politiques exclus des affaires publiques ou en exils à créer une rébellion officielle contre l'État. D'où la naissance du Front de Libération Nationale du Tchad FROLINAT qui va canaliser cette colère pour une libération définitive de la dictature de Tombalbaye.

B. La rébellion officielle contre le régime autoritaire du Président Tombalbaye

Après avoir infligé un traitement inhumain et dégradant aux populations du Centre, de l'Est et celle de l'extrême Nord dans les massifs désertiques du Tibesti, les acteurs politiques qui ont aussi subit une exclusion sinon un emprisonnement ou des exils forcés, ont forgé une synergie de lutte armée contre le régime autoritaire du Président Tombalbaye. Le Front de Libération Nationale du Tchad (FROLINAT) a pu voir le jour le 22 juin 1966 à Nyala au Soudan voisin. Ce mouvement armé est en réalité une sous création d'un parti politique légalement formé en et qui a animé la vie politique au Tchad. Il s'agit de l'Union Nationale du Tchad (UNT[127]) section

« Le Derdeï, le chef traditionnel des Toubous, en vient à soutenir le principe d'une lutte armée. Ses projets croisent ceux du FROLINAT, le Front de Libération Nationale du Tchad, un groupe rebelle qui est implanté dans le Centre-Est mais veut ouvrir un nouveau Front au Nord. Ainsi naissait la rébellion du Tibesti ».

[126] *Ibid,* p. 80

[127] L'UNT ou Union Nationale Tchadienne est un parti politique légalement constitué dans les années 1958. Il a animé et participé à la vie politique entre 1958 et 1963 années à laquelle les dirigeants de ce parti furent arrêtés avec d'autres acteurs politiques à la suite des manifestations du 16 septembre 1963 contre le régime politique du Président Tombalbaye. Ce parti fut d'obédience marxiste et a

tchadienne du Mouvement Socialiste Africain (MSA), un parti d'obédience marxiste. Il a animé la vie politique au Tchad entre 1958 et 1963. Mais à la suite des événements douloureux des manifestations contre le régime de Tombalbaye du 16 septembre 1963, le parti a adopté une ligne radicale contre le régime de Fort-Lamy et a dénoncé une discrimination[128] sinon une exclusion des cadres musulmans tchadiens du Centre, de l'Est et du Nord dans la gestion des affaires publiques.

À cet effet, les principaux leaders de l'Union Nationale du Tchad furent arrêtés et emprisonnés. Il s'agit de Ibrahim Abatcha, Aboubakar Djallabo et Mahamat Ali Taher. Après cette arrestation, certains ont tenté de fuir de la prison pour gagner l'exil. Le cas de Mahamat Ali Taher, un Tchadien qui a étudié en Libye et en Égypte. Les autres Ibrahim Abatcha et Aboubakar Djallabo seront libérés par la suite et décident de s'exiler à l'étranger pour mener la lutte armée contre le régime de Tombalbaye.

Ainsi alors, Ibrahim Abatcha, l'un des fondateurs de l'Union Nationale Tchadienne (UNT) et deuxièmement Secrétaire Général adjoint quitte le Tchad après la prison pour aller fonder la lutte armée à l'extérieur du pays. Il se rendra d'abord au Ghana pour participer à des rencontres inter africaines., ensuite, au Vietnam du Nord et en Indonésie pour la lutte des états africains pour l'indépendance. Par la suite, il va fonder le Front de libération du Tchad (FLT) depuis Accra au Ghana.

Il est tout d'abord solidaire avec les luttes de libération nationale entamée en Asie en Afrique et dans les États d'Amérique latine. Il s'est lancé dans une campagne contre l'impérialisme occidental et la libération des peuples africain en quête de l'autodétermination. Il s'est engagé à lutter contre le néocolonialisme français dans les années 1965-1966 où il s'est engagé à la lutte armée et a commencé une tournée qui le conduit successivement en Algérie en Égypte où son projet est approuvé par les étudiants tchadiens de l'université Al-Azhar du Caire. Il va se rendre en Corée du Nord pour un stage

---

fait campagne pour un « Non » au référendum constitutionnel du 28 septembre 958, proposé par le Général de Gaulle aux colonies françaises d'Afrique. Enfin, l'UNT est un parti dont la plupart des membres fondateurs et les militants appartiennent la communauté musulmane ou arabe-bornou du Tchad.

[128] Voir RONE., B., *Op. Cit.*, pp. 40-51.

militaire et au Soudan voisin où il installera sa base d'opération. Il s'est installé provisoirement au Soudan voisin pour recruter[129] des combattants parmi les nombreux réfugiés tchadiens et a gagné la confiance d'officier et de sous-officiers d'origine tchadienne qui servaient dans l'armée soudanaise.

Il a su profiter des troubles dans le Centre-Est du Tchad à travers les événements douloureux de Mangalmé, où il y a eu des insurrections paysannes par les actions du Front de libération du Tchad (FLT) dirigé par Ahmed Moussa dans les zones de la frontière Tchado-soudanaise et par les maquis embryonnaires d'El Hadj Issaka. Le Front de Libération Nationale du Tchad FROLINAT va ainsi se constituer et s'afficher au grand jour pour lutter contre le régime dictatorial du président Tombalbaye. Ainsi, à la suite d'une annonce officielle de la constitution de la rébellion contre le régime dictatorial de Fort-Lamy, le président Tombalbaye va réagir et déclarer en fin décembre 1965 devant l'Assemblée Nationale du Tchad que : *« le temps de la faiblesse est révolu. Tout mouvement contre l'autorité sera réprimé avec une vigueur inconnue jusqu'ici et ceux qui pensent qu'ils peuvent braver la légalité seront impitoyablement châtiés »*[130].

Au niveau de la création et de l'organisation de la rébellion désormais officielle contre l'État dans les années 1966-1969, le mouvement s'est organisé en tenant sa première réunion du 19 au 22 juin 1966 à Nyala au Soudan voisin. Le deuxième Secrétaire Général adjoint de l'UNT Ibrahim Abatcha dans son élan de lutte contre le régime de Tombalbaye va officialiser le maquis contre l'État tchadien. Il craignait au départ le leadership des forces concurrentes d'une autre fraction rebelle. Il s'agit des forces de Ahmed Moussa[131] qui disposait

---

129 Voir BUIJTENHUIJS. R., *Le FROLINAT et les révoltes populaires du Tchad, 1965-1976, Op.cit.* p. 117. D'après le chercheur BUIJTENHUIJS *« Ibrahim Abatcha aurait été dûment mandaté par l'UNT pour préparer la lutte armée. Au Ghana, il rencontre des responsables de l'UPC du Cameroun qui ont déjà une expérience des maquis et de la clandestinité et qui l'aident à établir des contacts avec des dirigeants progressistes du tiers monde ».* Cité par BANGOURA. *Op. Cit.,* p. 151.

130 Voir Agence France Presse AFP, dépêche du 23 décembre 1965, dans la rubrique, Les échos d'Afrique, Info sur le Tchad.

131 Voir BUIJTENHUIJS. R., *Op. Cit.,* p. 123. Selon le chercheur, « pendant la création du mouvement rebelle, Ahmed Moussa, l'un des leaders de la rébellion armée se trouvait emprisonner à Khartoum au Soudan et à sa libération, il a dénoncé la tenue de ce congrès constitutif restreint au tour de l'autre leaders

également des hommes sur le terrain et portaient la même appellation de lutte, Front de libération du Tchad (FLT) qui était en voie d'être élu également à la tête du mouvement unifié rebelle, Secrétaire Général[132] du Front de libération nationale du Tchad. Ainsi Ibrahim Abatcha va réunir plusieurs dizaines de combattants autour de lui au congrès constitutif de Nyala au Soudan afin d'annoncer formellement l'existence du mouvement armé contre le régime dictatorial de Fort-Lamy.

Le programme politique du FROLINAT se résume en 8 points comme suit :

1. Lutter par tous les moyens pour renverser le régime néo-colonialiste et dictatorial que la France a imposé à notre peuple depuis le 11 août 1960, après avoir hissé et maintenu au pouvoir une clique de marionnettes dociles à exécuter sa nouvelle politique tendant à perpétuer la domination, l'oppression et l'exploitation extrêmes de notre peuple sous une nouvelle forme, la plus subtile, la plus dangereuse et la plus barbare, mais qui n'en demeure pas moins la dernière : le néo-colonialisme, en vue de reconquérir l'indépendance nationale et totale de notre patrie

2. Evacuer toutes les bases et troupes étrangères qui sont stationnées sur le sol de notre patrie et qui constituent par là-même un grand danger permanent, non seulement pour la sécurité extérieure et intérieure de notre peuple et une aliénation de notre souveraineté, mais aussi une menace et un danger permanents pour les autres pays frères africains, comme l'a si justement prouvé l'envoi de ces troupes au Tchad durant les événements du Cameroun et d'ailleurs.

Ibrahim Abatcha qui avait prévu de légaliser ce Congrès en organisant ultérieurement une assemblée générale de tous les mouvements armés sur le terrain contre l'État. Sur ses relations avec Ahmed Moussa, dirigeant du FLT, Ibrahim Abatcha ne s'était pas trompé. Après la constitution du FROLINAT, Ahmed Moussa a fait sortir le FLT du Front et a continué seul la lutte armée pendant une dizaine d'année, mais sans grand succès ». Cité par BANGOURA, p. 152.

[132] Le Comité central du Mouvement rebelle FROLINAT fut constitué en juin 1966 et compte 30 membres dont 15 pour l'UNT d'Ibrahim Abatcha et 15 pour le FLT d'Ahmed Moussa. Le Secrétariat fut constitué de 10 membres dont 5 pour l'UNT et 5 pour le FLT.

3. Instaurer un gouvernement de coalition nationale démocratique et populaire. Réaliser une large démocratie progressiste en promulguant les libertés de presse, de parole, de réunion, de croyance, de circulation, d'association, etc. Amnistier tous les détenus politiques.

4. Appliquer une politique conséquente à la campagne. Réaliser la Réforme Agraire. Et, en se basant sur le principe de « la terre à ceux qui la travaillent », distribuer gratuitement la terre aux paysans pauvres. Aider et soutenir efficacement les paysans dans tous les domaines : politique, économique, social et culturel. Augmenter, assurer et stabiliser les prix et l'écoulement des produits agricoles.

5. Augmenter d'un tiers le salaire des ouvriers, relever les salaires, les traitements des fonctionnaires et soldats, supprimer toutes les taxes et amendes arbitraires, diminuer l'impôt personnel, procurer du travail aux chômeurs. Réaliser l'égalité des sexes, procurer des soins gratuits aux malades. Améliorer constamment les conditions de vie du peuple.

6. Encourager et protéger les petits et moyens commerçants des grosses firmes étrangères, supprimer le monopole économique des pays impérialistes, notamment de la France et des autres pays de la CEE, nationaliser les secteurs-clé de l'économie nationale. Édifier une économie nationale indépendante. Appliquer une politique de fiscalité raisonnable et équitable.

7. Édifier une culture et une éducation démocratiques, progressistes et à caractère national. Adopter l'arabe et le français comme langues officielles, lutter efficacement contre l'analphabétisme en vue de sa radiation complète.

8. Établir des relations diplomatiques avec tous les pays sauf Israël et l'Afrique du Sud, sur la base des dix principes de la Conférence de Bandoung et des cinq principes de la coexistence pacifique. Appliquer une politique extérieure de neutralisme positif, soutenir activement les mouvements de libération nationale, défendre la paix mondiale.

Ce programme, dans le contexte de l'époque, correspondait parfaitement au schéma de la lutte de libération nationale tel que défini par Mao Zedong. Le programme prend en compte un éventail assez large de catégories sociales. Il s'intéresse aux paysans et aux ouvriers mais aussi aux commerçants nationaux et aux fonctionnaires ressortissants du Centre, de l'Est et du Nord marginalisés par le régime de Tombalbaye. Il ne cite cependant pas les éleveurs, ce qui peut être sujet à interrogation s'agissant d'un pays comme le Tchad. Il ne se réfère pas à des principes religieux ou régionalistes, hormis la langue arabe revendiquée comme deuxième langue nationale et officielle après le français. D'ailleurs cette question d'intégrer la langue arabe comme une langue nationale après le français au Tchad a pu faire l'objet d'un point principal aux accords-cadres de Khartoum de septembre 1977 entre les forces armées du Nord et la junte militaire au pouvoir qui a renversé le président Tombalbaye en avril 1975.

Ce programme de la rébellion présenté en 8 points était celui des deux mouvements armés c'est-à-dire de l'UNT et du FLT qui ont fusionné pour former le Front de libération nationale du Tchad FROLINAT, la seule organisation désormais officielle et révolutionnaire à lutter contre le régime du président Tombalbaye. Le mouvement s'est structuré en formant un comité central et un Secrétariat Général. Ibrahim Abatcha fut désigné comme Secrétaire Général à l'issue d'un congrès tenu à Nyala au Soudan voisin. Les dirigeants de ce mouvement officiel armé contre le régime du président Tombalbaye sont classés en 3 groupes venant d'horizon diverses et appartenant à différents courants d'idées.

Le premier groupe, numériquement faible mais politiquement important a réuni les anciens dirigeants de l'Union Nationale Tchadienne UNT dont Ibrahim Abacha est le chef en exil, Aboubacar Djallabo et Mahamat Ali Taher. Le second groupe le plus numériquement important provient des étudiants tchadiens du Caire en Egypte et de la Libye. Certains membres de ce groupe ont suivi un stage militaire en Corée du Nord. Les membres de ce groupe sont majoritairement originaires de l'Est du Tchad. Le 3ème et dernier groupe des combattants rebelles provient des anciens militaires tchadiens ayant servi au Soudan. Ils ont une expérience profitable au mouvement rebelle sur le terrain des actions contre l'État[133].

La plupart des combattants du FROLINAT ont suivi une formation militaire dans des camps d'entraînement en Corée du Nord, d'autres ont eu quelques formations militaires de terrain dans le maquis algérien. Aussi, il faut relever que l'origine des combattants rebelles provient essentiellement du Centre, de l'Est et du Nord du Tchad.

---

[133] Voir BUIJTENHUIJS. R., *Le FROLINAT et les révoltes populaires du Tchad, 1965-1976, Op.cit.*, p. 127.

Certains parmi ces combattants rebelles sont des anciens militaires, policiers ou quelques cadres de l'armée qui ont servi au Soudan voisin avant de rejoindre la rébellion contre l'État tchadien. Comme l'a relevé le chercheur Bangoura : « *des caractéristiques communes relient les cadres politiques et militaires du FROLINAT : tout d'abord, la plupart sont des jeunes militants et combattants dont la moyenne d'âge se situe entre 25 et 30 ans. La tranche d'âge des 30-45 ans concerne surtout les anciens militaires ayant servi au Soudan et quelques cadres de l'UNT. Ensuite, ils sont nombreux à avoir une expérience à l'étranger : soit parce qu'ils y ont passé une partie de leur vie, soit parce qu'ils sont d'origine étrangère (notamment des pays voisins : Nigeria, Soudan). Enfin, tous les leaders du FROLINAT, pratiquant ou non, portent des noms à consonance musulmane. D'ailleurs, plus tard, lorsque des Tchadiens du Sud intégreront le FROLINAT et accéderont à des postes de responsabilité, ils changeront parfois de nom pour mieux s'intégrer* »[134].

À ce titre, il faut faire remarquer également que la création officielle de la rébellion du FROLINAT n'a pas été remarquée par le monde occidental ni par certaines grandes puissances. La presse internationale n'a pas beaucoup fait écho pour informer l'opinion au niveau de la communauté internationale. Cela s'explique par le fait que le principal dirigeant Ibrahim Abatcha une fois entré dans le maquis en 1966 n'en sortira pas jusqu'à sa mort en février 1968. Ensuite, tous les documents officiels de la rébellion armée sont publiés uniquement en langue arabe, cela n'a pas permis également l'accessibilité au monde occidental dû à la barrière de la langue officielle du mouvement armé. Il faut aussi faire remarquer que l'information et la communication du mouvement rebelle ne sont pas les priorités de la rébellion sur le terrain. Le service de la communication de la rébellion accorde peu d'importance à informer l'opinion nationale et internationale de ses actions menées contre l'État tchadien.

Sur le terrain, l'axe d'opération du mouvement rebelle reste les maquis du Centre et de l'Est du Tchad. Le mode opératoire de la rébellion reste des actions de guérilla et de combat intense mené contre les forces gouvernementales par des attaques rapides ou d'embuscade

[134] Voir BANGOURA. M.T., *Op. Cit.*, p. 153.

tendu pour occuper le terrain. Les attaques contre l'armée gouvernementale sont de plus d'une grande envergure avec des armes à feu et des armes blanches à l'encontre des postes administratifs, des chefs-lieux de préfecture, écoles, dispensaires, missions religieuses etc. Généralement les embuscades rebelles ont lieu sur les routes du Centre et de l'Est et visent les forces gouvernementales, les commerçants ou les occidentaux en mission dans les zones d'opérations rebelles.

C'est dans ces multiples attaques qu'en février 1967 sur l'axe AmTimane Abéché, une délégation administrative composée du préfet et du député ainsi que des militants du parti au pouvoir de la province, des militaires escortant la délégation qui se rendait vers Fort-Lamy la capitale vont subir une attaque d'une grande envergure des forces rebelles du FROLINAT. Toute la délégation a été tuée par les rebelles sur ce chemin au cours de ce voyage. Dès lors, le mouvement rebelle a multiplié d'intenses attaques contre les forces gouvernementales et toutes les représentations administratives de l'État dans le Centre et à l'Est du Tchad devenu désormais sa zone d'opération contre l'État.

Cependant, le mouvement rebelle sera surpris brutalement par la mort de son chef Ibrahim Abatcha à l'issue d'un combat le 11 février 1968 dans la province du Ouaddaï dans le département de Djourouf Al-Ahmar aux environs de la sous-préfecture d'Am Dam. La mort du chef rebelle Ibrahim Abatcha va coïncider avec le soulèvement populaire dans l'extrême nord, celle des Toubou[135] qui vont officiellement prendre les armes contre le gouvernement tchadien. Il s'agit, après la révolte du Tibesti en 1965, d'une mutinerie qui a éclaté à Aouzou le 5 mars 1968, non loin de la frontière libyenne. Les témoins rapportent que les gardes nomades Toubou ont décidé de retourner les armes contre les forces gouvernementales qu'ils ont servi dans les garnisons militaires de la zone.

Cet incident strictement local, est devenu un détonateur d'un conflit entre les forces armées régulières et les insurgés Toubou. Le soulèvement s'était propagé rapidement dans les garnisons de Zouar et de Bardaï. Le Derdeï, porte-parole de la révolte, réfugiés en Libye voisin, et le FROLINAT représenté par Mohamed Ali Taher[136] jouent

[135] Voir BUIJTHUIJS. R., *Op. Cit.*, p. 145

[136] Il faut signaler au passage que Mahamat Ali Taher, l'un des leaders principaux de l'UNT, puis co-fondateur du FROLINAT et instigateur de l'insurrection armée

un rôle de premier plan (autorité morale, approvisionnement en armes pour les insurgés) dans le déclenchement de cette insurrection armée contre l'État.

C'est ainsi qu'une jonction[137] va s'opérer entre les forces insurgées de l'extrême nord du Tchad et le mouvement rebelle du Front de libération nationale du Tchad FROLINAT qui vont fusionner pour mener désormais ensemble la lutte contre le gouvernement dans le Centre, à l'Est et dans l'extrême nord du pays. Les succès de la rébellion furent apparents avec des victoires enregistrées sur les forces gouvernementales dès janvier 1968 à juillet 1969. Durant toute cette période, le FROLINAT a enregistré d'énormes victoire sur les forces gouvernementales dans l'extrême nord, le Centre et l'Est du pays qui étaient les zones occupées par la rébellion.

Dans le BET, vu que les insurgés manquent d'armes et de munitions, ils engrangent des victoires sur l'armée gouvernementale grâce à leur connaissance du terrain qu'ils maîtrisent. Les rebelles Toubou du FROLINAT gagnaient sur l'armée gouvernementale grâce à leur maîtrise du terrain et leur capacité de résister à la faim et à la soif, bref, leur endurance, leur souplesse et leur capacité à s'adapter à un environnement aussi difficile comme le désert qui est pour eux un habitat malgré l'absence des routes et des pistes qu'ils maîtrisent par cœur et sans une boussole.

Ils organisent les assauts sur l'armée gouvernement avec peu de provision, juste un peu d'eau et des dattes ainsi que la détermination d'un peuple victime de sévices et d'injustice et qui veut réellement en découdre avec les traitements inhumains et dégradants d'un régime injuste et oppresseur. Ainsi, le massif du Tibesti est pour eux un réel abri de défense pour mener une véritable guérilla contre l'armée

---

dans le Tibesti, est en réalité originaire du nord Kanem. Il parle les langues téda et daza parlées par les Toubou du Tibesti. Il est en réalité un Kréda du nord Kanem et a étudié en Libye et en Egypte. C'est un arabophone pur et dur. Il est considéré comme l'un des premiers révolutionnaires tchadiens à prendre les armes contre la dictature du président Tombalbaye.

[137] La jonction entre les forces insurgées du Tibesti et celle du FROLINAT va s'opérer sous l'initiative de Mahamat Ali Taher, parlant les mêmes langues que les insurgés Toubou, il va sillonner toute l'ancienne province du Borkou, Ennedi et Tibesti pour faire rallier les rebelles de la zone à la cause du FROLINAT et ensemble ils vont unir leurs forces pour lutter contre le régime dictatorial de Tombalbaye.

gouvernementale ou tout ce qui constitue la représentation de l'État central basé à Fort-Lamy. En effet, la rébellion s'est étendue sur toute la zone septentrionale du pays et occupe le Centre, l'Est et tout l'espace désertique du Sahara tchadien.

Aussi, à force d'harceler par une guérilla l'armée gouvernementale dans les zones occupées par les rebelles, l'État a été obligé de battre en retraite sur le terrain en retirant ses effectifs déployés dans les zones occupées par les rebelles. Vers le dernier trimestre de l'année 1969, l'État était obligé de quitter complètement les zones occupées par le FROLINAT et n'occupe désormais que les grands centres urbains comme Faya-Largeau chef-lieu de la province du BET, les garnisons d'Aouzou et de Fada. L'armée gouvernementale a perdu totalement le contrôle d'une grande partie du territoire situé aux confins de la Libye surtout les garnisons de Bardaï et de Zouar fiefs des hommes du désert Toubou[138].

Il faut relever qu'au début de la lutte dans l'extrême nord, les insurgés Toubou ne furent pas bien organisés et leurs effectifs étaient bien faibles constitués de quelques centaines des combattants et menaient la guérilla en petits groupes autonomes et isolés. Cependant, en juillet 1969, une grande rencontre des responsables des différents groupes des insurgés Toubou a pu se tenir et unifier le centre des opérations en dotant les forces rebelles d'un commandement unique et dirigé par le révolutionnaire Mahamat Ali Taher qui aura pour charge les Affaires extérieures en la personne d'Ali Sougoudou, représentant le mouvement FROLINAT Toubou en Libye, et d'un chargé des finances et responsable de la zone de l'Ennedi, le nommé Abrahama Girgi, d'un chargé des affaires intérieures et responsable de la zone des opérations rebelles du Tibesti, Goukouni Weddeye[139].

Ainsi, le commandement unifié du FROLINAT Toubou est constitué et en fin 1969 les rebelles intègrent définitivement les structures du FROLINAT mère[140], première armée. La fraction rebelle Toubou prend la dénomination de deuxième armée des Forces populaires de

---

[138] BOUQUET, C, *Tchad : genèse d'un conflit*, Paris, L'Harmattan, 1982, p. 127.

[139] Goukouni Weddeye deviendra plus tard après les accords de Kano I et II, Président de la République, Chef du Gouvernement de Transition entre 1979 et 1982. Il est actuellement le seul ancien Chef de l'État en vie que le Tchad a pour le moment.

[140] Voir BUIJTENHUIJS. R., *Op. Cit.*, p. 166.

libération du FROLINAT. Ils vont lancer plusieurs opérations de guérilla contre les positions gouvernementales dans les zones qu'ils contrôlent.

Du côté du Centre-Est, le maquisard El hadj Issaka[141] continue également de mener la lutte armée contre les forces gouvernementales après la mort du leaders Ibrahim Abatcha. Il disposait de plus de quatre milles combattants[142] sur le front. Les rebelles parviennent à mettre en déroutes les forces gouvernementales qui prennent souvent la fuite face aux forces rebelles du FROLINAT. Toutes les patrouilles militaires ou escortes des délégations tombent une à une dans les embuscades des forces rebelles et sont généralement massacrés par les insurgés de la première armée de la zone du Centre-Est. L'insécurité était généralisée de sorte que les délégations officielles et administratives de l'État ne pouvaient effectuer des déplacements par la route sauf par voie aérienne. Les rebelles du FROLINAT ont pu affaiblir l'État central qui ne pouvait plus contrôler certaines zones du pays en raison des intensifications des attaques rebelles qui faisaient battre en retraite l'armée gouvernementale et toute l'administration (préfets, sous-préfets et chefs des postes administratifs) des zones rebelles.

Dans les zones occupées par les rebelles du FROLINAT, le mouvement rebelle livre également une guerre économique[143] contre le régime dictatorial de Tombalbaye en bloquant les axes d'exportations des produits tels que le coton, céréales et les bétails sur pieds qui sont exportés vers l'extérieur pour réduire les ressources financières de

---

[141] Le maquisard El hadj Issaka est un arabe à la peau noire, c'est un arabophone et régionaliste. Il fut désigné chef d'état-major du FROLINAT première armée et sera destitué en 1970 par les rebelles.

[142] Ce nombre prend juste en compte le FROLINAT première armée dirigée dans le Centre-Est. Il ne tient pas compte du nombre des combattants du FROLINAT deuxième armée dirigée par Mahamat Ali Taher dont le bastion se trouve dans le BET.

[143] Le FROLINAT contrôlait le Centre-Est d'Am-timan jusqu'à la province du Moyen-Chari où les champs de coton sont détruits, des usines de coton sont sabotées et des stocks de cotons sont brûlés, les trafics des produits de consommation importés de l'extérieur sont saisis et détruits ou distribués gratuitement à la population pour empêcher le circuit économique et financier. Les bétails sur pieds en exportations vers les pays voisins sont saisis par les forces rebelles et ceux qui sont convoyés vers les sociétés d'abattage à Fort-Lamy sont purement et simplement confisqués et revendu pour le compte du FROLINAT.

l'État. Aussi, les forces rebelles s'attaquent à l'administration fiscale de procéder aux collectes d'impôts. De même, vu le nombre réduit des combattants du FROLINAT, le mouvement rebelle n'a pu couvrir l'ensemble du territoire national mais mène la guérilla dans le Centre, l'Est et l'extrême nord du Tchad. Chaque localité occupée par les rebelles se dotent d'un Comité du FROLINAT, une sorte d'administration parallèle à l'État pour gérer les affaires courantes.

Ainsi, le pays a introduit les germes d'un dualisme constitutionnel et institutionnel provoqué par des traitements inhumains et dégradants, à la suite de l'instauration d'un régime clanique et divisionniste prônée par le président Tombalbaye qui poussa une partie des Tchadiens à se rebeller contre son régime. Les conséquences du virage constitutionnel de 1962 ont semé les germes de la division et introduit un dualisme constitutionnel qui s'exprime soixante ans après son ensemencement par un choix ouvert entre les Tchadiens sur la forme de l'État, le maintien ou non de la forme unitaire héritée de l'indépendance que beaucoup de Tchadiens croient qu'il favorise le clan au pouvoir sur le reste des citoyens lambda. Toutefois, les conséquences directes des insurrections populaires contre le régime de Tombalbaye vont tout simplement entraîner la chute de ce régime en avril 1975 pour provoquer 5 ans plus tard, la prise du pouvoir par les tentacules du FROLINAT.

CHAPITRE II :

Le FROLINAT et la marche vers le pouvoir

Le régime dictatorial du président Tombalbaye se trouvait confronter à partir de l'année 1965 à un courant violent[144] de révolte mené par les populations du Centre, de l'Est et celle du Tibesti. Ces révoltes contre l'État et le régime s'expliquent par les raisons évoquées dans le chapitre précédent, du fait de la pression fiscale et certaines marginalisations[145] de l'État envers les populations des provinces musulmanes et arabophones du Centre, de l'Est et du nord d'une manière générale.

Ces révoltes par le bas vont s'étendre sur une grande partie du pays du fait de la faiblesse ou de l'inexistence des services de l'État dans les zones délaissées que l'État lui-même a estimé comme un Tchad inutile. Motivées au départ par les injustices et les inégalités, les différentes révoltes des populations furent par la suite canalisées, encadrées et structurées par des éléments d'inspirations révolutionnaires pour faire face au régime du président Tombalbaye et entamer une marche par un mouvement rebelle, le FROLINAT qui fut créé pour conquérir le pouvoir.

Ces révolutionnaires tchadiens provenaient essentiellement des partis politiques et tendances arabo-musulmanes éliminées de la participation à la vie politique dès janvier 1962 par le régime de parti unique instauré par le président Tombalbaye. Cette révolution sous le contrôle désormais officiel d'une structure rebelle, va entamer sa marche vers la prise du pouvoir par les Tentacules du FROLINAT. D'abord, elle va engager la lutte armée contre l'État (Section 1), et provoquer l'intervention militaire française pour sauver le régime oppresseur du président Tombalbaye (Section 2).

---

[144] Voir à propos, LE ROY Etienne, VON TROTHA Trutz, *La violence et l'État : formes et évolutions d'un monopole*, Paris, L'Harmattan, 1993, p. 247.

[145] LEMOINE Thierry, *Tchad : 1960-1990. Trente années d'Indépendance*, Paris, Lettres du Monde, 1997, p. 24.

SECTION 1 : La lutte armée contre l'État

Cette lutte désormais officielle contre l'État et sous le contrôle d'un mouvement rebelle structuré, le FROLINAT, va lancer les assauts contre le régime dans les zones du Centre, de l'Est et du nord. Ensuite, les populations de ces zones vont énormément aussi subir les répressions sanglantes de l'État contre sa propre population en violation totale avec l'esprit des deux pactes des Nations unies de décembre 1966 qui protègent les populations de chaque État en fonction des règles que dispose le droit international.

A. Les assauts rebelles contre l'État et la mort du fondateur Ibrahim ABATCHA

Entre 1966-1970, plusieurs assauts du mouvement rebelle[146] FROLINAT contre l'État[147] tchadien vont se multiplier partout sur le territoire national. Les zones d'attaques rebelles au départ, étaient le Centre, l'Est et nord mais avec l'intensification des assauts, elles vont être dépassées et la guérilla va prendre de l'ampleur pour s'étendre pour se rapprocher de la capitale Fort-Lamy. L'État tchadien va tout d'abord minimiser l'existence même de la rébellion avec un mépris en qualifiant les rebelles de juste bandits crapuleux et sous-estime mêmes les assauts dans les zones qu'ils occupent.

Par la suite, l'État a fini par admettre l'existence réelle de la rébellion du FROLINAT, vu l'intensité des assauts sur les positions des forces gouvernementales. Le Général Félix Malloum Ngakoutou Bey-Ndi, chef d'Etat-Major de l'armée nationale tchadienne à cette époque, fini par conseiller au président Tombalbaye de solliciter l'aide de l'armée française en vertu des accords de défense qui lient le Tchad à la France en accusant la rébellion d'une agression extérieure. Le père du gaullisme français et vieux colon, le Général de Gaulle a failli douter au départ, de cette sollicitation mais a accepté par la suite de venir au secours du président Tombalbaye pour remettre en ordre

---

[146] Voir DESJARDINS Thierry, *Les rebelles d'aujourd'hui*, Paris, Presses de la Cité, 1977, p. 49.

[147] Voir MBEMBE Achille, « Pouvoir, violence et accumulation », *in*, *La politique par le bas en Afrique noire*, Paris, Karthala, 1992, p. 233-256.

l'administration tchadienne qui a presque failli dans la protection de sa population en violation des deux pactes additionnels des Nations unies de décembre 1966.

Cette jeune administration semblait être figée dans le temps, avec les moyens que la France lui accordait pour poursuivre le but de la satisfaction de l'intérêt général mais la France pays frère et ami du Tchad découvre tout à fait le contraire. La France ne voulait pas soutenir au début un pouvoir dictatorial pour éviter un engrenage dans une guerre fratricide qui risquerait d'être longue, mais les attaques contre les forces gouvernementales se sont multipliées vers l'année 1967. Au total, une trentaine d'attaques ont été revendiquées par les communiqués officiels des forces rebelles sur le terrain. Elles ont mêmes débordé les zones habituelles occupées par les rebelles pour gagner la province du Chari-Baguirmi, notamment des guérillas signalées dans les zones de Bokoro, Gama, Massakori et aussi la province du Kanem, avec des attaques dans les zones d'Iranga.

La rébellion montait en puissance et gagnait la confiance et popularité des populations des zones marginalisées par l'État. Pour mieux sévir contre l'État et le régime du président Tombalbaye, les rebelles du FROLINAT opéraient des embuscades contre les agents d'impôts, les jugeaient de manière expéditive, les exécutaient sommairement, et redistribuaient l'argent collectés par les agents d'impôts à la population. Puis ils vont s'attaquer aux écoles, aux dispensaires et aux missions chrétiennes. Mais, le 20 janvier 1968, lors d'une attaque contre l'État, ils vont commettre une erreur stratégique de lutte. Dans le feu de l'action, entre Goz-Beida et Abéché les rebelles vont tendre une embuscade à un groupe d'étrangers occidentaux en mission dans l'Est du pays et vont abattre un vétérinaire espagnol et un médecin français. Dans la même opération, ils vont capturer une infirmière française et la retenir en captivité. Le Chef du FROLINAT Ibrahima Abatcha a pu comprendre rapidement le risque de cette opération qui pourrait pousser l'occident à se dresser contre la rébellion[148]. Il désavoue par la suite, l'acte de ses combattants rebelles en libérant l'infirmière française en mission dans les zones de l'Est du Tchad retenue en captivité. Mais c'était trop tard, car il sera pourchassé,

---

[148] Voir Bichara Idriss Haggar, *François Tombalbaye 1960-1975. Déjà, le Tchad était mal parti !*, L'Harmattan, 2007, 422 p.

repéré à cette occasion, rattrapé et tué au combat le 11 février 1968 près de la sous-préfecture d'Am Dam.

Il faut à cet effet, admettre que c'était la fin d'une époque pour la rébellion du FROLINAT. Après la mort du Fondateur de la rébellion Ibrahima Abatcha, le mouvement armé contre l'État aura quelques soucis dans le sens de son homogénéité et a vécu une crise en interne provoquant presque une scission. Déjà, les combattants n'étaient pas bien acceptés par la population dans certaines zones d'opérations pour leurs abus qui suscitaient des mécontentements. En outre, les dirigeants de la rébellion du Centre et de l'Est du pays n'avaient toujours pas cherché à prendre contact avec l'insurrection du BET, et pourtant, depuis 1965, la population du BET bouillonnait contre l'État.

De toutes les manières, les origines de la crise tchadienne et du FROLINAT se trouvent dans le Centre-Est et dans le Tibesti aux confins de la Libye du fait de l'injustice et de l'exclusion pratiquées par le régime clivant du président Tombalbaye. De ce fait, les organes d'information, par un raccourci commode dont ils ont le secret, semblent avoir toujours parlé des rebelles Toubou dans l'extrême nord du pays. Or, le BET a été pratiquement calme jusqu'au 1er janvier 1965, une période qui situe l'incident de la garnison de Bardaï entre un groupe des soldats et la population lors d'une festivité de danse.

Vers la fin de l'année 1969, quelques mois après la mort de son chef fondateur Ibrahim Abatcha, la rébellion du FROLINAT réorganise politiquement son centre de commandement et son bureau politique. C'est, le Secrétaire général deuxième adjoint Abba Sidick qui va assumer progressivement la responsabilité première du mouvement armée. Il va entamer une tournée politique à Alger, au Caire et à Khartoum pour rencontrer les principaux lieutenants du FROLINAT à l'étranger. Il fut très bien accueilli au Caire en Egypte. Il soumet à la diaspora estudiantine tchadienne basée dans ces pays un projet de réorganisation du bureau politique du mouvement rebelle qui sera très apprécié par ses interlocuteurs. Fort de ce soutien, le désormais premier responsable du mouvement armé Dr.Abba Sidick tente de s'imposer en leader, malgré les rivalités d'Aboubakar Djalabo, premier adjoint et de Mohammed El Baghalani, troisième adjoint.

Son sens d'engagement et du leadership lui vaut par la suite d'être désigné finalement Secrétaire général du FROLINAT au cours du premier Congrès de la Première Armée le 15 octobre 1969. Cependant, quelques mois plus tard, lors d'un combat contre les forces gouvernementales, le Secrétaire général premier adjoint du mouvement Aboubakar Djalabo fut également tué dans le maquis. Le troisième adjoint du mouvement Mohammed El Baghalani fut destitué pour manquement grave. Le chef d'état-major de la rébellion El Hadj Issaka fut aussi destitué à son tour pour insuffisance et manque de stratégies pour mener le combat.

Finalement, le Dr. Abba Sidick s'est retrouvé seul Maître à la tête de la rébellion à partir de l'année 1970. Sur le plan du programme politique, le premier Secrétaire général a proposé une nouvelle vision qui remplace le programme initial adopté au congrès de Nyala en juin 1966 et qu'il a trouvé comme étant un document provisoire. Ce programme dénonce la politique d'exclusion et d'injustice du président Tombalbaye. À cet effet, le FROLINAT *« veut procéder à la transformation des bases archaïques de la société tchadienne, qu'il proclame sur le plan intérieur : l'instauration d'un pouvoir démocratique, laïc, populaire, progressiste et sur le plan extérieur : la paix, l'indépendance nationale comme étant des principes qui devront inspirer la politique étrangère de la nation »*[149]. Ce programme politique est perçu comme étant modéré, plus proche d'un parti social-démocrate occidental que d'un mouvement rebelle de libération nationale du tiers monde.

En termes d'organisation, le FROLINAT dirigé par le Dr. Abba Sidick est une rébellion contre l'État qui se fonde sur deux piliers : *« les forces armées et les secteurs de l'extérieur. La Première Armée du Centre-Est et la Deuxième Armée du BET disposent chacune d'un commandant en chef ; il n'existe pas encore à ce moment-là de commandement unifié. La coordination est assurée au plus haut niveau à l'extérieur. Les secteurs concernent les pays étrangers où vit une communauté tchadienne ; ils sont au nombre de six : secteur 1 : Soudan, secteur II: Moyen-Orient, secteur III: Centrafrique, secteur IV: Nigéria, secteur V: Libye, secteur VI: les étudiants dans le monde arabe, en Europe et au Congo (Brazzaville) »*[150].

---

[149] BANGOURA. M.T., *Op. Cit.*, p. 156.
[150] BANGOURA. M.T., *Op. Cit.* p. 157.

Sur le plan institutionnel, le mouvement rebelle s'est doté d'un Secrétariat général, d'un Conseil national de la révolution qui font office d'un pouvoir exécutif et législatif et d'un Bureau politique.

« Le Secrétaire général, Abba Sidick, est né en décembre 1924 à Mobaye (République Centrafricaine) d'un père tchado-soudanais (son grand-père était l'un des généraux de l'armée du conquérant Rabah) et d'une mère centrafricaine. Ce n'est pas un ancien de l'UNT, mais l'un des pères fondateurs du PPT dont il fut Secrétaire général jusqu'en 1959. Il a été plusieurs fois ministre, notamment dans le Gouvernement de Gabriel Lisette avant le premier Gouvernement de Tombalbaye en mars 1959. Au début de 1960, il part en France pour suivre une spécialisation de médecine en chirurgie. A partir de 1964, il fonde à Paris un Comité d'études et d'action et clame sa désapprobation de la politique de Tombalbaye. Fin 1966, il prend connaissance de l'existence du Front et s'y engage »[151].

De ce qui précède, le fonctionnement de la rébellion dirigé par le Dr. Abba Sidick, permet de relever quelques constats. *« Premièrement, le ton est progressiste mais peu révolutionnaire. Deuxièmement, le leader Abba Sidick n'a pu être élu régulièrement par les combattants rebelles. Il est soutenu par les militants du Caire, de Centrafrique et par les combattants libres de la Première Armée. Mais il ne fait pas l'unanimité au Soudan et dans certains secteurs comme ceux du Nigeria et du Moyen-Orient qui semblent n'avoir pas été consultés. Troisièmement, contrairement à son prédécesseur Abba Sidick donne beaucoup d'importance à ses contacts avec l'extérieur et passe la plupart de son temps à l'étranger. Le Dr. Abba Sidick possède des atouts reconnus dans les années 1968-69, il s'impose comme un homme au-dessus des clans, des ethnies et des factions (contrairement à ses deux principaux adversaires Djalabo et Baghalani, très régionalistes). Avec sa culture générale, sa maîtrise de la langue française, son expérience politique, il est l'une des personnalités les plus compétentes pour faire connaître le FROLINAT à l'extérieur, dénoncer la politique de Tombalbaye et obtenir des moyens, en particulier des armes »*[152].

---

151 Voir BUIJTENHUIJS. R., *Le FROLINAT et les révoltes populaires du Tchad. 1965-1976*, Karthala, 1978

152 BUIJENHUIJS. R. cité par BANGOURA. M. T., *Op. Cit.*, p. 157.

Dans les années 1966-1970, le Gouvernement tchadien a systématiquement nié ou minimisé les insurrections du Nord, du Centre et de l'Est, en gardant secret les attaques rebelles que subissait l'État, ou simplement en qualifiant les forces rebelles des « hors-la-loi »[153] ou des bandits de grand chemin. Cette vision du gouvernement ou de l'État a permis au président Tombalbaye de ne fournir aucun effort pour comprendre et régler les problèmes du Nord, du Centre et de l'Est. Il a au contraire, intensifié des campagnes de répression contre les populations de ces zones citées.

Parfois, dans ses déclarations acerbes à la presse contre la rébellion, le président Tombalbaye qualifie le Secrétaire Général du FROLINAT, le Dr. Abba Sidick, comme étant le « nouveau Rabah », faisant allusion à son ascendance, et jouant sur la psychologie collective pour réveiller les craintes des populations du Sud de voir les « fanatiques musulmans » rétablir leur ancienne domination politique et militaire sur leur région. Cet argument lui donne l'occasion de réaliser sans trop d'efforts un semblant d' « union sacrée du Sud » et d'occulter les problèmes politiques et économiques qui ont conduit cette franche des Tchadiens à prendre les armes contre l'État qu'il dirige dans l'injustice et l'inégalité.

B. L'entrée en guerre de la province du Borkou Ennedi Tibesti (BET)

La province du Borkou Ennedi Tibesti qui fut calme jusqu'en janvier 1965 va subitement entrer en guerre contre les traitements inhumains et dégradants du régime de Tombalbaye à son égard. L'insurrection de la population de cette province contre le Gouvernement va démarrer en mars 1968. Cette province, restée pendant des longues années à l'écart des troubles contre l'État central basé à Fort-Lamy, était administrée de façon particulière par rapport aux autres provinces du territoire national. Il faut reconnaitre qu'au lendemain de

[153] Voir Le Commandant GALOPIN. P., « Rapport officiel du commandant, officier français dépêché par le Gouvernement du président Tombalbaye dans la province du Borkou Ennedi Tibesti (BET) pour mener une enquête sur l'origine des mécontentements des populations », 02 mai 1968, in., Revue française d'études politiques africaines, n°73, octobre 1971, p. 37 et ss. Cité par BANGOURA. M.T. *Op. Cit.*, p. 158

l'indépendance, la province du BET avait de manière continuelle été administrée par l'armée française, et c'est jusqu'en janvier 1965 que les colons français vont céder la place aux administrateurs militaires tchadiens, tous issus du sud du Tchad et surtout de la province du Moyen Chari. Soulignons que la présence militaire française occupait tout le désert tchadien du 16ème parallèle jusqu'à Mongo, Abéché et Faya-Largeau après 1960. Cette occupation militaire française fut souvent d'ailleurs l'occasion de désaccords diplomatiques entre le président Tombalbaye et les autorités françaises. Ce fut une arme, ou un moyen de pression entre les mains des colons français, qui considèrent le territoire tchadien comme une chasse gardée pour la France.

Ce désaccord diplomatique entre les deux pays va persister jusqu'à la décision du Général de Gaulle de vouloir modifier le dispositif militaire français en Afrique autour de trois bases d'occupations à savoir : Dakar, Fort-Lamy et Diégo-Suarez qui va obliger l'armée française à opérer une retraite des garnisons militaires secondaires. Ainsi, la garnison militaire de Faya-Largeau fut évacuée et la province du BET fut donc administrée par l'armée nationale tchadienne.

Cependant, l'État a voulu conserver les modes de gestion de l'administration coloniale française et la province du BET fut la seule province sur l'ensemble du territoire national à être administrée par des militaires tchadiens. Le commandant Noël Milarew ODINGAR a remplacé donc au chef-lieu de la province à Faya, *« le colonel français en janvier 1965, et fut secondé dans les trois sous-préfectures par un capitaine, un lieutenant et un sous-lieutenant tchadiens. Le sous-lieutenant Rodai devint ainsi le sous-préfet du Tibesti. Mais le climat de confiance qui avait régné entre la population et les autorités militaires se dégrada rapidement. Il faut dire que les militaires tchadiens se trouvaient sur un terrain qui leur était inconnu et qu'ils n'avaient aucune connaissance des réalités locales »*[154].

De surcroît, ils entendaient instaurer leur pouvoir par la force. Ainsi en témoigne le rapport du Commandant pierre Galopin, dont le contenu des faits n'est contesté par aucun chercheur sur les origines du conflit tchadien. L'extrait du rapport Galopin dit : *« dans la nuit du 2 au 3 septembre 1965, à Bardaï, une querelle survenue au cours d'une*

[154] Voir HAGGAR. B. I., *Histoire politique du Tchad sous le régime du Président François Tombalbaye. 1960-1975*, l'Harmattan, 2007, p. 247.

danse entre civils et militaires, se solde par la mort d'un soldat de l'ANT ; trois autres sont également blessés. Des sanctions sont immédiatement prises par le sous-préfet. L'agglomération est encerclée par les forces de l'ordre. La population, sans distinction d'âge et de sexe, est rassemblée et conduite dans la cour de la prison. Ordre est donné à tout le monde de se mettre nu ; les gens sont frappés à coups de crosse, de chicotte, de baïonnette. Dans l'après-midi du 3 septembre 1965, vers 18 heures, le chef de bataillon Odingar ordonne la libération des femmes et des enfants, mais laisse tous les hommes en prison. Le 4 septembre 1965, après son départ, le sous-lieutenant Rodai, accompagné du commandant de brigade de la Gendarmerie de Largeau, procède à l'interrogatoire des prisonniers. Un des hommes, Issa Aramimi, en meurt ; un autre, Idriss Barkimi, dont le bras est meurtri profondément, devra être amputé quelques jours plus tard à Fort-Lamy. Mahamat Guedamimi, blessé par balle à la tête, est hospitalisé à Bardai, il ne récupérera jamais toutes ses facultés »[155].

Toutefois, le remplacement du sous-lieutenant Rodaï par le sous-lieutenant Allafi Maurice aux commandes de la garnison du Tibesti ne fit guère améliorer les relations entre les populations et l'administration militaire tchadienne. Au contraire, *« la venue du sous-lieutenant Allafi va marquer le début d'une période encore plus dure que la précédente en abus d'autorité. C'est à juste titre que le capitaine Galopin notera que le pouvoir de Tombalbaye a employé des méthodes plus oppressives encore que les colons français. Là-dessus, le colonel Djogo remplaça Odingar à la tête de la préfecture du BET, et à son retour de la conférence agricole de Bongor, décida d'appliquer à la lettre les mesures prises pour cette région désertique. Selon Djogo, il fallait « amener les nomades à se consacrer à l'agriculture pour améliorer leur nourriture quotidienne, et donc à cultiver mil, blé et patates douces » et pour en arriver là, il fallait utiliser la manière forte car « les nomades sont trop jaloux de leur passé pour que la persuasion suffise à les convaincre »*[156].

---

[155] Voir l'extrait du Rapport de l'officier français, le Commandant Pierre GALOPIN du 02 mai 1968, Op. Cit.

[156] Voir Decraene. P. Entretien avec le lieutenant-colonel Négué DJOGO, France-Eurafrique, n° 19, février 1967.pp. 33-34

Cette décision d'un officier supérieur, fut-il colonel de faire pratiquer par la contrainte l'agriculture à des populations éleveurs nomades, chez qui l'activité agricole occupe une place minime de choix de vie, fut la goutte d'eau qui va déborder le vase et entraîner une rupture définitive entre les populations éleveurs nomades du Tibesti et l'administration militaire tchadienne. Comme le confirme encore le rapport du Commandant Pierre GALOPIN : *« la goutte d'eau qui fera déborder le vase est la décision concernant la mise en culture obligatoire de certaines zones de tous temps reconnues stériles »*[157]. Mais la population a refusé systématiquement d'obéir aux nouvelles directives agricoles que lui tente d'imposer par la contrainte l'administration militaire. *« Excédé, le sous-lieutenant fait convoquer les trois chefs de factions de Zouar, Fossari Sidimi, Adelli Moussaimi et Chana Mouhoumoumi et leur fait savoir que dans un délai de quinze jours, leurs jardins devront être verdoyants. Dans le cas contraire, ils seront arrêtés, battus et emprisonnés. Également pris de peur, ils rejoignent le Derdeï. Le mécontentement est à son comble, plus de mille personnes quittent le Tibesti, en abandonnant ce qu'elles ont de plus cher »*[158].

Par la suite, les exactions contre les populations de la garnison du Tibesti ont pris une tournure plus inquiétante, telle que les ressortissants de la province, engagés dans la garde nationale et nomade du Tchad, seront contraint de choisir leur camp. Lorsque le premier affrontement éclate dans la garnison d'Aouzou à la lisière de la frontière Libyenne, le 5 mars 1968, tous les gardes nomades d'origines Toubous vont prendre fait et cause aux côtés de la population contre l'administration militaire qu'ils trouvent injuste et inégalitaire. Un communiqué officiel va soustraire la vraie cause en notant que : *« par suite d'interprétation maladroite de directives préfectorales appliquées quelquefois sans assez de discernement, des représentants de l'autorité civile et militaire du poste d'Aouzou en sont venus à s'affronter les armes à la main. Bilan : plusieurs morts et blessés, tant civils que militaires »*[159].

En réalité, l'affrontement d'Aouzou ne fut que le détonateur d'une révolte sans merci contre l'État pour les traitements inhumains et

---

[157] Rapport GALOPIN. P. *Op. Cit.*
[158] *Ibid.*
[159] Voir le Journal Info-Tchad, 6 mars 1968.

dégradants qu'il a toujours réservé à la population de cette province meurtrie par l'injustice et l'inégalité. Déjà, la population du Tibesti, sous la direction de son chef traditionnel, le Derdeï Kocheidimi avait préparé la lutte armée pour laver l'affront de l'humiliation que lui a infligé l'administration militaire sur ses terres natales. Les Toubous du Tibesti avaient été aidés en cela par le FROLINAT qui leur avait dépêché dès les premiers mécontentements populaires le révolutionnaire Mahamat Ali Taher, dit Abadie, compagnon et co-fondateur du FROLINAT d'Ibrahim Abatcha.

À cet égard, le rôle important joué par le FROLINAT dans le déclenchement de la lutte armée sur le front Nord fut d'ailleurs relevé par le chercheur Robert Buijtenhuijs qui a pu noter que: *« nous pouvons conclure que le FROLINAT, par l'intermédiaire de Mahamat Ali Taher, a joué un rôle de premier plan dans le déclenchement de l'insurrection du BET, et que Taher, toutes proportions gardées, a fait pour le BET ce qu'Ibrahim Abatcha a réalisé pour le Centre-Est: recrutement de combattants à l'extérieur et ensuite rentrée sur le terrain où les conditions de la lutte armée étaient réunies »*[160].

Enfin, la rébellion armée du FROLINAT a pu exporter la lutte armée vers les deux autres sous-préfectures du BET, à savoir, le Borkou et l'Ennedi. Louverture du Front dans l'extrême nord du pays, devenu plus tard la deuxième armée avec plus d'un millier de combattants, fut une extension et un renforcement pour la première armée du Centre-Est pour justifier la cause de la rébellion contre l'injustice et l'inégalité, dans la mesure où les autorités furent obligées de se dégarnir pour envoyer des renforts vers le Front Nord. Malgré le soutien de l'État aux forces gouvernementales, les rebelles grâce à leur connaissance parfaite du terrain sur la ligne du Front Nord, bien que mal armés, les combattants du BET remportent des succès foudroyants face à l'armée régulière dans les affrontements et entament la marche vers la prise du pouvoir. Cette défaite de l'armée gouvernementale sur le terrain va susciter l'intervention militaire française pour tenter de secourir le régime du président Tombalbaye.

---

[160] Buijtenhuijs. R. *Le FROLINAT et les révoltes populaires du Tchad, 1965-1976, Op. Cit.*, p. 161

SECTION 2 : L'intervention militaire française au Tchad : le sauvetage du régime de Tombalbaye et la prise du pouvoir par les tentacules du FROLINAT

Il faut tout d'abord faire remarquer que l'année 1968, plus précisément le mois d'août, le pays fut rendu ingouvernable dans son septentrion par l'insurrection Toubou contre l'État dans la province du BET. Le régime du président Tombalbaye fut concrètement acculé par la branche armée du FROLINAT et fait appel à la France. Le président Tombalbaye va solliciter une intervention militaire française en vertu des accords de défense signé au lendemain de l'indépendance de 1960. Le fondateur de la Vème République et père du gaullisme français le Général de Gaulle Président de la République, fut tout d'abord réticent au départ pour agréer la demande.

Il a fini par accéder à cette demande à condition que l'intervention militaire soit doublée d'une mission administrative. Acculé par le Front Nord, le président Tombalbaye accepte sans malgré lui, la création d'une Mission de réforme administrative (MRA) pilotée directement par la France en 1969. Par la suite, il a donné son accord pour l'arrivée de cette mission composée essentiellement d'une équipe d'administrateurs français. L'équipe d'administrateurs français va se rendre directement dans le BET pour constater les causes de l'échec administratif post-colonial, ensuite, *« doter le Tchad de structures administratives efficaces »*[161].

Au regard de l'ampleur de l'insurrection qui rend de plus en plus ingouvernable le pays dans le Centre, l'Est et le Nord, le président Tombalbaye prend conscience de la situation dès 1968 et comprend finalement que les différents Fronts ouverts contre les rebelles fragilisent son régime sinon l'État lui-même. Il fut inquiété par les revers qu'a subi la force gouvernementale sur toutes les lignes du Front contre les rebelles et la multiplication d'actes de guérilla, particulièrement dans les maquis tenus par El Hadj Issaka. Sur le même registre, en avril 1969, la marche vers la prise du pouvoir entamée par le mouvement rebelle du FROLINAT avance inéluctablement vers la capitale et se trouve désormais qu'à 75 km du

---

[161] Voir NGANSOP. G. J., *Tchad : vingt ans de crise*, Paris, L'Harmattan, 1986. p. 35

siège du Gouvernement. D'un commun accord entre le président Tombalbaye et le président français le Général de Gaulle, l'opération militaire française au Tchad fut validée pour stopper momentanément les rebelles et permettre au président Tombalbaye de gouverner sans corriger les erreurs qui ont provoqué cette insurrection armée contre l'État. Toutefois, un coup d'État militaire contre le régime répressif et oppresseur de Fort-Lamy fut perpétré en avril 1975 et créera une occasion désormais royale pour la prise du pouvoir par les tentacules du FROLINAT.

A. L'opération militaire française pour stopper les forces rebelles du FROLINAT

Au regard des menaces qui pesaient sur le régime oppresseur de Fort-Lamy, le président Tombalbaye a pu obtenir des Français un premier soutien militaire ponctuel pour tenter de sécuriser le BET en 1968. Ensuite, la France lui a apporté son aide en déclenchant une intervention militaire du 14 avril 1969 jusqu'en juin 1971 pour sauver le régime du président Tombalbaye des griffes rebelles du FROLINAT.

C'est vers la fin de l'année 1970 et le début de 1971, après les opérations militaires françaises de sauvetage du régime que le Gouvernement tchadien a pu reconnaître officiellement en réalisant le caractère politique de la lutte armée de la rébellion du FROLINAT contre l'État.

La décision d'intervenir militairement au Tchad est prise par le Général de Gaulle sans consultation du Gouvernement et de l'Assemblée nationale. Les milieux politiques français sont réservés. Mais le Général, se référant directement au passé, ne peut se résigner à abandonner ce pays qui lui a été d'un précieux secours dans l'épopée de la France libre. La légalité de l'intervention repose sur l'accord de défense quadripartite du 15 août 1960 signé entre la France, le Tchad, la République Centrafricaine et le Congo[162].

[162] Voir BUIJTENHUIJS. R., *Op. Cit.*, p. 209, cité par BANGOURA. M. T. *Op. Cit.* 159

En effet, l'intervention militaire française a commencé par *« une période d'adaptation et de déploiement, en attendant que la saison des pluies se termine. Puis, le général Cortadellas prend les commandes d'un plan stratégique et tactique qui se révélera efficace. Les opérations militaires françaises se déroulent progressivement dans le Centre-Est puis dans le BET. Dans le Centre-Est, la Légion étrangère est chargée d'attaquer les groupes de rebelles grâce à une utilisation massive de l'aviation (avions et hélicoptères), de troupes aéroportées et d'automitrailleuses. Dans le BET, le corps expéditionnaire français n'est pas présent en permanence, étant donnée l'étendue de la région. Les incursions aéroportées ont lieu lorsque l'aviation a repéré des regroupements de combattants Toubou »*[163].

Pour leur part, les factions rebelles du FROLINAT se sont livrées à des attaques par surprise, des embuscades et des actions de guérilla sur une grande partie du territoire national et au-delà de leur zone d'opérations habituelles. Sur le plan des effectifs, ils étaient estimés à plus de (5.000 hommes) et disposaient de l'armement (rustique). Malgré une bonne organisation tactique et stratégique sur le terrain, ils n'ont cependant pas pu faire le poids face à l'armée française.

Du côté de l'État tchadien, les forces gouvernementales étaient composées de l'armée nationale tchadienne qui avait un effectif estimatif d'environ 8.000 hommes. Cette force gouvernementale était composée de la gendarmerie nationale, des gardes nomades, et la compagnie tchadienne de sécurité. Le contingent français, de son côté était constitué de la légion étrangère et de troupes de marine, auxquelles il faut ajouter les forces permanentes basées à Fort-Lamy pour le soutien logistique aérien, ainsi que quelques centaines de conseillers militaires qui servaient dans l'armée nationale tchadienne.

L'opération militaire française en faveur du régime du président Tombalbaye va se solder par un succès en stoppant net l'action de la marche des rebelles vers la prise du pouvoir, malgré des pertes en vies humaines parmi les militaires tchadiens et français[164]. L'armée nationale tchadienne a ensuite bénéficié d'une réorganisation et d'un

[163] *Ibid.*

[164] Cette intervention militaire française au Tchad dans la période 1969-1971 va faire perdre à la France 42 soldats au Total selon le rapport de l'état-major militaire français basé à Paris et qui chiffre les pertes sur les opérations extérieures.

renforcement de la part des officiers instructeurs français pour faire face éventuellement à d'autres situations de ce genre. Cependant, si l'armée française a gagné la guerre contre la rébellion en faveur du régime du président Tombalbaye, ce dernier n'est surtout pas parvenu à en tirer profit politiquement pour rétablir la paix civile entre les tchadiens et le mécontentement contre son régime est monté crescendo au sein de la population qui vivait en réalité un sentiment d'injustice et d'inégalité. Après tout, le calme fut relatif et les rebelles du FROLINAT n'ont pas encore dit leur dernier mot.

De plus, dans le même temps, l'administration tchadienne est remise en ordre au niveau préfectoral et sous-préfectoral par les français. La Mission pour la réforme administrative (MRA) dépêchée par la France fut placée sous la supervision de l'ancien gouverneur Pierre Lamy. Ce dernier procède à l'encadrement et l'orientation administratives des fonctionnaires tchadiens affectés dans les provinces en les incitant de se rapprocher des populations et de rompre avec le traitement inhumain et dégradant du régime du président Tombalbaye. L'ancien Gouverneur français conseilla au président Tombalbaye de redonner aux sultans et aux chefs traditionnels certaines prérogatives qu'ils ont perdu du fait de l'existence de l'État. Le président Tombalbaye a pris en compte les conseils et a mis en application immédiate, lors du conseil des ministres du 27 septembre 1969, il a signé deux décrets qui ont associé de nouveau les autorités traditionnelles à l'administration tchadienne. Les décrets leur confiaient le recouvrement de l'impôt, le maintien de l'ordre public ainsi que la justice.

Toutefois, le rétablissement des chefferies traditionnelles et la multiplication d'actions de la mission de réforme administrative engagée par la France n'ont pu donner des fruits escomptés. L'ancien gouverneur français pierre Lamy pense que, face aux insurrections populaires, il convient de se tourner vers le passé et de rétablir les autorités d'antan. Mais ce choix s'est révélé compromis[165]

[165] Il faut juste préciser que finalement la mission de réforme administrative (MRA) n'a pas été porteur des résultats escomptés. Elle a échoué en partie grâce aux manœuvres sordides de la politique du président Tombalbaye qui voulait juste des forces françaises pour stopper la rébellion du FROLINAT et conserver son pouvoir et non améliorer l'unité nationale et la cohésion sociale au Tchad. Ainsi, l'ancien Gouverneur français, chef de la mission de réforme administrative au Tchad, Pierre Lamy fut rappelé par le Gouvernement français en avril 1970, et ce

et inapproprié, surtout devant la rébellion. Les jeunes « révolutionnaires » tchadiens ne se battaient pas pour le rétablissement de la chefferie traditionnelle mais plutôt pour leur avenir compromis par un régime politique immoral et oppresseur n'ayant aucune vision de construire l'unité nationale et la cohésion sociale pour une nation tchadienne juste et prospère.

L'intervention militaire française au Tchad s'est réalisée finalement sur deux axes. Un axe militaire et un autre administratif. Deux missions dont *« l'action est jugée indissociable comme les résultats qu'il est permis d'en attendre doivent être concomitants »*[166].

Il importe de rappeler que la première intervention militaire se faite en août 1968 et a permis un soutien logistique par son caractère spécial de libérer les garnisons militaires d'Aouzou, Bardaï et Zouar prises en otages et encerclées par les combattants de la deuxième armée du FROLINAT, dans la province du BET aux confins du désert et à la lisière de la frontière libyenne. Les militaires français vont intervenir pour la seconde fois à partir en avril 1969, avec l'envoi d'un corps expéditionnaire d'environ deux mille hommes, venant s'ajouter aux huit mille hommes des forces armées nationales tchadienne. Il s'agissait d'unités de la légion étrangère, et des troupes de la marine. A ces contingents s'ajouraient l'effectif des forces permanentes françaises stationnées à la base aérienne Adji Kosseï installée à Fort-Lamy, dont la mission était de mettre en œuvre les flottes militaires aériennes et aussi la présence du 6e régiment interarmes d'Outre-mer. Aussi, il faut relever que la France a affecté une centaine de conseillers militaires français qui servaient sous l'uniforme tchadien au même titre que l'armée nationale tchadienne. La mission de ces conseillers militaires français dans l'armée nationale tchadienne était de restructurer cette dernière et de la remettre en bonne condition, capable d'agir comme une armée véritablement nationale. Les effectifs des militaires français sur l'ensemble du territoire tchadien vont être maintenus et continuellement renouvelés dans le cadre d'une « rotation de troupes » sur le terrain.

---

fut semble-t-il à la demande du président Tombalbaye qui trouvait cette mission gênante.

[166] Voir le procès-verbal de l'intervention du parlementaire Yvon Bourges, Assemblée nationale française, séance du 4-11-1969.

À cet effet, en comparaison aux forces adverses rebelles du FROLINAT qui sont estimées à environ cinq mille hommes sur le terrain, ces effectifs sont considérables, et redoutables par leur armement moderne et par l'appui aérien dont ils bénéficient. Sous le commandement initial du Général Arnaud, les troupes françaises vont tout d'abord, se livrer à une opération de secours dans un premier temps, ensuite, épauler l'armée tchadienne par des opérations de déploiements dans les zones sous le contrôle de la rébellion du FROLINAT. Pendant ce temps, *« l'assistance militaire technique, forte de trois cents hommes, renforçait l'encadrement et reprenait la formation des troupes tchadiennes. En mars 1969, on comptait deux mille six cents hommes et vingt-deux aéronefs. Quant au coût de cette intervention, aussi bien militaire qu'administrative, elle se monta à douze milliards de F CFA, c'est-à-dire, presque l'équivalent du budget tchadien »*[167].

Il faut aussi admettre que ces opérations ont pris une ampleur importante en septembre 1969 avec l'affectation du Général Cortadellas qui a remplacé le premier Commandant des troupes des opérations, le Général Arnaud. Ce dernier, est jugé avoir de la sympathie pour les populations de la province du BET, et paraissait trop tempéré et modéré pour le président Tombalbaye au regard de la situation d'insurrection. Le Général Cortadellas, a pris le commandement des troupes sur le terrain, et a mis en place une stratégie de lutte contre le mouvement rebelle FROLINAT. La nouvelle stratégie du Général Cortadellas fut fondée sur l'occupation de toutes les zones sous contrôle rebelle, et par la surveillance renforcée par une couverture aérienne très efficace. Quant aux méthodes de combat, le Général a déroulé l'opération en ces termes : *« Au début, nous avons eu affaire à des troupes, des bandes extrêmement nombreuses (deux cents à trois cents), très fanatisées et inexpérimentées. Il était facile de les trouver, de les déceler avec des petits avions et des hélicoptères, et puis on s'arrangeait pour les affronter et les détruire. Je dis détruire... car ces bandes très fanatiques se ruaient sur nos gens... à l'arme blanche, et se faisaient*

---

[167] Voir Le Rapport de la commission des affaires étrangères de l'Assemblée Nationale française, ce chiffre a été évoqué par le parlementaire Achille FOULD, rapporteur de la commission dans la période des opérations.

héroïquement massacrer »[168]. Cette stratégie de destruction massive des rebelles du FROLINAT fut confiée à la légion étrangère connue à l'époque pour ses méthodes musclées en dehors de la France.

Ainsi, les rebelles du FROLINAT vont subirent des pertes considérables[169] en vie humaine et matérielle. Comme le notait la brochure « Tchad 74 » : *« habituées à combattre une armée nationale mal équipée et mal entraînée, les rebelles furent surpris par l'intervention de l'aviation, des troupes aéroportées, des automitrailleuses. Jusque-là, les guérilleros circulaient dans la campagne en troupes importantes, souvent à cheval, et stationnaient dans des bases fixes. L'une de ces bases, au Chari-Baguirmi, fut l'objet d'une attaque aérienne surprise, qui fit trois cents morts »*. Ce fut d'ailleurs l'occasion, pour l'armée française, d'expérimenter un *« nouveau type d'armement tel que le canon de vingt millimètres, monté sur hélicoptère, baptisé pirate. L'efficacité du nouveau dispositif militaire français obligea les rebelles à abandonner le principe des bases fixes pour adopter la tactique des bases mobiles, ce qui ne les empêcha pas de subir des revers militaires désastreux dans les deux premières années de l'intervention du corps expéditionnaire français »*[170].

Il faut noter que ces succès militaires obtenus dans le Centre-Est du pays n'étaient d'ailleurs pas uniquement ceux de l'armée française. *« L'armée tchadienne, remise en condition et étroitement contrôlée et encadrée par les conseillers militaires français, participait aux opérations de lutte contre l'insurrection. Le travail de « nettoyage » des rebelles dans le Centre-Est était complété par l'intervention des milices villageoises constituées par des « volontaires » armés, conseillées par les militaires français et financées par la Mission pour la Réforme Administrative. Cette dernière rendait compte que « certains goumiers de sultans et certaines milices villageoises, mis sur pied par la MRA avaient infligé des pertes considérables en hommes et en matériel aux hors-la-loi. Les plus connues des milices*

---

[168] Voir *Le Magazine Périodique, France-Eurafrique* de mars 1970, Entretien avec le Général Cortadellas, Commandant des troupes françaises en mission d'opérations au Tchad.

[169] Voir BUIJRENHUIJS R. *Op. Cit.*, *Le FROLINAT et les révoltes populaires, 1965-1976-1978.*

[170] Voir Monique Vernhes-Jean Bloch, *Guerre coloniale au Tchad : 5.*

villageoises pour leur efficacité furent celles des Arabes Missirié, dans la région du Batha »[171].

Cette offensive militaire n'épargna pas le front Nord, même si elle y fut moins intensive, dans la mesure où le corps expéditionnaire qui n'était pas constamment présent au BET n'y faisait que des incursions aéroportées lorsque des concentrations de combattants importantes étaient repérées, ce qui n'était que rarement le cas ; mais elle y fut plus dure. C'est là que les forces françaises essuyèrent leur revers principal, en octobre 1970, dans la région du Borkou. Une compagnie tomba dans une embuscade tendue par les maquisards. Il y eut onze Français tués et dix blessés. Le général Cortadellas y perdit son propre fils. Mais l'engagement militaire français au Nord causa des pertes considérables à la deuxième armée. Mahamat Ali Taher, responsable du front Nord, et plusieurs autres cadres politiques trouvèrent la mort dans ces durs accrochages de septembre 1969 à la suite desquels Goukouni Weddeye en prit le commandement. Les années 1969 et 1970 furent des années très sombres pour les rebelles. Ils perdirent beaucoup de terrain et l'ordre républicain commença à revenir, même dans certaines régions du Centre-Est, bastions de la rébellion. Très affaiblies et dispersées, les forces populaires continuèrent néanmoins à tenir le maquis sans pour autant inquiéter sérieusement le corps expéditionnaire. Ce fut une sorte de trêve qui aboutit à un relâchement opérationnel du FROLINAT, sans pour autant éteindre la révolte. Cependant, pour Paris, réduire la rébellion ne suffisait pas ; il fallait aussi doter le régime en voie d'effritement d'un outil administratif lui permettant de rétablir son contrôle sur l'ensemble du territoire national. Ce fut le sens de la Mission pour la réforme administrative[172].

Autrement dit, l'arrêt des opérations militaire française au Tchad, en juin 1971, a permis à la rébellion tchadienne du FROLINAT, malgré la défaite, de se maintenir sur le terrain. Les combattants du Front Nord dans le BET résistent dans un calme moins rassurant pour la paix de cette zone. Les rebelles du Centre et de la zone Est quant à eux, une grande partie se réfugie au Soudan voisin pour poursuivre un entraînement militaire dans un camp dans les environs des zones

---

[171] Voir HAGGAR. B.I. *Op. Cit.* p. 285

[172] Ibid., p. 286 et lire aussi, « Les fronts africains n° de septembre-octobre 1974 », page 34 et la « Note n° 159/MRA, Fort-Lamy, le 14 janvier 1970 ».

frontières avec le Tchad. De ce qui précède, le régime du président Tombalbaye a estimé à travers son Gouvernement que la rébellion était vaincue.

Cependant, sur le terrain les combattants rebelles qui occupaient encore les zones des conflits résistent aux forces gouvernementales. Au bout du compte, il faut admettre l'idée selon laquelle, « l'incendie semble éteint mais le feu couve sous la cendre », et qui a fini en consumant le régime répressif de janvier 1962 par un coup d'État militaire en avril 1975, et la prise du pouvoir par les tentacules du FROLINAT.

B. Le coup d'État militaire d'avril 1975 et la marche vers la prise du pouvoir par les tentacules du FROLINAT

Après le déclenchement des révoltes paysannes et la création d'une rébellion armée contre l'État et le régime oppresseur de Tombalbaye, un autre conflit surgit au sein du régime et provoque une « violence par le haut »[173]. La dictature du régime du président Tombalbaye se trouve, cette fois, directement menacée par l'armée nationale tchadienne. La cause de ce conflit interne au régime se trouve dans la méfiance qui s'est désormais instaurée entre le président Tombalbaye et son armée.

Pour faire une analyse exhaustive de ce conflit interne au régime tchadien de 1962, il faut convoquer certaines théories afin d'expliquer la notion du coup d'État pour éclairer cette partie de la crise tchadienne. En effet, Pour le chercheur Martin Michel, *« la première phase des coups d'État après les indépendances, dans les années 1960-1970, revêt d'abord un « fondement corporatiste » ; ce dernier s'inscrit dans une tradition revendicative remontant assez loin dans l'histoire militaire coloniale. Parmi les questions généralement en cause se trouvent l'érosion des budgets militaires, l'immixtion des autorités politiques dans les affaires intérieures des armées (promotions, État-major), ou encore l'entretien de forces paramilitaires concurrentes. Des considérations matérielles et d'ordre*

[173] BANGOURA. M. T. *Op.cit.* p. 162

interne peuvent également intervenir : les conditions de vie, l'avancement, le traitement, le commandement »[174].

Ces coups d'États militaires s'expliquent aussi par des origines politiques en ce sens où l'armée prend le pouvoir pour *« mettre un terme à une impasse politique, à une crise sociale ou à l'impéritie économique des civils »*[175]. À cet effet, la militarisation demeure néanmoins un *« phénomène réactif qui se veut provisoire et se dit apolitique. Le mode de gouvernement est de type gestionnaire et bureaucratique, un peu comme on dirige un camp militaire. Les leaders ne cherchent pas à mobiliser les populations ni à susciter leur participation, sauf dans quelques secteurs de la bureaucratie civile. Toute idée de compétition politique est absente. Enfin, ce type de régime évite tout engagement impliquant le futur »*[176].

Dans la crise tchadienne sous le régime du président Tombalbaye, les motivations d'ordres corporatistes et politiques des militaires comme l'évoquait tantôt le chercheur sont effectivement présentes. Pour le chercheur René Lemarchand, *« le coup d'État qui met fin aux jours du Président Tombalbaye en avril 1975 est sans doute dû aux rancœurs et colères suscitées chez certains officiers sudistes par l'incurie du régime et son incapacité à faire face à la rébellion ». Le concept de violence politique « par le haut » permet donc de rendre compte des*

---

[174] Voir MARTIN. M. L., « Armées et politique : le cycle de vie du militarisme en Afrique noire francophone » *in* BACH. D. C., KIRK-GREENE. A., *États et sociétés en Afrique francophone,* Paris, Economica, 1993, p. 91. D'après l'auteur, *« le militarisme en Afrique noire évolue selon un cycle ternaire très analogue à celui d'autres phénomènes relevant également de la violence politique ; les trois phases d'évolution sont : le prétorianisme tempéré (années 1960-début des années 1970), le prétorianisme radical (années 1970), la phase thermidorienne de normalisation (années 1980) : p. 90. À la fin de son article, l'auteur se demande si les années 1990 vont coïncider avec la fin du cycle prétorien et l'avènement de la démocratie ». « Dans le cas du Tchad, le coup d'État de 1975 s'inscrit dans le cadre de la première phase : le prétorianisme tempéré ou modéré », in* BANGOURA. M. T. *Op. Cit.* p. 162.

[175] MARTIN. M. L., « Armées et politique : le cycle de vie du militarisme en Afrique noire francophone ». *Op. Cit.* p. 92

[176] MARTIN. M. L., *Op. Cit.* p. 93

facteurs politiques à l'origine de l'intervention militaire et des facteurs militaires qui ont conduit au coup d'État »[177].

Autrement dit, les causes réelles du coup d'État du 13 avril 1975 s'expliquent par des conjonctures politiques mais aussi militaires. Après l'intervention militaire française pour sauver le régime du président Tombalbaye et la mise en place de la Mission des Réformes Administratives MRA, l'opinion a découvert les causes profondes de nature politique et sociale qui ont suscité la réaction des militaires tchadiens en avril 1975 pour mettre un terme à ce régime qui opprime son peuple. De manière globale, l'autoritarisme du régime Tombalbaye a irrité les Tchadiens et surtout l'armée qui s'est sentie narguer par le président Tombalbaye. Quant aux politiques, ils se sont sentis particulièrement ciblés par le régime, et ont vécu dans la peur des purges, des disparitions et des assassinats. Certains hauts fonctionnaires, collaborateurs directs du président Tombalbaye ont été successivement exclus de la gestion des affaires publiques. La population a traversé une crise économique et sociale très préoccupante, aggravée par la famine et les difficultés d'approvisionnement réel du pays.

En effet, en 1972, le président Tombalbaye est devenu subitement nationaliste[178] et a préféré jouer la carte du nationalisme avec ses partenaires français. En toute ingratitude, il a décrété le départ des troupes françaises qui l'ont aidé à stopper l'offensive des rebelles du FROLINAT sur la capitale Fort-Lamy. Il a dénoncé et quitté l'Organisation commune africaine et malgache (OCAM) et a établi une relation diplomatique avec l'URSS et les États arabes. Il s'est réconcilié de manière spectaculaire avec le voisin libyen, s'est rapproché du Roi Fayçal d'Arabie Saoudite qui a d'ailleurs pu dans la foulée effectuer une visite officielle au Tchad en novembre 1972. Les dégâts collatéraux de la colère du président Tombalbaye contre la France ont aussi entrainé une euphorie de rupture des relations diplomatiques avec Israël, et a reconnu la Chine populaire au détriment de la chine Taiwan. Cette nouvelle dimension de la

---

[177] Voir LEMARCHAND. R., « La violence politique », *in* COULON. C., MARTIN. DC., *Les Afriques politiques*, Paris, La Découverte, 1991. P. 209, in BANGOURA. M. T., *Op. Cit.,* 163

[178] Voir BIGO. D., « Les coups d'État en Afrique : 1945-1987. Conflits pour l'État, de groupes de personnes ». *Études polémologiques*, n°41, 1er trimestre 1987, « Les coups d'États », p. 129

politique étrangère tchadienne était destinée à influencer la politique intérieure. En établissant une relation diplomatique avec les pays arabes et la Libye, le président Tombalbaye espérait obtenir des pays arabes et du monde musulman une cessation de l'aide au mouvement rebelle du FROLINAT. Aussi, il voulait convaincre les musulmans tchadiens que son régime n'est pas anti-islamique comme propagent les rebelles au niveau national et international.

De toute évidence, dans un tel climat de violence politique fait de précarité et truffé de revirement diplomatique qui interpelle l'opinion à plus d'un titre, la marche de la rébellion vers la capitale pour renverser le président Tombalbaye a pu confirmer la fragilité du régime au pouvoir. Pourtant, les militaires ont été massés sur la ligne du Front dans toutes les zones hostiles au régime avec pour seul but de combattre les rebelles du FROLINAT et assurer le fonctionnement de l'État dans les provinces. Les militaires ont consenti de lourds sacrifices et ont payé d'important tribut pour défendre le régime. Cependant, les efforts fournis par les militaires pour défendre le régime n'ont pas été reconnu par le président Tombalbaye qui soupçonne au contraire l'armée de vouloir le renverser du pouvoir. Il a ainsi, commencé à arrêter et emprisonner les officiers supérieurs les plus gradés de l'armée nationale tchadienne. Ces séries d'arrestations au sein de l'armée ont créé une véritable psychose[179] due à la paranoïa du président Tombalbaye et ont entrainé un malaise et un lourd mécontentement dans les casernes.

La colère de l'armée fut latente du fait déjà du conflit qui les oppose à la Compagnie tchadienne de sécurité CTS. Cette armée parallèle et répressive du président Tombalbaye, assure la sécurité présidentielle et bénéficie de toute l'attention et de la confiance du chef de l'État qui lui accorde de nombreux privilèges, au détriment de l'armée nationale.

---

[179] Il faut souligner qu'en 1971, le président Tombalbaye a décidé de mêler les militaires à la politique. Ainsi, il a pu nommer le Général Jacques Doumro, chef d'état-major des armées au Bureau politique du parti unique. Il sera ensuite, limogé et assigné à résidence par le président Tombalbaye pour désaccord. Son successeur à l'état-major, le Général Félix Malloum Ngakoutou Bey-Ndi fut arrêté et emprisonné à son tour pour cause de « complot » en 1973. Enfin, plusieurs officiers supérieurs de l'armée nationale tchadienne vont subir le même sort et cela débouchera sur le coup d'État du 13 avril 1975 où le président Tombalbaye fut tué par les militaires qui vont prendre le pouvoir et proclamer le Conseil Supérieur Militaire, le CSM.

Ensuite, il survient alors d'autres malentendus qui furent considérés par l'armée comme des causes tangibles et immédiates du mépris du président Tombalbaye à son égard. L'erreur qui fut commise par le président Tombalbaye, c'est celle d'avoir prononcé un discours méprisant l'armée le 6 avril 1975 en indexant directement certains officiers supérieurs et l'institution militaire en générale. Cette énième provocation va pousser l'armée à réagir pour neutraliser définitivement le président de la République, chef de l'État, chef suprême des armées.

En effet, dans un message prononcé le 4 avril, après avoir ordonné l'arrestation de trois officiers supérieurs[180], le président Tombalbaye a annoncé deux jours plus tard dans un autre message radiodiffusé la restructuration totale de l'armée qu'il trouve incapable de contenir la rébellion du FROLINAT et d'assurer la défense de l'intégrité du territoire national. Lors de son message radiodiffusé, le président Tombalbaye a chargé violemment l'armée et surtout les officiers supérieurs. C'est ainsi qu'il a pu dire : *« Notre armée, véritable État dans l'État se comporte fréquemment sur notre sol comme en pays conquis. Elle se conduit comme une armée d'occupation... L'armée tchadienne offre un désolant spectacle d'inefficacité et de mauvais esprit tandis que nos chefs craignent les révélations qui pourraient être faites sur leur comportement »*[181]. Il termine son allocution en lançant cet avertissement : *« C'est par le haut que doit commencer la métamorphose »*[182]. Ce fut la goutte d'eau qui va déborder le vase.

La tension fut montée d'un cran dans les casernes à la suite de cette sortie malencontreuse du président Tombalbaye dans son discours. Les jeunes officiers passent à l'acte le 13 avril 1975, pendant la nuit, alors que la plupart des officiers supérieurs de l'armée sont sous les

---

[180] Le président Tombalbaye dans sa colère contre l'armée en début d'avril 1975, plus précisément le 03 avril a pu ordonner l'arrestation du Général Négué Djogo, le Colonel Mamari Djimé Ngakinar et le Commandant Kotiga Guérina. L'arrestation des officiers supérieurs annoncée par le président lui-même le 04 avril 1975 par un message public va précipiter la marche des troupes en province sur la capitale N'Djamena pour libérer les Généraux Félix Malloum et Négué Djogo, ainsi que les autres officiers arrêtés.

[181] Extrait du discours du président Tombalbaye du 06 avril 1975. Voir les archives de la présidence de la République du Tchad de 1975.

[182] Voir PABANEL. JP., *Les coups d'État militaires en Afrique noire*, Paris, L'Harmattan, 1984, p. 165

verrous, les jeunes officiers[183] quittent les provinces pour marcher sur N'Djamena la capitale. Ils entrent nuitamment dans la capitale et attaquent en première action l'armée parallèle du président, le camp de la Compagnie tchadienne de sécurité la fameuse CTS fut prise d'assauts par des tirs nourris d'armes de gros calibres et des RPG 7. Les éléments de la CST battent en retrait et appellent au secours mais les jeunes officiers réussissent à couper le système de communication radio au sein de l'armée. C'est ainsi qu'ils vont réussir également à neutraliser les forces parallèles du président au cours des violents combats et franchisent la sécurité pour entrer au palais présidentiel, situé juste au camp de l'OCAM derrière le lycée Sacré-Cœur actuel. Face au refus d'obéir à l'armée, les jeunes officiers en opération vont exécuter le président Tombalbaye arme à la main et en plein combat au milieu de sa garde présidentielle assurée par la CTS.

Ainsi, vu l'ampleur de la gravité des opérations, le Général Noël Milarew ODINGAR, chef d'Etat-major d'alors et commandant des troupes de N'Djaména, fut contraint de rallier la cause des jeunes officiers et parvint à calmer la situation au risque d'un assaut des rebelles du FROLINAT sur la capitale et aggraver le conflit tchadien. Les jeunes officiers lui confient provisoirement le pouvoir en attendant de décider sur l'avenir du pays. Par la suite, un Conseil Supérieur Militaire CSM fut formé. Les jeunes officiers putschistes décident alors à l'unanimité de libérer et placer à leur tête, l'ancien chef d'Etat-major des armées emprisonné par le président Tombalbaye depuis 1973. Il fut aussi, le plus haut gradé dans la hiérarchie de l'armée nationale tchadienne, c'est le Général de brigade Félix Malloum Ngakoutou Bey-Ndi.

De ce qui précède, il faut dire simplement que c'est pour des raisons d'évidences corporatistes, plus précisément, le rétablissement de son honneur bafoué par l'institution présidentielle, que l'armée nationale tchadienne a décidé de prendre ses responsabilités pour neutraliser ou

[183] Parmi les jeunes officiers les plus actifs de ce coup d'État opéré contre le président Tombalbaye au soir du 13 avril 1975 on peut citer, le Lieutenant Gouara Lassou, qui fut à cette époque commandant de zone à Sarh mais qui a levé sa troupe pour faire mouvement vers la capitale pour sauver son mentor le Général Félix Malloum que le jeune Lieutenant Gouara Lassou trouvait comme un modèle représentatif pour l'armée nationale tchadienne. Aussi, le Chef d'escadron de la gendarmerie Wadal Abdel Kader Kamougué, un jeune officier cultivé mais opposé à la création de la compagnie tchadienne de sécurité CTS.

mettre hors d'état de nuire le président Tombalbaye. C'est aussi une manière de sauver le Tchad de la dictature et du chao et tenter de rechercher d'autres solutions pour le pays en changeant de politique, plus efficace vis-à-vis des Tchadiens révoltés et la rébellion du FROLINAT contre l'État. Pour ce qui suit, l'armée était véritablement convaincue que le régime oppresseur du président Tombalbaye était réellement incapable d'apporter des solutions pour résoudre les problèmes générés par son choix du virage constitutionnel de 1962.

A cet effet, l'armée prend officiellement le pouvoir et annonce la mort du président Tombalbaye au soir du 13 avril 1975. Ensuite, le Conseil Supérieur Militaire qui a pris le pouvoir, va entrainer le pays dans un amateurisme politique et des contradictions internes qui non profitable aux tchadiens sauf à la marche des tentacules du FROLINAT vers la prise du pouvoir.

Il faut rappeler que l'auteur tchadien Nébardoum Derlemari a su évoquer cette réflexion dans son ouvrage consacré à l'instabilité politique au Tchad. Il a su faire la distinction entre les régimes politiques hypertrophiés caractérisés par l'abus du pouvoir et une autorité excessive. Les cas des régimes de Tombalbaye, d'Hissein Habré et d'Idriss Déby et à l'opposé, les régimes hypotrophiés faisant preuve d'absence totale de leadership[184] les cas du Conseil Supérieur Militaire après le coup d'État d'avril 1975 et du Gouvernement d'Union Nationale GUNT dirigé par le président Goukouni Weddeye entre 1979 et 1982.

Ainsi, après la réussite du coup de force de l'armée en éliminant physiquement le président Tombalbaye, la capitale fut vandalisée pendant quelques jours par des pillages des établissements de commerces, des pharmacies, des habitations situées en centre-ville et au quartier européen, de règlements de compte entre officiers de l'armée et des compagnies tchadiennes de sécurité. Ensuite, après ce désordre passager marquant la chute totale du régime, les officiers putschistes ont pu restaurer l'ordre en mettant en place un Conseil Supérieur Militaire (CSM). Ce fut l'organe exécutif qui a pu être érigé par les officiers putschistes en lieu et place du régime qu'ils viennent d'abattre. Il fut composé de neuf (09) membres, tous des officiers de l'armée nationale tchadienne et le Général Félix Malloum fut désigné

[184] Voir NEBARDOUM. D., *Le labyrinthe de l'instabilité politique au Tchad*, Paris, L'Harmattan, 1998, p. 79.

d'un commun accord le chef du Conseil Supérieur Militaire, Chef de l'État[185].

En réalité, les militaires se sont emparés du pouvoir mais sans un réel projet politique. C'est ainsi que les militaires ont décidé de créer quatre commissions : une Commission d'enquête et de contrôle pour recenser les biens de l'État et faire la situation financière du pays, une Commission chargée de réviser les statuts de la fonction publique, une Commission chargée de faire des études prospectives, économiques et sociales sur la situation du pays, et enfin une Commission militaire chargée veiller sur la défense et la sécurité du pays.

Le régime oppresseur mis hors d'état de nuire, les putschistes du CSM vont systématiquement procéder à la dissolution de l'armée parallèle du régime, c'est-à-dire, la Compagnie tchadienne de sécurité et faire reclasser les officiers qui servaient dans cette troupe d'élites. Les nouveaux maîtres du pays vont ordonner la suppression immédiate de toutes les indemnités de la fonction publique et c'est jusqu'à nouvel ordre pour limiter les dépenses du trésor public.

Aussi, les premières décisions du CSM furent de rompre avec l'ordre constitutionnel en abrogeant la Constitution de 1962 et les institutions politiques qui en découlent. Les militaires putschistes vont également interdire toutes les réunions politiques et procèdent à la formation d'un

---

[185] Selon les archives de la République du Tchad de 1975, le Conseil Supérieur Militaire CSM, organe fondamental des putschistes fut composé comme suit : Président, Général Félix Malloum Ngakoutou Bey-Ndi, Vice-président, Colonel Mamari Djimé Ngakinar, les membres sont : le chef d'escadron de la gendarmerie Wadal Vidal Abdelkader Kamougué, capitaine Roasngar Mbaïndoloumal, capitaine Zakaria Wawa Dahab, Lieutenant Mahamoud Abderahmane Haggar, Lieutenant Gouara Lassou. Il faut cependant faire remarquer que sur les neufs officiers membres qui composent le CSM, il figure seulement deux officiers putschistes du Nord du pays. Il s'agit bien entendu du capitaine Zakaria Wawa Dahab et du lieutenant Mahamoud Abderahmane Haggar. L'histoire va se répéter 46 ans après ce coup d'État d'avril 1975 avec le quatrième coup de force militaire que le Tchad a connu le 20 avril 2021 après la mort du président Idriss Déby tué par les forces rebelles du Front pour l'Alternance et la Concorde au Tchad FACT dans le Nord Kanem. Les officiers putschistes d'avril 2021 qui vont s'emparer du pouvoir ont annoncé la mise en place d'un Conseil Militaire de Transition composé de 15 officiers supérieurs parmi lesquels il figure seulement deux Généraux issus du sud du Tchad. Il s'agit notamment du Vice-président du CMT, le Général Djimadoum Tiraïna et du Général Azem Bermandoa Agouna qui fut le porte-parole des putschistes du CMT.

Gouvernement provisoire dont la composition est intervenue un mois après le putsch[186].

Par la suite, une première annonce officielle du CSM fut signée et diffusé le 15 avril 1975, deux jours après le coup d'État. Son contenu est court et peu clair pour étayer l'esprit des Tchadiens lambda qui espéraient obtenir plus d'éclairage sur le programme des nouveaux maîtres du pouvoir. Les putschistes entreprennent alors des missions de rencontres d'explications avec les populations à travers tout le pays. Mais il faut relever un constat, les messagers du chef des putschistes montrent clairement un manque d'expérience dans le domaine politique. Cet amateurisme des militaires en politique stupéfait plus d'un tchadien par leur inaptitude à définir les objectifs politiques en cours[187]. Il faut aussi faire remarquer que les nouveaux maîtres du pays sont tous des militaires de carrière, certains ayant reçu une formation d'enfants de troupes à Bouar en République centrafricaine ou à

---

[186] Ainsi, un premier Gouvernement provisoire fut formé le 12 mai 1975, soit un mois après le putsch des militaires du CSM. Il fut composé comme suit : 1. Général de brigade Félix Malloum Ngakoutou Bey-Ndi, Président du CSM, Chef de l'État, Président du Conseil des ministres, ministre de la défense nationale et des anciens combattants ; 2. Colonel Mamari Djimé Ngakinar, Vice–Président du CSM, ministre de l'intérieur et de la sécurité ; 3. Lieutenant Mahmoud Abderamane, membre du CSM, ministre de l'information, de l'artisanat, des parcs, réserves, chasses et tourisme ; 4. Chef d'escadron Wadal Abdelkader Kamougué, membre du CSM, ministre des affaires étrangères et de la coopération ; 5. Général de brigade Négué Djogo, membre du CSM, ministre des finances, de l'économie et du plan ; 6. Capitaine Zakaria Wawa Dahab, membre du CSM, ministre des travaux publics, des mines, de la géologie et des transports ; 7. Capitaine Roasngar Mbaïndoloumal, membre du CSM, ministre de l'aménagement du territoire et de l'environnement ; 8. Lieutenant Gouara Lassou, membre du CSM, ministre de l'agriculture, de l'élevage, des eaux, forêts et pêches ; 9. Idriss Mahamat Amane Abram, ministre des postes, télégraphes, téléphones et télécommunications ; 10. Maitre Amady Nathé, ministre de la justice, Garde des sceaux ; 11. Général de brigade Doumro Nguénabaye Ngaharo: ministre de la fonction publique ; 12. Ngangbet Kosnaye, ministre de l'éducation nationale, de la culture, des jeunes et des sports ; 13. Abdelkérim Malik, ministre de la santé publique et des affaires sociales ; 14. Madengar Bérémadji, secrétaire d'État aux finances, à l'économie et au plan ; 15. Mahamat Bachar, secrétaire d'État à l'agriculture, à l'élevage, aux forêts et pêches ; 16. Ahmed Issa, secrétaire d'État à l'éducation nationale, à la culture, à la jeunesse et aux sports ; 17. Madingar Alngar, secrétaire général du Gouvernement ; 18. Abakar Zaïd, secrétaire général adjoint du Gouvernement.

[187] Voir VARSIA KOVANA., *Précis des guerres et conflits au Tchad*, L'Harmattan, 1994, p. 32.

Brazzaville en République du Congo avant de terminer leur cycle à l'école des officiers militaires de St Cyr en France. Peu habitués aux médias, ils se montrent discrets et méfiants et communiquent peu ou mal avec le public.

Les officiers putschistes, membres du CSM n'arrivaient pas à convaincre leurs interlocuteurs responsables des administrations préfectorales dans les provinces. Un rapport collaboration difficile s'installe entre les militaires affectés à la tête des provinces et les fonctionnaires locaux. La collaboration s'envenime très vite car les premiers, faisant fi des lois et règlements se heurtent au légalisme des seconds. En outre, la commission chargée de la réforme des statuts de la fonction publique apparaît aux fonctionnaires comme une structure destinée à les surveiller.

En toute objectivité, les putschistes confirment aux tchadiens, que leur objectif a été atteint sa limite et ne peuvent gérer la situation politique du pays qui les dépasse. Leur objectif était juste de renverser le président Tombalbaye mais ne disposent d'aucune capacité pour maîtriser le jeu politique qui paraît relativement complexe pour eux.

Il survient alors, des contradictions politiques au sommet de l'Exécutif dirigé par les putschistes. Le facteur aggravant de cet amateurisme politique ne fut tardé à se manifester. Concrètement, il s'agissait d'une petite guéguerre au sein de l'Exécutif entre deux principaux membres du CSM. Très tôt, une contradiction légendaire frisant le leadership va naître entre le Général Félix Malloum et le chef d'escadron Wadal Vidal Abdelkader Kamougué, l'un des cerveaux et initiateur du coup d'État du 13 avril contre le président Tombalbaye.

Cette contradiction interne aux putschistes provient d'un conflit de caractère de personnages entre les deux officiers les plus en vue du CSM. L'un des personnages, le Général Félix Malloum est trop réservé et marqué par son expérience des années passées en prison, l'autre, le chef d'escadron Wadal Kamougué est plus jeune et relativement fougueux. En toute évidence, c'est sur leur stratégie politique que les deux officiers supérieurs putschistes s'affrontent. De ce qui ressort, le Général Félix Malloum, Chef du CSM et Chef de l'État voulait une négociation sincère avec les rebelles du FROLINAT, cependant, le chef d'escadron Wadal Abdelkader Kamougué, ministre des Affaires étrangères et de la coopération voulait plutôt mater la rébellion du FROLINAT pour la mettre hors d'état de nuir.

À titre de comparaison par rapport au régime déchu par les putschistes, vis-à-vis du président Malloum, le Ministre Kamougué par ses agissements et son leadership avait presque la même posture que l'ancien Ministre Toura Gaba dans sa collaboration avec le président Tombalbaye. Il apparaît clairement comme un rival pour la place du khalife. Alors, pour contenir politiquement ses rivaux, le président Tombalbaye éloignait facilement ces derniers dans l'extrême-Nord du pays pour les emprisonner. Tandis que, le Général Malloum ne pouvait que se montrer tolérant vis-à-vis-à-vis de Kamougué qui lui a ouvert les portes de la prison après le coup d'État. Il en résultait clairement que le centre de commandement du CSM se trouvait presque bloqué, voire paralysé par cette situation d'imbroglio des mésententes entre les deux officiers supérieurs qui aura par la suite, un réel impact négatif sur la politique de réconciliation nationale.

Après s'être emparé du pouvoir par un coup d'État en avril 1975, le groupe des officiers dépourvu d'expérience politique réelle et sans aucune vision politique, s'était fixé comme objectif, trois mois plus tard, de « ramener l'opposition armée au bercail », en particulier les dirigeants rebelles réfugiés en dehors du pays[188].

La stratégie de la junte est quasiment simple et elle considère que le Conseil Supérieur Militaire mis au lendemain du coup d'État entend mettre définitivement un terme à quinze années d'un pouvoir qui a instauré un parti unique et une révolution culturelle et sociale que l'armée a considéré comme une dictature absolue du président Tombalbaye sur le peuple tchadien et a trouvé nécessaire de mettre terme à cette aventure sans lendemain. Ainsi, la junte au pouvoir estime avoir accompli l'un des objectifs fondamentaux du FROLINAT pour avoir interrompu ce régime arbitraire, répressif et régionaliste.

---

[188] VARSIA KOVANA. *Op. Cit.,* p. 33. Il faut souligner que le chef de la junte militaire au pouvoir le Général Félix Malloum a dépêché des émissaires auprès des dirigeants des factions de la rébellion du FROLINAT à Sebha en Libye pour rencontrer le dirigeant des Forces armées populaires FAP de Goukouni Weddeye, à Khartoum au Soudan, le chef des Forces armées du Nord FAN, en l'occurrence Hissein Habré, au Nigéria, le commandant des opérations Moussa Medela qui dirigeait le Mouvement populaire pour la libération totale du Tchad le MPLTT, et Mahamat Abba Seid, chef de la faction première armée du FROLINAT.

Par conséquent, il ne devrait donc plus avoir d'obstacle majeur selon la junte militaire au pouvoir pour « réunir tous les fils du pays ».

La principale motivation de la junte au pouvoir réside dans le fait que le Tchad fut occupé depuis 1973 par les forces libyennes sur la bande d'Aouzou dans l'extrême nord et qu'une partie des fractions rebelles du FROLINAT fait peser le risque d'une menace séparatiste sur tout le pays. Le Général Félix Malloum, chef de la junte va se fixer donc une seule mission «la recherche de l'unité du Tchad dans la diversité[189] » et instaure pour la première fois un dialogue direct avec les rebelles par les canaux des émissaires et pays amis.

Par la suite, l'opinion va pourtant constater que la volonté manifeste du chef de la junte le Général Félix Malloum est juste limitée et a du plomb dans l'aile à travers les négociations qu'il a pu engager avec la rébellion. La volonté du Général Félix Malloum de vouloir négocier avec la rébellion est d'une probabilité sincère, compte tenu de la fragilisation du fonctionnement de l'État, en particulier dans ses parties du Centre, de l'Est et de l'extrême nord.

Cependant, cette volonté manifeste du chef de la junte de vouloir faire la paix avec les frères rebelles n'est pas clairement comprise par la rébellion. Les différents chefs des tendances du FROLINAT ont encore un mauvais souvenir des officiers Généraux et certains militaires membres de cette nouvelle junte qui gère le pays. La plupart des officiers membres de cette junte ont été impliqués dans les répressions sauvages contre les soulèvements populaires du Centre, de l'Est et du Nord pays. C'est à ce titre d'ailleurs que le chercheur néerlandais Robert Buijtenhuijs rappelle qu'en effet, *« ce sont les Généraux Malloum et Odingar qui ont pris la relève de Tombalbaye. Malloum a mis à feu et à sang l'Est tchadien où il exerçait le commandement territorial en 1965-66. Odingar était à la même époque préfet du BET ; il a couvert les brutalités de ses subordonnés Rodaï et Allafi dans le Tibesti »*[190]. Pour Hissein Habré, l'un des dirigeants de la tendance nordique du FROLINAT, le Conseil Supérieur Militaire dirigé par les officiers bourreaux du régime oppresseur de Tombalbaye ne sera que « du tombalbayisme sans Tombalbaye ». En plus de cette considération, la rébellion considère les bourreaux devenus dirigeants du pays, comme les hommes du Sud,

---

[189] VARSIA KOVANA, *Op. Cit.*, p. 33

[190] Voir BUIJTENHUIJS. R. *Op. Cit.*, p. 321

au même titre que le président Tombalbaye qu'ils ont renversé. Pour la rébellion du FROLINAT toute tendance confondue, il n'y a donc aucun changement mais une simple continuité de la domination des hommes du Sud sur les populations ostracisées du Centre, de l'Est et du Nord.

Ainsi, avec quelques efforts, la junte militaire au pouvoir a pu prendre contact avec la rébellion pour tenter une réconciliation nationale pour la crédibilité de sa politique de diriger le pays. Les tentatives ont connu au départ quelques succès. Tout d'abord, le résultat positif obtenu par la junte fut le retour sans condition simple et pacifique au pays du chef et autorité morale des Toubous le Derdeï Weddeye Kihidémi, mettant fin à son exil en Libye. En effet, tout a commencé en août 1975, lorsque le chef d'escadron Kamougué, Ministre des Affaires étrangères et de la coopération de la junte a été mandaté par le Général Malloum président du CSM d'aller rencontrer en Libye le Derdeï Kihidémi pour un entretien pour le convaincre de rentrer. La rencontre fut fructueuse entre les deux et le Derdeï Kihidémi, chef et autorité morale des Toubous a accepté de rentrer à N'Djamena avec le Ministre Kamougué. La junte a pu réussir cette approche qui a pour but d'obtenir le ralliement de l'un des chefs rebelles Goukouni Weddeye, fils du Derdeï des Toubous et considéré par les rebelles du Nord comme leur véritable chef.

Le second succès encourageant de la junte fut le retour au pays d'Ahmed Moussa, chef du Front de libération du Tchad (FLT) en octobre 1975 soit six mois après la prise du pouvoir par la junte. Ce chef rebelle serait rallié aux autorités administratives à la préfecture d'Abéché, la grande ville de l'Est du pays pour des raisons personnelles il semblerait. Il aurait évoqué comme raisons : la chute du régime Tombalbaye, les dures conditions de vie dans la clandestinité, les querelle internes au sein de la rébellion. Ensuite, un troisième élément positif s'est rajouté à cette volonté de faire la paix entre les frères tchadiens, ce fut le ralliement du Dr. Awat, dirigeant du Front populaire de libération du Tchad (FPLT).

Il convient toutefois de relativiser les succès de la junte de vouloir pacifier le pays car d'une part, le Derdeï Kihidémi rentré au pays n'a pu influencer son fils de faire la paix avec le CSM et d'autre part, les Fronts d'Ahmed Moussa et du Dr. Awat désormais rentrés au bercail sont des rebelles d'une faible importance ne disposant pas assez des troupes ni d'armements pouvant inquiéter la junte.

Cependant, la partie s'annonce difficile dans les négociations avec les poids lourds de la rébellion entre autres, Goukouni Weddeye, Hissein Habré et le Dr. Abba Sidick. Autrement dit, Goukouni Weddeye s'oppose à la politique de réconciliation nationale. Hissein Habré, à partir de septembre 1975, prend contact quand bien même avec la junte militaire au pouvoir, le CSM mais décide finalement de faire cavalier seul et de prendre en otage l'ethnologue française Madame Françoise Claustre, ce qui lui permettra, moyennant rançon, d'obtenir de l'argent, médicaments et des armes. Tandis que le Dr. Abba Sidick a refusé de rencontrer les émissaires de la junte du CSM et a envoyé à cet effet aux négociations d'Alger improvisées par les pays amis que deux de ses lieutenants pour le représenter. En juin 1975, le Dr.Abba Sidick a fait une déclaration en qualifiant la junte en ces termes : *« Pour nous, c'est une dictature militaire qui remplace une dictature civile »*[191].

La tendance du FROLINAT sous le commandement du Dr. Abba Sidick a continué de lancer des assauts et multiplier une guérilla contre les forces gouvernementales sur le terrain en fustigeant les nouveaux maîtres du pouvoir. C'est ainsi qu'ils auront plusieurs accrochages avec les forces régulières dans le Quaddai en fin 1975, des bombardements dans la région de Bao dans l'Ennedi au début 1976, actes de guérilla à Bokoro (300 km au nord de la capitale) dans le Chari-Baguirmi en mars 1976. Le 13 avril 1976, soit un après le putsch, lors des cérémonies officielles qui ont marqué le 1er anniversaire de la junte au pouvoir, les rebelles du FROLINAT ont infiltré la capitale N'Djamena et ont lancé plusieurs grenades sur la tribune officielle. Cette attaque surprise en pleine capitale N'Djamena qu'on croyait à l'abri des rebelles a pu causer la mort de six personnes et soixante-douze blessés. Le chef de la junte le Général Malloum et quelques membres du CSM qui étaient présents à cette tribune officielle de cérémonie ne furent pas touchés et sortent indemnes. Cette attaque des autorités du nouveau pouvoir a montré que les rebelles ne sont pas prêts à négocier et veulent continuer la confrontation.

---

191 Voir BUIJTENHUIJS. R., *Op. Cit.*, p. 316

Toutefois, une interrogation paraît évidente pour tenter de comprendre pourquoi les principaux leaders de la rébellion armée refusent fermement de négocier avec le régime du CSM ? Qu'est ce qui a pu fonder cette méfiance entre les deux parties ? Les raisons idéologiques, les principes socialistes ou révolutionnaires ? Ces raisons n'ont pu expliquer cette méfiance par la suite car, comme l'ont fait remarquer certains chercheurs, le FROLINAT n'a pas mis en application un programme de ce genre une fois ses tentacules arrivés plus tard au pouvoir. Cette méfiance pourrait-elle s'expliquer par des raisons de politique étrangère comme la présence des troupes militaires françaises ? Sur ce point, la junte a exigé et obtenu le départ des troupes françaises en octobre 1975 à la suite des maladresses commises par le Gouvernement français dans l'affaire Françoise Claustre retenue en captivité dans le désert du Tibesti par les rebelles. Cette méfiance pourrait-elle s'expliquer par des raisons de politique intérieure ? Sur cet aspect, il faut reconnaître que les officiers qui ont constitué le CSM étaient à majorité des personnes du Sud et les rares officiers du Nord[192] qui y siégeaient n'étaient pas représentatifs de la rébellion.

En plus, la junte n'a pu relever de ses fonctions le chef des services de renseignement tchadiens, nommé par le régime déchu de Tombalbaye et qui est resté en poste sous le Gouvernement du CSM avec les putschistes. Il s'agit du commandant Camille Gourvernec, un officier de renseignement français servant l'État tchadien au profit de la France. Or, cet homme est considéré comme une taupe du régime sudiste et de la France par les rebelles du FROLINAT. Aussi, la junte militaire n'a pas voulu restaurer les libertés politiques. Toutefois, tous les prisonniers politiques ont été libérés mais l'activité politique est restée interdite. Les partis politiques et les syndicats ont été suspendus. Le droit de grève également a été suspendu pour imposer une trêve sociale dans le pays.

Cependant, il faut relever surtout que le mouvement rebelle également a été également affaibli de son côté par plusieurs dissensions internes, ce qui ne l'empêche pas de faire bloc face à la junte. Une opposition interne au mouvement rebelle prend forme. Le FROLINAT fondamental dirigé par le Dr. Abba Sidick dans le Centre-Est, a connu

[192] Il s'agit du Capitaine Zakaria Wawa Dahab et du Lieutenant Mahmoud Abderamane qui n'ont aucun lien avec la rébellion du FROLINAT.

une scission en 1976 avec le retour de Mahamat Abba, un ancien de l'UNT et un fidèle compagnon de feu Ibrahima Abatcha, le premier Secrétaire Général, fondateur du FROLINAT. D'autres rivalités à la tête du mouvement n'ont pas également tardé à faire jour. Le cas sur le Front Nord et dans le Tibesti, où le Conseil de Commandement des Forces Armée du Nord CCFAN dirigé par Hissein Habré qui a traversé une crise de séparation avec les forces de Goukouni Weddeye en octobre 1976. Les deux hommes furent en désaccord sur la gestion de la captivité de l'ethnologue française Madame Françoise Claustre et la question des relations avec la Libye. Au sujet de la captivité de Françoise Claustre dans le Tibesti, Hissein Habré voulais user de cette captivité jusqu'à l'épuisement total de la rançon demandée au Gouvernement français, tandis que son compagnon maquisard Goukouni Weddeye voulait les libérer sans autre forme de condition. Sur l'attitude à adopter face à la Libye, Hissein Habré était intransigeant tandis que Goukouni Weddeye fut clément. Il faut relever que c'est depuis 1974 que le révolutionnaire Hissein Habré vouait une rancœur tenace pour lutter contre l'occupation militaire libyenne de la bande d'Aouzou, tandis que son compagnon de la rébellion Goukouni était dans des dispositions à négocier avec Tripoli. Or, la majorité des combattants du Front Nord se rangeaient derrière Goukouni Weddeye. Ce dernier a décidé alors de se tourner vers la Libye pour réorganiser et renforcer ses troupes. Frustrés, Hissein Habré et deux cents de ses combattants du maquis quittent le Front Nord du Tibesti pour gagner le Front Est dans la région d'Abéché où ils vont poursuivre la lutte armée et la dénonciation de la politique libyenne.

Vers la fin de l'année 1976, le mouvement rebelle du FROLINAT fut fractionné en cinq tendances représentées par Goukouni Weddeye, Hissein Habré, Mahamat Abba, Dr.Abba Sidick, Mohamed Baghalani. La rébellion armée s'est vu affaiblir par cette division interne. Sans une réunification entre les principaux leaders, elle risquait de faire le jeu de la junte militaire qui continuait à négocier de manière séparée avec les tendances et espérait tirer profit de cette division.

Pour l'auteur Toglo-Allah Marita, l'échec des tentatives de rapprochement des parties en conflit dans cette période, fut l'effet d'ingérences extérieures. Selon l'auteur, en sus des limites propres à la junte militaire au pouvoir, *« le processus de réconciliation nationale entamé par le général Malloum ne sera qu'une chimère face à la volonté des uns et des autres de détruire le processus de paix par leur goût avide du pouvoir, nourri par les influences machiavéliques de certains pays proches ou la réconciliation nationale ne sera pas seulement torpillée par Hissein Habré et ses protecteurs; elle le sera également par Goukouni Weddeye et ses alliés libyens...»*[193]. En effet, tout au long de l'année 1976, Tripoli a pu développer discrètement une stratégie de noyautage des mouvements rebelles tchadiens. Tous les leaders de la rébellion du FROLINAT qui ont refusé de cautionner l'occupation libyenne de la bande d'Aouzou, le colonel Kadhafi n'a pas hésité à employer la manière forte contre eux. Il a d'abord commencé par l'expulsion du Dr. Abba Sidick et ses compagnons ; de même, il a ensuite utilisé les dissensions au sein du CCFAN pour obtenir le remplacement de Hissein Habré à la tête du FROLINAT tendance Nord par Goukouni Weddeye. En outre, le Guide libyen Kadhafi a noué des relations avec toute la dissidence du Front dans le Nord-Est, appelé « FROLINAT Volcan » conduit par Mohamed Al-Baghalani. C'est donc la confusion qui fut semée au sein Front Nord en particulier et la rébellion en générale.

Il faut aussi relever que c'est dans cette phase d'affaiblissement de la rébellion qu'a pu intervenir, le dénouement de l'affaire Claustre de manière inattendue. La rupture entre Goukouni Wddeye et Hissein Habré va favoriser la libération des otages retenus en captivité dans le Tibesti. En début d'année 1977, Goukouni Weddeye va libérer les otages Françoise Claustre et son époux en les remettre au Guide libyen Kadhafi qui les a remis à son tour à un émissaire du Gouvernement français, après mille jours de captivité.

Dans cette opération d'échange entre la rébellion et le Guide libyen, la junte militaire tchadienne était mise à l'écart, dans les négociations entre les rebelles du FROLINAT et la France ainsi que les mutations au sein de la rébellion, portent un coup sévère au processus de réconciliation nationale. Cet imbroglio va se maintenir jusqu'à la déclaration remarquée du Chef de la junte au pouvoir, le Général Malloum à la tribune du sommet de l'Organisation de l'unité africaine du 2 au 5 juillet 1977 à Libreville au Gabon. Le Général Malloum va frontalement informer l'opinion et prendre à témoin ses paires

---

[193] Voir TOGLO-ALLAH. M. « *Conflits tchadiens et ingérences étrangères* », Peter Lang, octobre 1997, p. 92

africains et la Communauté internationale de l'occupation par la Libye de la bande d'Aouzou en territoire tchadien.

En effet, il faut souligner que depuis l'occupation de la bande d'Aouzou en 1973, aucun dirigeant tchadien n'a osé dénoncer cette violation du territoire tchadien par la Libye. En dénonçant haut et fort l'expansionnisme libyen sur le Tchad, le Général Félix Malloum savait qu'il allait entraîner des conséquences sur la junte du côté libyen et en même temps, il faisait un clin d'œil au dissident rebelle Hissein Habré sur le Front Nord pour négocier avec le CSM. Une manifestation fut organisée dans la capitale tchadienne le 14 juillet 1977 pour réclamer le départ immédiat des troupes libyennes du territoire tchadien. En décembre, la radio nationale va faire l'éloge du rebelle dissident Hissein Habré du Front Nord en le qualifiant de *« patriote incorruptible irréductible et qui n'a jamais pactisé avec le diable libyen »*[194]. Décidément, la junte militaire du CSM au pouvoir va porter son choix sur le dissident rebelle Hissein Habré pour tenter une négociation de réconciliation nationale.

Les motivations de la junte du CSM apparaissaient tout à fait en phase avec l'esprit du moment. Depuis la rupture entre Hissein Habré et Goukouni Weddeye, ce dernier, soutenu par le Libye, n'a pas hésité à participer à une tentative de renversement de la junte du CSM à le 1 èr avril 1977 à N'Djaména[195]. En plus, avec la libération des otages, les époux Claustre, Goukouni Weddeye, qui était le dernier geôlier du rapt dans le Tibesti a reçu de la part du Guide libyen Kadhafi auquel il a confié les prisonniers Français, d'importants moyens financiers et matériels de guerre.

Dès lors, commencent alors des négociations entre la junte militaire au pouvoir au Tchad et le CCFAN de Hissein Habré en représailles aux négociations entre la France et la Libye à travers le FAP, la branche armée de Goukouni Weddeye. Ces négociations entre la junte et le rebelle Hissein Habré devenu subitement fréquentable par le régime du CSM à N'Djamena ont débouché sur un accord de paix appelé « Accord de Khartoum » signé le 16 septembre 1977 dans la capitale du Soudan voisin entre le Gouvernement de la junte du CSM représenté

---

194 Voir NGANSOP, G. J., *Tchad, vingt ans de crise*, Paris, L'Harmattan, 1986, p. 81.

195 Voir BUIJTENHUIJS. R., *Le FROLINAT et les guerres civiles du Tchad. 1977-1984*, Paris, Karthala et ASC, 1987, p. 37

par le Lieutenant-Colonel Kotiga Guérina, Ministre de l'intérieur et de la sécurité de la junte au pouvoir et Mahamat Nouri Allatchi, Inspecteur Général des Forces Armées du Nord (FAN), mouvement rebelle de Hissein Habré. Ce document fut le premier accord de paix à être signé entre la junte militaire du CSM et la rébellion du FROLINAT tendance CCFAN de Hisseine Habré. Il a été suivi d'un accord complémentaire de Khartoum signé le 22 janvier 1978 qui jeta les bases d'un règlement politique global du conflit et a prévu l'élection d'une Assemblée constituante, la formation d'un Gouvernement d'union nationale GUNT et l'amnistie générale à accorder aux combattants rebelles. Une Commission mixte politico-militaire fut constituée et a travaillé à l'élaboration d'une « Charte fondamentale » puis les parties se sont accordées soixante (60) jours pour mettre en place un Gouvernement d'union nationale.

Cependant, en janvier 1978, Goukouni Weddeye qui suivait l'évolution de son adversaire maquisard Hissein Habré avec la junte militaire du CSM a décidé de lancer une vaste offensive[196] avec un millier de combattants sur le Front Nord du BET. Cette vaste offensive était destinée à prendre le contrôle de la ville de Faya-Largeau, chef-lieu de la province désertique du BET. Le succès de l'offensive fut fulgurant, avec l'aide de l'armée libyenne. L'opération vise à rappeler à la junte militaire du CSM qu'il faut aussi compter avec le FAP, force tendance Goukouni Weddeye[197] pour le processus de règlement définitif de la crise[198].

---

[196] Le 29 janvier 1978, le CMIAP lance l'opération « Ibrahim Abatcha», du nom de l'ancien chef du FROLINAT, contre la ville de Faya Largeau. La garnison de Faya se rend à la rébellion le 17 février. La chute de Faya signifie que l'ensemble du BET est « libéré ». Cf Robert Buijtenhuijs, *Le FROLINAT et les guerres civiles du Tchad (1977-1984),* Karthala-ASC 1987.

[197] Le 23 mars 1978, une conférence de paix entre le pouvoir du général Felix Malloum et le FROLINAT s'ouvre à Sebha. Menacée d'échec, elle est déplacée à Benghazi où se trouve le colonel Kadhafi. Le guide Libyen propose alors une solution censée permettre à tout le monde de sauver la face. Un accord est signé le 27 mars. Il est immédiatement violé. Cf Robert Buijtenhuijs, *Le FROLINAT et les guerres civiles du Tchad (1977-1984), Karthala-ASC 1987.* Lire également plus bas le récit de Goukouni Weddeye sur cette conférence.

[198] Le lancement des offensives par Goukouni Weddeye sur le Front Nord a obligé la junte militaire du CSM à ouvrir des négociations. La situation conflictuelle du Tchad a même pu faire l'objet d'un sommet des chefs d'États en fin février 1978 à Sebha en Libye et qui a vu la présence des Présidents libyen, tchadien, nigérien et soudanais pour convoquer une réunion des différents chefs rebelles. La réunion

Entre-temps, la Commission mixte formée par la junte militaire du CSM et les forces rebelles du CCFAN de Hissein Habré a continué de travailler pour l'élaboration de la Charte fondamentale et de la mise en place des nouvelles institutions de transition comme le prévoyaient les accords de Karthoum. Finalement, la Charte a été signée entre les deux parties le 25 août 1978 à N'Djamena dans la capitale tchadienne, et a rétabli ainsi un nouveau processus pour le retour vers un ordre constitutionnel pour le pays. La charte fut promulguée le 29 août, date à laquelle Hissein Habré[199] fut nommé Premier ministre comme convenu dans l'accord de Khartoum.

Une période de cohabitation difficile s'ouvre alors au sommet de l'exécutif, entre le Président de la République, le Général Félix Malloum et le nouveau Premier ministre Hissein Habré, en raison de l'ambiguïté des textes, de leur interprétation divergente et la soif de prendre rapidement le pouvoir par Hissein Habré.

Le premier couac entre les deux parties apparaît précisément sur le rôle des deux institutions à la tête du pouvoir exécutif. La Charte fondamentale a décidé de la création d'un Comité de défense et de sécurité (CDS) composé de seize membres provenant pour moitié des Forces armées tchadiennes (FAT) et pour autre moitié des Forces armées du Nord (FAN). Le Comité est présidé par le chef de l'État le Général Félix Malloum ; tandis que le Premier ministre Hissein Habré est de droit membre. Le CDS disposait à certains égards des pouvoirs d'une assemblée législative, l'équivalent du Conseil National de Transition après la mort d'Idriss Déby. Il autorise le Président de la République à signer les accords et traités. Il assure, lors de réunions trimestrielles le contrôle de l'action du Gouvernement. Toutefois, ce contrôle de l'action gouvernementale ne peut pas initier une motion de censure pour la démission ou le limogeage du Premier ministre.

Le désaccord majeur fut apparu au point de deux articles de la Charte qui dans leurs interprétations créaient la contradictoire. Il s'agissait de l'article 4 qui dispose : *« Le Président de la République définit les options fondamentales de la politique de la nation »* ; et l'article 20

---

des différents chefs rebelles a pu également avoir lieu le 23 mars 1978 dans la même ville libyenne de Sebha en présence d'observateurs des pays voisins, de la France et de la Communauté internationale.

[199] Voir La Charte fondamentale de la République du Tchad du 29 août 1978, Annexe 14

dispose également que : « *Le Premier ministre conçoit et conduit l'action du Gouvernement* ». Pour que ce système d'exécutif bicéphale puisse véritablement fonctionner, il était nécessaire que les deux têtes de l'exécutif transitoire s'accordent sur l'essentiel, de ce qui devrait concilier les Tchadiens. Malheureusement, ce n'était pas le cas et l'accord ainsi que la charte ont volé en éclats.

Dans la phase pratique, l'application de la Charte s'est révélée délicate entre les parties signataires. Une dyarchie s'est installée au fil du temps, semant la confusion dans le fonctionnement des institutions tout en créant une méfiance entre la junte et les rebelles. Une double interprétation s'était propagée dans le camp de la junte tout comme du côté des rebelles du CCFAN sur le statut du Premier ministre Hissein Habré. Pour la junte du CSM, le Premier ministre ne doit pas être considéré comme le chef du Gouvernement, ce qui sous-entend qu'il ne dispose en réalité d'aucun pouvoir réglementaire. Celui-ci doit être détenu par le chef de la junte le Général Félix Malloum. Face aux interprétations des parties en présence, on doit admettre qu'il est bien le chef du Gouvernement de Transition conformément aux dispositions des articles 18, 20, 22 et 23 de la Charte qui lui reconnaissent une responsabilité devant le CDS. Toutefois cette confusion dans la définition du rôle de chacun des dirigeants de l'exécutif bicéphale transitoire tchadien trouve son origine dans la rédaction de cette charte. En proposant un texte aussi confus et qui manque de clarté et de précision, les rédacteurs n'ont fait qu'aggraver le conflit tchadien dont la situation était déjà hostile et précaire où les deux têtes du pouvoir exécutif ne s'accordent pas.

Autrement dit, des désaccords profonds n'ont pas tardé à apparaître et se manifester avec des conséquences directes sur l'accord de Khartoum. Le Premier ministre Hissein Habré, chef de la rébellion du CCFAN, n'a pas admis d'être un simple figurant[200] ou un faire-valoir, et a « revendiqué l'essentiel du pouvoir » comme le prévoyait l'accord. Il a pris ses responsabilités et a invité le Général Malloum chef de la junte et Président de la République à se contenter des attributions honorifiques. C'est n'était pas du gout des officiers putschistes et a créé un incident grave en fin septembre 1978. Le déclenchement de l'incident manifeste du désaccord a été causé à l'absence du Chef de

---

[200] Voir BUIJTENHUIJS. R., *Le FROLINAT et les guerres civiles au Tchad, Op. Cit.*, p. 63.

l'État le Général Félix Malloum. Pendant qu'il se trouvait en voyage officiel en Chine populaire, le Premier ministre Hissein Habré s'est adressé aux tchadiens dans un discours radiodiffusé qui a mis le feu aux poudres avec des mots forts qui s'apparentent à une déclaration de politique générale. Après son discours en français, vient alors l'épisode de la traduction de ce message à la radio, en langues locales. Pendant que les traducteurs s'activaient à transmettre ce message en langue Sara à l'antenne, un incident est survenu en direct, au studio de la radio sur l'ordre de passage des langues arabe et sara et qui a provoqué la protestation du Premier ministre Hissein Habré qui s'était pris de manière virulente au personnel de traduction. La protestation du Premier ministre s'expliquait par le fait que le traducteur en langue arabe qui devrait passer en premier, était en retard et Hissein Habré ne voulait pas que la traduction en langue Sara passe avant celle de la langue arabe. Cet incident a montré clairement que le point culminant de la crise de confiance entre les deux parties dans la capitale N'Djamena et le « tempérament intransigeant voire intolérant » du Premier ministre[201] vis-à-vis de la junte militaire du CSM.

Un autre désaccord survient sur la démobilisation et la réintégration des combattants rebelles du CCFAN rentrés dans le cadre de l'accord de Khartoum. L'accord prévoyait d'intégrer progressivement les Forces armées du Nord de Hissein Habré dans l'Armée nationale tchadienne. Autrement dit, l'article 53 de la Charte fondamentale dispose que : *« Les Forces armées du Nord (FAN) intégrées dans l'Armée nationale du Tchad restent stationnées dans leur zone géographique prévue dans le procès-verbal de la réunion jusqu'à leur incorporation »*. Cependant, après la signature de l'accord et sa nomination au poste de Premier ministre, Hissein Habré a débarqué à N'Djamena la capitale avec plus d'un millier des combattants armés et prêts à en découdre en cas de désaccord avec la junte militaire au pouvoir. La junte militaire a considéré ce retour massif des combattants du CCFAN comme une violation des dispositions de la Charte. Alors que Hissein Habré prétendait devoir garantir sa propre sécurité et celle de son mouvement face à la partie adverse de la junte. Cette situation a pu se révéler être un grand danger pour tout le Tchad car la suite a été violente et fatale pour le pays.

---

[201] BUIJTENHUIJS. R., *Le FROLINAT et les guerres civiles au Tchad, Op. Cit.*, p. 65.

Sur le plan militaire toujours, une caractéristique importante était pourtant visible. Le Premier ministre Hissein Habré refusait de s'impliquer normalement dans la cohabitation transitoire. Le Président Félix Malloum agit quand bien même de son côté pour mettre en application l'accord. À contrario, le Premier ministre Hissein Habré se préparait à la confrontation armée avec la junte. Il a armée ses troupes en faction dans la capitale et a procédé à la distribution sécrète des armes aux populations originaires du Nord de la capitale N'Djamena. Le Chef de la junte quant à lui fort de sa confiance tient des réunions contre son Premier ministre Hissein Habré dans les casernes et garnisons en dehors de la capitale[202].

Un autre facteur de désaccord entre les deux parties a pu également rajouter de l'huile sur le feu dans ce climat politique tendu. Dans la formation de son Gouvernement du 31 août 1978, le Premier Ministre Hissein Habré a rejeté trois ministres issus du Sud qui étaient précédemment en poste dans le CSM. Ce choix du Premier ministre fut mal interprété par les cadres originaires du Sud, certains fonctionnaires et intellectuels de N'Djamena. Pour l'opinion en faveur de la junte, il est inconcevable que le Président Malloum accepte de recevoir une « leçon de révolution » venant d'un groupe des rebelles[203], dont beaucoup étaient d'ailleurs des analphabètes. Pourtant, à cette époque, une « fraction de l'opinion sudiste » (étudiants, fonctionnaires progressistes, jeunes cadres) succombait au charme de l'intellectualisme du révolutionnaire Hissein Habré. Cette opinion sudiste convaincue du charme intellectuel du révolutionnaire maquisard lui accordait un minimum de confiance en attendant de le juger sur ses actes qui devraient suivre. L'opinion sudiste se trouvait donc divisée sur l'appréciation de la cohabitation politique transitoire, à la suite de la nomination d'un Premier ministre issu du Nord du pays.

Très tôt, le Premier ministre Hissein Habré va se retrouver devant un dilemme d'opinion. D'un côté, il était minoritaire au sein de la rébellion et loin de disposer de l'ensemble du soutien de l'opinion musulmane ; de l'autre côté, une bonne partie de l'opinion sudiste

---

[202] BUIJTENHUIJS. R., *Le FROLINAT et les guerres civiles au Tchad*, *op. cit.*, p. 66.

[203] Voir BOUQUET. Ch., *Tchad, genèse d'un conflit*, Paris, L'Harmattan, 1992, p. 154.

l'accueille avec bienveillance. Ainsi progressivement, les oppositions d'opinions se formèrent dans la capitale N'Djamena entre les partisans favorables et les opposants du nouveau Premier ministre. Ces divisions d'opinions ont fini par tourner au fil de temps à un affrontement fratricide en pleine capitale N'Djamena dont la guerre a pu éclater le 12 février 1979, soit juste six mois de cohabitation.

De façon globale, il faut clairement relever que le dualisme constitutionnel sur la forme de l'État au Tchad puise non seulement ses origines dans l'injustice et l'inégalité prônées par le régime oppresseur de Tombalbaye, mais aussi dans la violence politique favorisée par les putschistes du CSM face aux tentacules rebelles du FROLINAT. Au départ, il s'agissait de l'oppression et de la violence d'État liée au régime autoritaire du président Tombalbaye. Mais cette oppression violente des populations sur leurs territoires et leur État a pu déchaîner une contre-violence qui a pris forme par le bas avec des insurrections et des rébellions contre l'État qui ne les protège plus mais au contraire les opprime à partir du milieu des années 1960. L'évolution de la crise va conduire à une réponse de la violence contre une violence qui provient par le haut, à la suite du coup d'État d'avril 1975 portant l'armée au pouvoir. L'autoritarisme de l'armée au pouvoir, fut marqué par une incompétence notoire et de profondes contradictions internes en l'absence d'un leadership serviteur, va ouvrir la porte à de nouvelles dérives politiques au Tchad. De ce qui précède, Hissein Habré, chef de la rébellion du CCFAN a été choisi pour conduire la politique de réconciliation nationale du Général Félix Malloum, chef de la junte militaire du CSM.

Ce dernier accepta la fonction de Premier ministre, mais la cohabitation fut délicate et de courte durée. Après six mois de cohabitation entre un Premier ministre rebelle et un Président de la République putschiste, l'accord vole en éclat, du fait des limites internes des militaires putschistes et de la soif du maquisard Hissein Habré de prendre le pouvoir. L'affrontement[204] entre les deux parties fut inévitable et a conduit le Tchad vers un chao d'une guerre civile[205] qui s'était déclenchée le 12 février 1979 et a permis aux tentacules de

[204] Voir RONE. B. *Op. Cit.* p. 285

[205] Les combats se sont poursuivis pendant plusieurs jours avant qu'un cessez- le-feu relatif ne puisse être instauré le 19 février 1979.

la rébellion du FROLINAT entamée officiellement en juin 1966 de prendre le pouvoir.

La guerre a éclaté en février 1979 entre les deux parties signataires de l'accord de Khartoum de septembre 1977. Les combats furent d'une intensité farouche et ont interrompu le quotidien normal des habitants de la capitale N'Djamena. Un cessez-le-feu relatif fut observé à partir du 19 février, soit une semaine après le début des affrontements fratricides. Mais en début mars la guerre a repris de plus forte, causant des milliers des morts et blessés au point où la capitale fut vidée de ses habitants qui ont trouvé refuge soit vers l'intérieur du pays, soit vers les pays voisins. Rappelons aussi que la capitale N'Djamena est située juste quelques encablures des frontières du Tchad, Cameroun et Nigéria, deux pays situés aux frontières Ouest du Tchad.

Pour arrêter cette guerre fratricide de février 1979, les pays voisins du Tchad en l'occurrence le Nigéria ont décidé de convoquer les belligérants à une table de négociation. Cette rencontre a pu se tenir du 10 au 14 mars 1979 dans la ville de Kano, capitale de l'État du Bornou, l'un des États fédérés au nord du Nigéria et en bordure de la frontière avec le Tchad. Cette rencontre de négociation pour rétablir la paix entre les frères ennemis tchadiens s'est tenue en présence des représentants officiels de la Libye, du Cameroun, du Niger et du Soudan.

Un accord de cessez-le-feu fut signé le 14 mars 1979 et une dissolution des institutions issues de l'accord de Khartoum de septembre 1977 a été prononcée conduisant ainsi à la démission de facto du Président de la République, le Général Félix Malloum et de son Premier ministre de cohabitation transitoire Hissein Habré.

Les frères ennemis tchadiens divisés en tendances rentrent au pays pour observer une paix relative et former un Gouvernement d'Union Nationale de Transition. Toutefois, pour éviter la vacance du pouvoir après la démission du Président Malloum et de son Premier ministre Hissein Habré à la conférence de Kano I, et en attendant la formation d'un Gouvernement d'Union Nationale de Transition, il a été créé le 23 mars 1979, date d'entrée en vigueur des accords de Kano I, un Conseil d'État Provisoire de la République[206]. Composé de 8 membres,

[206] Ce Conseil d'État Provisoire de la République regroupe en son sein deux représentants de chacune des principales tendances signataires des accords de

il est présidé par Goukouni Weddeye. Malheureusement, le Conseil d'État Provisoire de la République issu de l'accord de la conférence de Kano I, comme on pouvait le constater, regroupait finalement des tendances aux positions antagonistes et ne pouvait pas faire long feu. Il a survécu juste un mois et a été remplacé par le GUNT 1er en avril 1979.

La rencontre des négociations de Kano dit « Kano I » n'a réuni que quatre tendances qui ont formé par la suite ce Conseil d'État qui n'a pu tenir longtemps. En effet, pour aboutir à un règlement d'une paix durable dans cette crise tchadienne, il a fallu y associer toutes les forces en présence au conflit. C'est ainsi qu'une deuxième rencontre dit de « Kano II » a pu se tenir à Bagaoda à 100 kilomètres de Kano, capitale de l'État fédéré du Bonou au nord du Nigéria. La Conférence de négociation de paix inter-tchadiens a pu se tenir du 3 au 11 avril 1979, sous la présidence du Général nigérian Shéhu Yar'Adua, en présence des représentants officiels du Cameroun, de la Libye, du Niger et du Soudan. En dehors des représentants des FAT, des FAN, du FAP et du MPLT, la rencontre a enregistré également la présence des délégués des autres fractions rebelles non représentées à la première conférence de Kano I. Il y avait entre autres, le Dr. Abba Siddick, dirigeant du Frolinat mère, Mahamat Abba et Acyl Ahmat Akhabach de la tendance pro-libyenne, Mahamat Danna du groupe Volcan et enfin Hadjaro Sénoussi du Frolinat fondamental[207].

Kano I. Le Frolinat y était représenté par Goukouni et Acheikh Ibn Oumar, les FAN par Mahamat Saleh Ahmat et Mahamat Nouri, le MPLT par Aboubakar Abderamane et Idriss Adoum Moustapha et les FAT par Ramadane Barma et le lieutenant-colonel Kamougué Wadal Abdelkader. Les postes clés de la défense, de l'intérieur et de l'économie et des finances sont partagés entre les Frolinat, les FAN et le MPLT qui constituent une majorité nordiste au sein du conseil tandis que les deux représentants du Sud reçoivent les affaires étrangères (Ramadane Barma) et le département technique de l'agriculture et de la lutte contre les calamités naturelles (Kamougué).

[207] La rencontre de Kano II s'est soldée par un échec, car Hissein Habré et Goukouni contestèrent la représentativité d'Abba Siddick ainsi que celle d'Acyl Ahmat Akhabach. Selon eux, ce dernier n'était qu'un fantoche de la Libye. Ils rejetèrent également un projet de Gouvernement d'Union Nationale présenté par la Libye et le Nigéria et dont la présidence revenait à Mahamat Abba. La conférence s'est donc achevée dans une atmosphère tendue, Hissein Habré et Goukouni accusant le Nigéria de les avoir séquestrés.

Après la conférence de Kano II, les protagonistes rentrent à N'Djaména pour former un nouveau Gouvernement d'Union Nationale de Transition. Les quatre tendances membres du Conseil d'État issues de la conférence de Kano I décidèrent une fois de plus de sauver le pays d'un vide institutionnel et de constituer un Gouvernement d'Union Nationale de Transition, indépendamment de toute influence extérieure. A cet effet, ils ont ébauché un document intitulé « Accord de N'Djaména »[208] qui fut signé, le 17 avril 1979, par Goukouni Weddeye, Hissein Habré, Wadal Abdelkader Kamougué[209] et Idriss Adoum Moustapha.

Ainsi donc, le 29 avril 1979, après de longues tractations, un « Gouvernement d'union nationale de transition » (GUNT 1er) fut formé un administrateur civil de son État fut désigné comme Chef de l'État et présidé le Gouvernement d'Union Nationale 1er. Contre toute attente, Lol Mahamat Choua fut un quasi inconnu et un fonctionnaire originaire du Kanem et se réclamant du MPLT. Il fut secondé par un sudiste représentant de Kamougué, le Général Négué Djogo, ancien membre du Conseil Supérieur Militaire qui a renversé le président Tombalbaye. Le Général Négué Djogo est originaire de la province sud du Moyen-Chari et appartient à l'ethnie sara-kaba, au même titre que son frère d'arme le Lieutenant-colonel Kamougué de l'ethnie Mbaye, tous de la même province que le président déchu Tombalbaye.

Cependant, quelques mois après la mise en place de ce GUNT 1er, des nouvelles rivalités s'affichent entre les chefs des guerres et mettant en péril les actions du Président Lol Mahamat Choua. Les actions de ce

---

208 L'accord de N'Djamena du 17 avril 1979 fondant le 1er Gouvernement d'union nationale de transition GUNT fut signé par quatre tendances issues de la conférence de Kano I qui a constitué le Conseil d'État Provisoire de la République. Il s'agit : du FAP de Goukouni Weddeye, du CCFAN de Hissein Habré et du MPLT de Idriss Adoum Moustapha, chef d'état-major du MPLT dirigé par Aboubakar Abdramane.

209 Après la signature de l'accord de N'Djamena du 17 avril 1979 fondant le GUNT 1er, Wadal Abdelkader Kamougué a demandé à aller au Sud pour consulter ses partisans qui entreraient au gouvernement. Mais il a dû changer de position et accepter de rester sur place, sous la pression des cadres du Sud qui ne voulaient pas entendre parler d'un gouvernement d'union avec les nordistes, tant le souvenir des massacres de février-mars était encore vif. C'est le début de la création du Comité Permanent que beaucoup ont qualifié à tort de mouvement sécessionniste du Sud. Après le désistement de Kamougué, le général Djogo fut désigné pour le remplacer.

dernier pour rétablir la paix au Tchad ont totalement échoué et des nouveaux affrontements fratricides entre les tendances ont repris de plus belle au point où le Président Lol Mahamat Choua lui-même a pu craindre pour sa sécurité. Ce fut le cas par exemple de l'attaque de son bureau au palais présidentiel dans la nuit du 11 au 12 juin 1979 par les éléments de Hissein Habré et de Goukouni Weddeye où il a eu de justesse la chance de sortir en vie. Ainsi, vu l'échec du GUNT 1er à la suite de l'accord de Kano II et de N'Djamena, le Nigeria a décidé de convoquer à nouveau une troisième conférence à laquelle ont participé les pays voisins du Tchad et tous les mouvements opposés au GUNT. Cette conférence, dite de « Lagos I », s'est tenue du 26 au 27 mai 1979 et s'est achevée par un véritable ultimatum contre les frères ennemis tchadiens. L'ultimatum a donné un délai d'un mois au GUNT 1er pour participer à une nouvelle conférence réunissant toutes les tendances opposées sur le terrain. Pour contraindre le GUNT 1er à respecter l'ultimatum, le Nigéria a décidé de mettre un embargo sur la fourniture des produits pétroliers à la capitale tchadienne.

C'est ainsi qu'au début du mois d'août 1979, le GUNT 1er a accepté de participer à une quatrième conférence de réconciliation. Celle-ci a eu lieu à Lagos du 14 au 21 août 1979 et a abouti à la signature d'un accord dit de « Lagos II » le 21 août 1979. À cet effet, le Président Lol Mahamat Choua a présenté sa démission le 29 août 1979, pour laisser la place à un Comité intérimaire de gouvernement dirigé par Goukouni Weddeye, chef du FAP qui a repris les rênes du pouvoir après avoir présidé le Conseil d'État Provisoire de la République issu de l'accord de Kano I. Il fut secondé au poste de vice-président par Wadal Abdelkader Kamougué du FAT. Un Gouvernement intérimaire fut formé le 03 septembre 1979, par Goukouni Weddeye, véritable chef de guerre et tentacule de la rébellion du FROLINAT. Ce Gouvernement intérimaire comptait 20 membres dont 10 membres originaires du sud et 10 du Nord. Ce gouvernement intérimaire a pu fonctionner juste a minima[210] du 03 septembre au 10 novembre 1979,

[210] Ce Comité Intérimaire devait être composé de 20 membres conformément aux accords de « Lagos II ». Il devait réunir en son sein les représentants de toutes les tendances. Mais en l'absence des délégués du Sud qui étaient réticents à se rendre dans la capitale pour des raisons de sécurité, les 10 portefeuilles qui leur étaient réservés étaient provisoirement rattachés à la présidence du GUNT. Ce Comité était présidé par Goukouni Weddeye. Les 10 membres présents ont pris fonctions le 3 septembre 1979. Le Comité se réunissait chaque jour à partir de 18h30 pour

date à laquelle un Gouvernement d'Union Nationale de Transition GUNT 2 a été formé à la rencontre de Douguia[211], localité située à une heure de route au nord de N'Djamena la capitale.

Il faut aussi rappeler qu'à la conférence de Lagos II, les participants s'étaient déjà entendus sur la désignation de Goukouni Weddeye comme Président la Transition et du lieutenant-colonel Kamougué comme vice-président d'un Gouvernement d'union nationale GUNT 2.

Le Gouvernement d'Union Nationale de Transition GUNT 2 formé le 10 novembre 1979 comprenait 24 membres issus de toutes les tendances signataires de l'accord de « Lagos II ». Autrement dit, cette équipe mérite bien l'appellation « Gouvernement d'Union Nationale », car parmi ses membres, on remarque que président est originaire du Nord et le vice-président du Sud du pays. Aussi, un équilibre presque total a été rétabli entre les représentants du Nord et ceux du Sud du pays. En plus, sur les 24 membres de ce GUNT 2, 13 ministres sont originaires du Nord et 11 du Sud pour éviter un déséquilibre entre le nord et le sud, origine même de la crise tchadienne basée sur le partage des postes entre les originaires des points cardinaux dans le pays.

Le président Goukouni Weddeye étant installé confortablement au pouvoir comme chef de l'État, un incident survenu dans la nuit du 20 au 21 mars 1980, entre des éléments FAN et CDR, dégénère en un

---

prendre par consensus ses décisions appelées « actes ». Il avait pour porte-parole, Mahamat Saleh Ahmat (FAN) et pour secrétaire, Djibrine Hissein Greinky (FAP).

211 Après la mise sur pied du Comité Intérimaire de gouvernement, les négociations devraient s'ouvrir entre les différentes tendances afin de parvenir à la formation rapide du deuxième GUNT. Initialement, la rencontre était prévue pour le 10 octobre à Douguia, petite station touristique située au bord du Chari, à 80 km au Nord de N'Djaména. Mais cette réunion n'a pas eu lieu à cause de l'absence des représentants de certaines tendances. Le 10 octobre, seules 6 des 11 tendances étaient présentes. Les absents avaient invoqué l'insécurité régnant dans la capitale et ses environs pour s'excuser. La rencontre a donc été reportée au 6 novembre. Mais c'est finalement le 8 qu'elle a pu s'ouvrir avec la participation de 10 tendances sur 11. Le seul absent à l'ouverture était Ahmat Acyl. La formation du 2e GUNT n'a pas été facile. Elle a donné lieu à de dures et longues négociations qui n'ont abouti que le 10 novembre. Le 11, sa composition a été rendue publique par un décret présidentiel. Pour la tenue de cette rencontre, la France, à travers son dispositif militaire au Tchad, a joué un rôle important en assurant le transport, la sécurité et la restauration des conférenciers.

nouvel embrasement dans la capitale. Cette deuxième guerre de N'Djaména, connue aussi sous le nom de « Guerre des neuf mois » a opposé les FAN aux autres tendances membres du GUNT, quand bien même les FAT n'y avaient pas pris une part très active. Elle n'a pris fin qu'en décembre 1980 par la défaite des FAN et ce, à la suite d'une intervention militaire massive et directe de la Libye aux côtés du GUNT. Hissein Habré le chef du FAN a décidé alors de quitter N'Djamena la capitale avec ses troupes pour se réfugier avec armes et bagages au Soudan voisin.

Il est revenu triomphalement deux ans après pour chasser le président Goukouni Weddeye du pouvoir et s'autoproclamer chef de l'État le 07 juin 1982. Sa gouvernance sur le Tchad a duré huit années par une dictature implacable avec une terreur fondée sur un appareil répressif, celui de la Direction de la Documentation et de la Sécurité (DDS), un service de renseignement très redoutable. Il a pu verrouiller l'espace politique en créant un parti unique dénommé Union nationale pour l'indépendance et la révolution (UNIR).

Après huit années de règne sans partage sur le Tchad, Hissein Habré, l'intellectuel devenu révolutionnaire, maquisard, chef de guerre, puis Premier ministre et Président de la République, chef de l'État[212] fut Chassé à son tour du pouvoir par son ancien lieutenant Idriss Déby Itno, en décembre 1990. Il s'est réfugié à Dakar au Sénégal et fut condamné à la prison à vie[213] pour actes de torture, crimes de guerre et crimes contre l'humanité le 30 mai 2016 par les chambres africaines extraordinaires dont le procès a s'est déroulé à Dakar au Sénégal. Il décède le 24 août 2021 à l'hôpital de Dakar suite d'une maladie.

---

[212] L'arrivée au pouvoir de Hissein Habré marque un tournant important dans l'histoire politique du Tchad. Après trois années et demie de désordre et d'instabilité politique, la prise du pouvoir par les FAN va permettre la renaissance de l'État et le retour de la stabilité institutionnelle. Pendant ses huit années de règne sanglant, Hissein Habré aura formé près d'une dizaine de gouvernements, hormis quelques rares légers remaniements ministériels.

[213]Le 30 mai 2016, les Chambres africaines extraordinaires ont condamné Hissein Habré à la prison à vie pour actes de torture, crimes de guerre et crimes contre l'humanité. Les Chambres africaines extraordinaires ont été inaugurées par le Sénégal et l'Union africaine en février 2013 pour poursuivre *« le ou les principaux responsables »* des crimes internationaux commis au Tchad entre 1982 et 1990, lorsque Habré était au pouvoir dans ce pays. Voir : https://www.hrw.org/fr/news/2017/04/27/senegal/tchad-la-condamnation-de-habre-confirmee-par-les-chambres-africaines

Le 1er avril 1989 Idriss Déby Itno et deux autres figures du régime de l'UNIR, Hassan Djamouss et Brahim Mahamat Itno, ont tenté de renverser le président Hissein Habré. Après avoir échoué, ils ont décidé de fuir la capitale N'Djaména en direction de l'Est du pays pour se réfugier au Soudan voisin. Au cours de cette fuite Hassan Djamouss fut rattrapé et tué tandis que Brahim Mahamat Itno fut capturé d'abord, et tué par la suite. Désormais réfugiés au Soudan voisin, ils furent renforcés par d'autres mouvements hostiles au régime de Hissein Habré. Les survivants de l'action du 1er avril 1989, formeront le Mouvement Patriotique du Salut (MPS) à la suite d'un congrès tenu du 08 au 11 mars 1990 à Bamina, un village du Darfour à la lisière de la frontière avec le Tchad.

Au terme d'une série d'offensives fulgurantes, le jeune officier Idriss Déby Itno a réussi à renverser le régime dictatorial de Hissein Habré le 1er décembre 1990. Le colonel Idriss Déby fut alors désigné Président du Conseil d'État puis Président de la République par le Conseil National du Salut du MPS le 4 mars 1991. Sa prise du pouvoir a permis de restaurer la démocratie et le multipartisme intégral à travers une conférence nationale souveraine et des élections multipartites. Il a été élu et réélu consécutivement Président de la République six fois (1996, 2001, 2006, 2011, 2016 et 2021). Il sera tué à son tour le 20 avril 2021 lors d'un combat face aux rebelles du Front pour l'Alternance et la Concorde au Tchad (FACT) de Mahamat Mahdi Ali à la hauteur de la localité de Ziguéï dans le nord du Kanem. Il venait juste d'être déclaré élu pour un sixième mandat. Au total, il a gouverné le Tchad durant 31 ans et sa gouvernance fut menée par des élections truquées et une démocratie corrompue. La corruption fut élevée et érigée en système, conduisant à un sous-développement gangréné par des facteurs immoraux tels que : le régionalisme, le tribalisme, le clanisme, le népotisme, le clientélisme, l'incompétence à outrance et la médiocrité absolue, furent les valeurs prônées en pratique sous le règne d'Idriss Déby Itno. Après sa mort déclarée le 20 avril 2021 sur la ligne du Front contre les rebelles du FACT, son fils Mahamat Idriss Déby Itno, un jeune officier Général de l'armée nationale tchadienne s'est emparé du pouvoir par un coup d'État sans effusion de sang[214]. Le Général Mahamat Idriss Déby Itno fut porté à

[214] Voir HOUZIBE. O. K., *Le constitutionnalisme tchadien, de la proclamation de la République à l'instauration démocratique. 1958-2021*, L'Harmattan, Paris, 2021. 360 p.

la tête d'une junte militaire dénommée Conseil Militaire de Transition (CMT) regroupant 15 officiers Généraux.

Le Général Mahamat Idriss Déby Itno a pu succéder ainsi à son père instituant une tentative de succession dynastique à la tête de l'État. Ce fut une première fois dans l'histoire politique et institutionnelle du Tchad. La junte militaire du CMT a abrogé l'ordre constitutionnel et dissout le Gouvernement et l'Assemblée nationale préexistantes. Une transition de 18 mois a été instaurée et des négociations avec les rebelles à l'extérieur du pays furent engagées au Qatar durant 5 mois consécutifs pour déboucher sur « l'accord de Doha » entre la junte militaire du CMT au pouvoir et 52 groupes armés rebelles. À l'intérieur du pays, la junte du CMT au pouvoir a pu organiser un dialogue national regroupant les sensibilités politiques pour convenir d'un schéma à suivre pour le rétablissement de l'ordre constitutionnel en organisant un référendum constitutionnel et des élections libres et démocratiques.

Cependant, le dialogue national inclusif ouvert du 20 août au 08 octobre 2022 à N'Djamena a décidé la dissolution de la junte militaire du CMT au pouvoir à la fin des 18 mois de la première phase de transition, en maintenant le Général Mahamat Idriss Déby Itno à la tête de l'État pour piloter la deuxième phase de transition fixée pour 24 mois. Par la suite, Saleh Kebzabo a été nommé Premier ministre de transition, et Haroune Kabadi garde le perchoir du Conseil National de Transition, organe législatif provisoire. Une manifestation contre le maintien de Mahamat Idriss Déby à la tête de la transition fut organisée le 20 octobre 2022 par la plate-forme Wakit Tama regroupant la société civile et l'opposition politique. Elle a été réprimée dans le sang et faisant au bas mot 128 morts[215] et plusieurs centaines des blessés, des arrestations et déportations vers la prison de Korotoro à 600 Kilomètres de la capitale dans le désert au nord du pays ainsi que des portés disparus.

Cette énième répression fut celle de trop après plusieurs massacres et affrontements intercommunautaires dans le pays qui ont causé des pertes en vies humaines sur la base de l'injustice et d'inégalité, incitant ouvertement un nombre important des Tchadiens à demander

[215] Voir le *« Rapport d'enquête sur les manifestations du 20 octobre 2022 au Tchad »*, Commission Nationale des Droits de l'Homme, CNDH, Bureau Exécutif, Tchad, février 2023, 84 p.

l'instauration d'une forme fédérale de l'État pour que chaque province soit désormais autonome du pouvoir central basé à N'Djamena la capitale.

Finalement, il faut dire que le président Tombalbaye a choisi de procéder par un virage constitutionnel en 1962 pour conserver le pouvoir en instaurant un régime répressif et discriminatoire envers les Tchadiens du Nord, du Centre, de l'Est et de l'Ouest du pays et faire asseoir une dictature. Cependant, la répression et la discrimination qu'il a institué contre ces populations ont eu raison de lui et de son régime dans le temps. Il a fini par être tué par son armée et a précipité le Tchad vers un schéma de scission dont les conséquences continuent d'empoisonner l'unité nationale et la cohésion sociale.

Son virage constitutionnel et sa répression contre les populations des zones discriminées, ont provoqué le déclanchement des insurrections puis des rébellions, celle du Front de libération Nationale du Tchad FROLINAT, dont les tentacules ont fini par prendre le pouvoir à la suite d'une série des guerres civiles fratricides. Hier, ces tentacules du FROLINAT ont arraché le pouvoir par la guerre, mais aujourd'hui ils veulent le conserver et le perpétuer *ad vitam* æternam par une forme de dynastie sinon une forme de monarchie républicaine pour écarter définitivement les sudistes tchadiens de reprendre le pouvoir. C'est ce qui se traduit par une crise latente de confiance entre les Tchadiens depuis la prise du pouvoir des tentacules du FROLINAT, provoquant les tentations constitutionnelles fédérales pour certains, et unitaires pour d'autres, sur la forme de l'État.

DEUXIEME PARTIE :

La crise de confiance inter-tchadiens et les tentations constitutionnelles fédérales ou la continuité de la forme unitaire décentralisée

CHAPITRE I :

La forme fédérale de l'État comme solution aux problèmes d'injustices et d'inégalités

La crise de confiance entre les Tchadiens, qui incite à une tentation constitutionnelle fédérale[216] est le résultat d'une accumulation importante des frustrations, d'avalanches d'injustices et d'inégalités dans les événements historiques, juridiques, et politiques au Tchad. Depuis l'indépendance du pays en août 1960, ce pays a connu de nombreux changements anticonstitutionnels, souvent accompagnés de violences et d'instabilités politiques ne respectant aucune règle de dévolution démocratique du pouvoir. Au fil du temps, les Tchadiens ont développé une méfiance envers les acteurs politiques et les institutions, ensuite, entre eux-mêmes. C'est ce qui a contribué à la crise de confiance actuelle, qui influence clairement le choix sur la forme de l'État dans un référendum en perspectif. La question constitutionnelle apparaît comme un point de discorde important dans cette crise entre les Tchadiens. Certains, soutiennent une approche fédéraliste[217], qui permettrait une plus grande autonomie des provinces du pays, tandis que d'autres préfèrent encore, une approche unitariste, où le pouvoir est centralisé au niveau national.

---

[216] Au sujet du fédéralisme pour plus de détails pour une meilleure compréhension, voir l'exemple de l'Europe avec Maurice Croisat, *Le fédéralisme en Europe*, LGDJ, *Clefs, Politique*, 2009, 160 p. Dans cet ouvrage, l'auteur explique clairement les procédés pour aboutir à une forme fédérale de l'État en s'appuyant sur le modèle européen. *« En Europe, le fédéralisme, comme mode de gouvernement moderne des sociétés, s'inscrit dans la tradition démocratique du pluralisme politique. En agrégeant sous une Constitution commune des territoires différents par l'histoire, la tradition, la culture, quelquefois la langue et la religion, il permet d'atteindre des buts communs dans le respect de l'autonomie de chacun. Aujourd'hui, le fédéralisme est inscrit dans les Constitutions des fédérations que sont la Suisse, l'Allemagne, l'Autriche, et depuis 1994 la Belgique. Il est aussi à l'œuvre dans des États unitaires qui se fédéralisent par des réformes comme l'État des autonomies en Espagne, l'État régional en Italie, la dévolution au Royaume-Uni ».*

[217] Voir FECKOUA Laoukissam Laurent, *Tchad : la solution fédérale*, Paris, Présence africaine, 1996, 238 p.

Cependant, les tentations constitutionnelles sont souvent motivées par des intérêts politiques ou économiques plutôt que par une véritable volonté de répondre aux préoccupations des Tchadiens. Les changements constitutionnels peuvent également être perçus comme une menace pour les droits et les libertés de certains citoyens. Pour surmonter la crise de confiance actuelle, il est important que les politiques tchadiens travaillent ensemble pour construire des institutions solides et transparentes, et pour répondre aux besoins et aux préoccupations réelles des citoyens. Les dirigeants doivent être honnêtes et responsables, et travailler à bâtir la confiance des populations envers les institutions qui seront mises en place après le référendum constitutionnel en perspectif.

Toutefois, il est d'une importance capitale de ressortir dans cette analyse d'une part, les problèmes d'injustices et d'inégalités au Tchad (Section 1) à travers les inégalités socio-économiques ainsi que les inégalités régionales et politiques dans la redistribution des ressources, et d'autre part, d'expliquer la Constitution fédérale et ses implications (Section 2) à travers sa définition, ses caractéristiques ainsi que ses avantages pour résoudre les problèmes d'injustices et d'inégalités au Tchad.

SECTION 1 : Les problèmes d'injustices et d'inégalités au Tchad

Le Tchad est confronté à de nombreux problèmes d'injustices et d'inégalités, qui ont un impact significatif sur le quotidienne des populations. Tout d'abord, le pays est confronté à des inégalités économiques importantes, avec une grande partie de la population vivant sous le seuil de pauvreté[218]. Le PIB par habitant est l'un des plus

[218] Voir à propos pour une meilleure compréhension AMORY. GETHIN., CLARA MARTINEZ. TOLEDANO., THOMAS. PIKETTY., *Clivages politiques et inégalités sociales. Une étude de 50 démocraties (948-2020),* Hautes Études, EHESS, Gallimard, Seuil, 2021, 624 p. L'extrait de cette étude fournit des exemples qui peuvent-être confrontés ou appliqués au cas tchadien pour une solution : *« Depuis les années 1980, les inégalités sont reparties à la hausse dans la plupart des régions du monde, après une période relativement égalitaire dans l'après-guerre. Faut-il y voir la conséquence implacable de la mondialisation et de la technologie, ou bien plutôt un phénomène proprement politique et idéologique ? Pourquoi de nouvelles coalitions électorales unies par d'ambitieux*

faible au monde, et de nombreuses personnes n'ont toujours pas accès aux services de base tels que l'éducation, la santé et l'eau potable. De plus, la richesse est souvent concentrée entre les mains d'une élite, tandis que la majorité de la population est laissée pour compte.

Ensuite, le Tchad est confronté à des inégalités géographiques importantes. Plusieurs provinces du pays sont souvent négligées par l'État, avec un accès limité aux services de base et une pauvreté endémique. Les conflits intercommunautaires sont récurrents dans ces provinces et s'expliquent également par ces inégalités socio-économiques qui ont un impact notoire et négatif sur la vie des populations locales. Cette discrimination est entretenue depuis l'indépendance du pays par les différents pouvoirs qui se sont succédé à la tête de l'État. En outre, les inégalités de genre sont également un problème important au Tchad. Les femmes sont souvent confrontées à des obstacles dans l'accès à l'éducation, à l'emploi et aux soins de santé, ainsi qu'à des violences domestiques et sexuelles. Le pays est également confronté aux problèmes d'injustice dans le système judiciaire, avec des accusations de corruption et de partialité. Les personnes pauvres et marginalisées ont souvent peu accès à la justice, tandis que les riches et les puissants sont souvent en mesure d'échapper à la responsabilité de leurs actes délictuels.

Dans l'ensemble, les problèmes d'injustices et d'inégalités au Tchad sont nombreux et complexes, et nécessitent une réponse concertée de la part du gouvernement et de la société civile pour être résolus. À cet effet, il importe de ressortir ces problématiques à travers les inégalités socio-économiques ainsi que les inégalités régionales et politiques dans la redistribution des ressources au niveau national.

A. Les inégalités socio-économiques

Le Tchad fait face à des défis socio-économiques importants depuis son indépendance, notamment des inégalités considérables entre les différentes couches de la société. Les causes de ces inégalités sont

---

programmes de redistribution des richesses tardent-elles à se développer, et quel est le lien avec la montée de nouveaux conflits identitaires, incarnée par les succès de Trump aux États-Unis, Le Pen en France, Modi en Inde ou encore Bolsonaro au Brésil ? ».

multiples et complexes, et incluent des facteurs historiques, politiques, économiques, culturels et environnementaux. En termes de développement économique, le Tchad est classé parmi les pays les moins avancés au monde, avec une économie qui dépend largement de l'exportation du pétrole, du coton et de la viande. Le PIB par habitant est faible, et l'agriculture, qui emploie la majorité de la population, est peu développée. La plupart des Tchadiens vivent dans des zones rurales où les conditions de vie sont souvent difficiles (absence d'eau potable et d'électricité). Ces inégalités économiques se traduisent également par des inégalités sociales[219]. Le Tchad est composé d'une grande diversité de groupes ethniques[220], de langues et de cultures, et les tensions interethniques peuvent être fréquentes. Les femmes et les filles font face à des discriminations de genre généralisées, notamment en ce qui concerne l'accès à l'éducation, à la santé et à l'emploi. Les personnes vivant avec un handicap ont également peu de possibilités d'emploi et de participation à la vie sociale.

Les inégalités socio-économiques au Tchad sont très prononcées. Malgré ses ressources naturelles, le pays est classé parmi les plus pauvres du monde. Les écarts de richesse sont considérables, avec une petite élite qui concentre une grande partie de la richesse du pays. La majorité de la population vit dans des conditions très précaires, avec un accès limité à l'éducation, aux soins de santé, à l'eau potable et à l'électricité. Le secteur agricole, qui représente la principale source de revenus pour la population rurale, est très peu développé et souffre de problèmes structurels tels que le manque d'infrastructures, les changements climatiques et les conflits intercommunautaires. Le pays connaît également une forte insécurité alimentaire, qui touche plus de la moitié de la population.

Le secteur pétrolier et minier, qui représente la principale source de revenus pour l'État, est largement dominé par des multinationales[221]

---

[219] Voir pour plus d'éclairage sur les inégalités économiques et sociales l'étude de Anthony B. Atkinson, *Inégalités,* coll. « Économie humaine », Éditions du Seuil, 2016 ; Anthony B. Atkinson, *Inequality. What can be done?* Harvard University Press, 2015.

[220] Voir Le CORNEC Jacques, *Histoire politique du Tchad de 1900 à 1962*, Paris, LGDJ, 1963, 333 p.

[221] Voir Agir ici – Survie, *Les dossiers noirs de la politique africaine de la France-Tome 13, Projet pétrolier Tchad-Cameroun : dés pipés sur la pipe-line*, Paris, L'Harmattan, 1999, 63 p.

étrangères, ce qui limite les bénéfices en faveur de la population locale[222]. Le manque d'investissements dans les infrastructures, les technologies et les compétences, entrave le développement économique du pays. Les systèmes de transport, de communication et d'énergie sont très peu développés, ce qui limite l'accès aux services et la croissance économique. Les Tchadiens sont confrontés à des défis sociaux tels que la pauvreté, la malnutrition, l'analphabétisme, la mortalité infantile et maternelle élevées, la discrimination et la violence à l'égard des femmes et des filles, ainsi que les conflits armés et les tensions intercommunautaires qui affectent la sécurité et la stabilité du pays depuis son indépendance en août 1960.

Le système éducatif tchadien est également inégalitaire. Bien qu'il soit obligatoire pour tous les enfants de six à seize ans, le taux d'alphabétisation reste faible, en particulier pour les filles et les populations rurales. Les écoles sont souvent mal équipées et le personnel enseignant est insuffisant pour couvrir l'ensemble du territoire national. Aussi, les inégalités en matière de santé sont également importantes. Le système de santé est sous-financé et sous-développé, avec des infrastructures médicales insuffisantes et un manque de personnel qualifié. Les maladies infectieuses telles que le paludisme, la tuberculose et le VIH / SIDA sont encore très répandues dans le pays, en particulier dans les zones rurales. Autrement dit, les inégalités socio-économiques entre les Tchadiens sont des facteurs majeurs de retard de développement du pays. La lutte contre ces inégalités nécessite une action coordonnée de la part du gouvernement, de la société civile et de la communauté internationale, en mettant l'accent sur l'éducation, la santé, l'emploi et l'autonomisation des femmes et des personnes les plus vulnérables. Bref, l'acceptation de « l'autre » entre les Tchadiens sans distinction de religion, de région ou d'ethnie et que les compétences priment sur les autres considérations.

Les inégalités socio-économiques au Tchad sont un enjeu complexe et multiforme qui affecte tous les aspects de la vie des Tchadiens. Les causes profondes de ces inégalités sont liées à l'histoire coloniale et aux différents gouvernants qui se sont succédé à la tête du pays, à la

---

[222] Voir Magrin G., *Le Sud du Tchad en mutation. Des champs de coton aux sirènes de l'or noir,* Paris, Sépia-Cirad, 2001, 427 p ; Sotinel T., « Le Tchad face aux sirènes pétrolières », Le Monde , 3 septembre 1998, p. 13.

faiblesse de l'économie, aux conflits ethniques et à la discrimination entre les gouvernants et les gouvernés. Les populations rurales et les groupes les plus vulnérables[223], tels que les femmes et les personnes handicapées, sont particulièrement touchés par ces inégalités. Pour réduire ces inégalités, il est important de renforcer l'accès à l'éducation et à la santé pour tous les Tchadiens, de promouvoir une économie diversifiée et inclusive, et de garantir les droits de tous les groupes ethniques et de genre. Cela nécessite un engagement à long terme de la part de l'État et de la communauté internationale, ainsi qu'une collaboration étroite entre les différents acteurs de la société civile.

Pour réduire ces inégalités socio-économiques au Tchad, il est essentiel de mettre en place des politiques publiques et des initiatives qui visent à améliorer l'accès aux services de base tels que l'éducation, la santé, l'eau et l'assainissement pour tous. Il est également important de promouvoir une économie diversifiée et inclusive qui crée des emplois et favorise l'entrepreneuriat local. Il est également essentiel de renforcer les politiques et les pratiques qui favorisent l'égalité entre les Tchadiens, y compris l'accès à l'éducation, la participation politique et l'accès à l'emploi. Cela permettra de réduire la discrimination par appartenance ethnique ou communautaire et de garantir une participation pleine et entière de tous à la vie économique, sociale et politique du pays. En effet, pour réduire les inégalités socio-économiques au Tchad, il est important de promouvoir la cohésion sociale et de favoriser le dialogue et la réconciliation entre les différentes communautés ethniques. Cela peut être réalisé à travers des initiatives de dialogue intercommunautaire, de construction de la paix et de promotion de la diversité culturelle.

Toutefois, la réduction des inégalités socio-économiques au Tchad est un enjeu crucial pour le développement du pays et pour la construction d'une société plus équitable et plus juste pour tous ses citoyens. Cela nécessite un engagement de long terme et une action concertée de la part du gouvernement, de la société civile et de la

[223] Voir à ce sujet, Djérambé A., « Le dossier pétrole et les ONG au Tchad », communication au séminaire d'information et d'échange sur le projet pétrolier et l'oléoduc Tchad-Cameroun, Yaoundé, 25 août 1998, 3 p. Esso, a. Projet d'exportation tchadien, étude d'impact sur l'environnement. Partie tchadienne, Dames & Moore, octobre 1997 ; b. Projet d'exportation tchadienne. Plan de gestion de l'environnement, partie tchadienne, Dames & Moore, novembre 1997, 172 p.

communauté internationale. Pour atteindre ces objectifs, il est important que l'État tchadien adopte des politiques et des stratégies concrètes pour réduire les inégalités socio-économiques, en partenariat avec les organisations de la société civile et les partenaires internationaux. Parmi les actions prioritaires, on peut citer l'augmentation des budgets alloués à l'éducation et à la santé, la promotion de l'égalité des sexes, l'investissement dans les infrastructures de base telles que l'eau et l'assainissement, l'énergie et les routes, et la diversification de l'économie pour créer des emplois et réduire la pauvreté.

En outre, il est important aussi de renforcer la participation citoyenne et la transparence dans la gestion des ressources publiques, de promouvoir la bonne gouvernance et de lutter contre la corruption. De même, la réduction des inégalités socio-économiques au Tchad nécessite une approche holistique qui prend en compte les dimensions culturelles, sociales et politiques de ces inégalités. Cela nécessite une collaboration étroite entre les différents acteurs de la société tchadienne, y compris les organisations de la société civile, les organisations de femmes, les groupes de jeunes et les communautés locales. En somme, la réduction des inégalités socio-économiques au Tchad est un enjeu crucial pour le développement du pays et pour la construction d'une société plus équitable et plus juste pour tous ses citoyens. Cela nécessite un engagement de long terme et une action concertée de la part de tous les acteurs impliqués. Il est important, de renforcer la participation citoyenne et la transparence dans la gestion des ressources publiques, et de lutter contre la corruption.

En travaillant ensemble, les Tchadiens pourront construire une société plus juste, plus équitable et plus prospère pour tous les citoyens. Pour réussir cette entreprise, il est important de travailler en étroite collaboration avec les organisations de la société civile, les groupes de femmes et de jeunes, les communautés locales, les partenaires internationaux et toutes les parties prenantes impliquées dans la lutte contre les inégalités socio-économiques au Tchad.

B. Les inégalités régionales et politiques dans la redistribution des ressources

Au Tchad, les inégalités[224] régionales et politiques exercent une influence importante sur la redistribution[225] des ressources. Le pays fut d'abord divisé en quatorze préfectures puis vingt-trois provinces actuellement. Chaque province possède ses propres caractéristiques en termes de population, d'infrastructures et de ressources naturelles.

Dès l'indépendance du pays, les provinces du Nord furent et demeurent les zones les plus pauvres et les moins développées du pays. Elles sont peuplées par des communautés nomades et semi-nomades, qui ont été marginalisée dans les politiques de développement par les régimes successifs. Le Sud, quant à lui, est considéré comme le poumon économique du pays, grâce aux installations industrielles, agricoles et commerciales. La zone méridionale, fut depuis la colonisation française une zone stratégique et disposait des installations industrielles et agricoles pour l'exportation des matières agricoles bruts telles que le coton et la viande ainsi que d'autres produits. Aussi, le Sud est la zone la plus peuplée et la plus développée du pays, avec des infrastructures moyennes et une économie plus diversifiée par rapport à la zone du Centre, de l'Est et du Nord. C'est ce qui a pu expliquer le mobile même des révoltes[226] des populations de ces zones jusqu'à la prise du pouvoir par les tentacules du FROLINAT dans les années 1980, et qui tentent aujourd'hui, de le conserver *ad vitam æternam*.

Malheureusement, les inégalités régionales et politiques ont un impact négatif sur la redistribution des ressources au Tchad. Les régions les plus riches et les plus développées, comme le Sud et un peu le Centre au tour de N'Djamena la capitale, ont tendance à recevoir une part disproportionnée des ressources, en termes d'investissements publics, d'emplois et de services sociaux. En revanche, les régions les plus

---

[224] Voir à ce sujet Amartya Sen, *Repenser l'inégalité*, édition française, Éditions du Seuil, 2000.

[225] Voir à propos, Philippe Warin, *« Le non-recours aux politiques sociales »*, Presses universitaires de Grenoble, coll. « Libres cours – politique », 2016.

[226] Voir MAGNANT Jean-Pierre, « Tchad : crise de l'État ou crise du gouvernement ? », *in États d'Afrique noire. Formations, mécanismes et crise,* sous la direction de Jean-François MEDARD, Paris, Karthala, 1991, p. 173-203.

pauvres, comme le Nord, l'Est et le sud-Ouest sont souvent négligées et ne bénéficient pas de la même attention de la part de l'État depuis l'indépendance[227].

Ces inégalités régionales et politiques sont également exacerbées par la corruption et la mauvaise gestion des ressources. Les autorités locales et les élites politiques ont tendance à favoriser leur propre région ou leur propre groupe d'intérêt, au détriment des autres régions et la population d'une manière générale. Cela se traduit souvent par une allocation inefficace et injuste des ressources, qui ne répond pas aux besoins réels des populations (exemple manque d'eau, de nourriture, d'électricité, d'écoles, des centres de santé ainsi que des infrastructures des communications). Les cas des provinces du Logone orientale (Doba) qui exploite le pétrole depuis plus de vingt ans et du Mayo-Kebbi Ouest (Pala) qui exploite aussi une cimenterie mais ces ressources développent d'autres provinces du Tchad au détriment des provinces propriétaires de ces ressources naturelles. Cela constitue une réelle injustice entretenue par l'État et les politiques des provinces citées. Ce sont ces pratiques flagrantes qui poussent sinon accentuent aujourd'hui le sentiment vers des tentations fédéralistes pour trouver une solution à ce genre d'injustice et discrimination.

Pour résoudre ces problèmes, il est essentiel de promouvoir une répartition plus équitable des ressources et des investissements publics, en prenant en compte les besoins réels des populations dans chaque région ou province. Cela nécessite également une réforme politique pour lutter contre la corruption et la mauvaise gestion, et pour garantir une gouvernance plus transparente et plus responsable. En effet, il est important d'impliquer activement les communautés locales dans le processus de planification et de prise de décision, afin de garantir leurs besoins et leurs préoccupations soient pris en compte dans les politiques de développement au niveau national.

En résumé, au Tchad, les inégalités régionales et politiques ont un impact négatif sur la redistribution des ressources. Les régions qui exploitent les ressources pétrolières, minières ou agricoles pour rapporter des richesses pour le développement du pays ont tendance à recevoir une part disproportionnée des ressources qu'elles produisent, tandis que les régions les plus pauvres reçoivent un investissement a

[227] Voir RONE Beyem, *Tchad, l'ambivalence culturelle et l'intégration nationale*, Paris, L'Harmattan, 2000, 429 p.

minima. Cela est exacerbé par la corruption et la mauvaise gestion des ressources, qui favorisent souvent les intérêts des élites politiques communautaristes au détriment de la population d'une manière globale. Plus encore, la redistribution des postes dans la participation à la gestion des affaires publiques est un réel problème. Le plus souvent, quelques régions ou provinces monopolisent des secteurs entiers sans un équilibre de participation des autres tchadiens. Cela participe également à une forme d'inégalité sur le plan régional et politique et qui accentue le sentiment de repli identitaire.

Pour résoudre ces problèmes, il est nécessaire de promouvoir une répartition plus équitable des ressources[228] et de l'investissement public, en prenant en compte les besoins réels des populations dans chaque région. Cela nécessite également une réforme pour lutter contre les mauvaises pratiques dans la gestion des ressources humaines, et pour garantir une gouvernance plus transparente et plus responsable. Lutter contre les inégalités régionales et politiques est crucial pour le développement durable et la stabilité du Tchad. Une répartition plus juste des ressources humaines et matérielles et une gouvernance plus transparente et responsable sont des éléments clés pour y parvenir.

Toutefois, il est tout à fait important de souligner qu'une lutte contre les inégalités doit être menée de manière concertée et inclusive, avec la participation active de toutes les parties prenantes concernées, y compris les communautés locales, les organisations de la société civile et les partenaires. Un engagement fort et coordonné de tous ces acteurs peut contribuer à une transformation positive des conditions de vie des populations les plus vulnérables au Tchad.

Une approche collaborative et inclusive est essentielle pour lutter efficacement contre les inégalités régionales et politiques au Tchad. Cela permettra de créer des solutions plus durables et équitables, en impliquant toutes les parties prenantes et en veillant à ce que les

[228] Cette tendance accentue réellement le phénomène de pauvreté au Tchad. Le taux de pauvreté mesure la part de la population dont le niveau de vie (défini comme le revenu par unité de consommation) est inférieur à un seuil, dit seuil de pauvreté ; celui-ci est par convention égal à une fraction, le plus souvent 60%, de la médiane des niveaux de vie. Il s'agit d'une mesure relative, qui est l'un des indicateurs des inégalités de distribution des revenus d'une manière globale que produisent certaines statistiques économiques.

besoins et les aspirations de toutes les communautés soient pris en compte et sans distinction. Avec une telle approche, il sera possible de construire un avenir plus prospère et plus stable pour les citoyens tchadiens.

En toute évidence, une telle approche est essentielle pour assurer une croissance économique et un développement durable, tout en réduisant les inégalités. Il est important de veiller à ce que toutes les régions et toutes les communautés bénéficient des ressources et des opportunités disponibles, et d'adopter une approche équilibrée pour le développement du pays. Cela permettra de créer un environnement favorable à la croissance économique et à l'amélioration du climat d'affaires et des conditions de vie de la population, en garantissant que personne n'est laissé pour compte.

Aussi, l'approche équilibrée peut contribuer à réduire les disparités économiques et sociales, à favoriser une meilleure répartition des ressources et à promouvoir une croissance économique durable. Elle peut également aider à renforcer l'unité nationale, la cohésion sociale et promouvoir une stabilité politique plus durable dans le pays. Il est également important de souligner que cette approche doit être soutenue par des politiques et des programmes de développement appropriés, qui répondent aux besoins et aux priorités des différentes régions et des communautés du Tchad. Cela nécessite une planification rigoureuse et une coordination efficace entre les différentes parties prenantes, y compris les autorités gouvernementales, la société civile, les partenaires au développement et les communautés locales[229].

Autrement dit, une coordination et une collaboration efficaces entre les différentes parties prenantes sont indispensables pour s'assurer que les politiques et programmes de développement répondent aux besoins et priorités des populations. Pour cela, une participation active de la société civile et des communautés locales dans la planification et la mise en œuvre de ces politiques et programmes est également essentielle.

---

[229] Voir à ce sujet les réflexions produites par Jean-Paul Fitoussi, « Le refus d'affronter le complexité (à partir de la politique économique des dix dernières années) », *in* Rencontres de Chateauvallon, *Pour une utopie réaliste. Autour d'Edgar Morin*, Arléa, 1996.

En outre, il est important de veiller à ce que les politiques et programmes de développement soient conçus de manière à promouvoir l'inclusion sociale et à réduire les inégalités[230]. Cela peut être réalisé par des mesures visant à renforcer les capacités et les compétences des populations locales, à promouvoir l'accès à l'éducation, à la santé, à l'eau potable, à l'électricité et à l'assainissement, ainsi qu'à fournir des opportunités économiques et des emplois décents pour tous.

À cet effet, la réussite de ces politiques et programmes de développement dépendra de la volonté politique de tous les acteurs concernés de travailler ensemble de manière collaborative et inclusive, avec une vision à long terme pour le développement durable et la prospérité pour toutes les régions et toutes les communautés du Tchad. La réussite de ces politiques et programmes de développement nécessite concrètement une volonté politique forte et un engagement ferme de la part de toutes les parties prenantes, y compris le gouvernement, les partenaires de développement, la société civile et les communautés locales.

Il est également important de souligner que la réduction des inégalités régionales et politiques ne doit pas être considérée comme un objectif isolé, mais plutôt comme un élément clé d'un cadre de développement plus large visant à améliorer les conditions de vie de la population. Cela peut être réalisé en adoptant une approche globale qui aborde les différents défis de développement auxquels le Tchad est confronté, notamment la pauvreté, l'insécurité alimentaire, les problèmes environnementaux, le chômage des jeunes, entre autres.

Tout de même, pour réussir, cette approche globale doit être soutenue par une coordination et une collaboration efficace entre les différents acteurs, ainsi que par une mobilisation adéquate des ressources et des financements pour le développement. Avec une telle approche, le Tchad peut réaliser un développement économique et social durable, réduire les inégalités régionales et politiques et améliorer les conditions de vie de sa population. Une approche globale qui aborde

---

230 Il est question ici de mettre en pratique un schéma de lutte contre les inégalités en suivant la présentation que fait M. Troper de la théorie du contrat social. Il faudrait prolonger et préciser cette analyse par celle de la doctrine juridique allemande de l'État et de la sociologie, notamment dans la Division du travail social (DTS) de Durkheim et dans la sociologie de Max Weber.

les différents défis de développement du Tchad est nécessaire pour améliorer les conditions de vie de la population et réduire les inégalités régionales et politiques. Cette approche doit être soutenue par une coordination et une collaboration efficace entre les différentes parties prenantes et une mobilisation adéquate des ressources pour le développement.

Il est également important de souligner que la mise en œuvre de cette approche globale nécessite une planification stratégique rigoureuse, ainsi qu'un suivi et une évaluation réguliers des résultats et des impacts des politiques et programmes de développement. Cela permettra d'adapter les politiques et programmes en fonction des résultats et des enseignements tirés, pour s'assurer que les ressources sont utilisées de manière efficace et efficiente pour améliorer les conditions de vie des populations tchadiennes. Cela exige le devoir de rendre des comptes pour le suivi de l'approche globale.

Il est important également de relever que la participation active et la consultation des communautés locales tout au long du processus de développement sont également essentielles pour garantir que les politiques et programmes répondent réellement à leurs besoins et aspirations, et pour assurer une réelle appropriation et soutien des populations aux initiatives de développement. Cette participation des communautés locales peut prendre de nombreuses formes, y compris des consultations publiques, des réunions communautaires, des groupes de discussion, des sondages et des enquêtes participatives.

La participation active des communautés locales[231] permet non seulement de mieux comprendre les réalités et les enjeux locaux, mais également de s'assurer que les politiques et programmes sont adaptés aux besoins et aspirations de chaque communauté. Cela permet également d'encourager une plus grande responsabilité sociale et une plus grande transparence de la part des autorités et des institutions impliquées dans la mise en œuvre de ces politiques et programmes. Également, il faut relever que la participation active et la consultation des communautés locales contribuent à renforcer l'unité nationale, la cohésion sociale et la stabilité politique à long terme en favorisant une

---

[231] Pour plus de clarté, lire les réflexions de N. Poulantzas, développées au fil de ses ouvrages : *« Les Classes sociales dans le capitalisme aujourd'hui »*, publié en 1974, et *« L'État, le pouvoir, le socialisme »*, en1978.

meilleure compréhension et une plus grande acceptation des politiques et programmes de développement par les populations locales.

En outre, la participation active et la consultation des communautés locales peuvent également aider à identifier les contraintes et les obstacles à la mise en œuvre des politiques et programmes de développement, ainsi que les opportunités et les ressources locales qui peuvent être mobilisées pour renforcer les initiatives de développement. En somme, la participation active et la consultation des communautés locales sont essentielles pour garantir que les politiques et programmes de développement répondent réellement aux besoins et aspirations des populations locales, pour renforcer la responsabilité sociale et la transparence, pour favoriser la cohésion sociale et la stabilité politique, et pour identifier les contraintes et les opportunités locales pour renforcer les initiatives de développement.

Cependant, il est également important de souligner que cette approche globale doit être soutenue par une gouvernance solide et efficace, qui favorise la planification stratégique, la coordination et la collaboration entre les différentes parties prenantes, ainsi que la mobilisation adéquate des ressources pour le développement. La gouvernance doit être basée sur des principes de transparence, d'intégrité et de responsabilité pour garantir une utilisation efficace et efficiente des ressources de développement.

En outre, il est également important de reconnaître que la réduction des inégalités régionales et politiques ne peut être réalisée que sur le long terme. Il est donc essentiel de développer des politiques et programmes de développement durable qui prennent en compte les réalités locales et qui sont adaptés aux besoins et aux aspirations des communautés locales. Il est également important de suivre et d'évaluer régulièrement les résultats et les impacts de ces politiques et programmes afin de s'assurer qu'ils sont efficaces et qu'ils contribuent à réduire les inégalités régionales et politiques.

Enfin, il est important de souligner que la réduction des inégalités régionales et politiques ne peut être réalisée que si elle est soutenue par une volonté politique forte et un engagement de toutes les parties prenantes. Les gouvernements, les organisations internationales, les ONG, les entreprises et les communautés locales doivent travailler ensemble pour atteindre cet objectif crucial pour le développement du Tchad. À ce titre, il faut nécessairement une Constitution plus adaptée pour réussir à stopper les problèmes d'injustices et d'inégalités qui passe par une forme fédérale de l'État.

SECTION 2 : La Constitution Fédérale et ses implications

La Constitution d'un État fédéral[232] est un document juridique fondamental qui établit les principes de gouvernance et de fonctionnement de l'État fédéral. Elle établit les règles qui régissent les relations entre les différents niveaux de gouvernement, à savoir le gouvernement fédéral et les gouvernements des États fédérés.

Dans un État fédéral, les compétences sont réparties entre le gouvernement fédéral et les gouvernements des États fédérés. La Constitution établit les domaines de compétence exclusive du gouvernement fédéral et ceux des gouvernements des États fédérés. Les compétences concurrentes sont partagées entre les deux niveaux de gouvernement. La Constitution d'un État fédéral garantit également les droits et les libertés fondamentales des citoyens. Elle peut inclure des dispositions sur les droits civils et politiques, tels que la liberté d'expression, la liberté de religion et le droit de vote, ainsi que des droits sociaux, économiques et culturels, tels que le droit à l'éducation et le droit à la santé.

La Constitution d'un État fédéral peut, contenir des dispositions sur la façon dont les décisions sont prises et mises en œuvre. Elle peut établir les procédures pour l'adoption de lois, la nomination des juges, la gestion des finances publiques, et la prise de décisions en matière de politique étrangère, de sécurité et défense. Les implications de cette Constitution sont nombreuses et variées. Elle garantit la souveraineté

[232] Voir à propos, Claude LECLERCQ, *L'État fédéral*, Dalloz, 1997, 120 p. Dans cet ouvrage, l'auteur explique les sources du fédéralisme et ses principes dont voici un extrait : *« L'État fédéral est apparu aux Etats-Unis en 1787. De nos jours, une vingtaine d'États fédéraux, dont le Canada, la Suisse et l'Allemagne, sont répertoriés dans le monde. La France, de par sa tradition jacobine, a, dans l'ensemble, été hostile à la technique juridique de l'État fédéral. Et cependant des " forces vives " poussent à la régionalisation en Europe ; on évoque plus l'Europe des régions que l'Europe des États. Est-ce là le véritable fédéralisme ? Dans cet ouvrage, l'auteur étudie l'ensemble des problèmes suscités par l'État fédéral sous leurs différents aspects : historique, constitutionnel, financier, politique ».*

des États fédérés et leur permet de maintenir leur propre identité culturelle et politique tout en faisant partie d'un État plus large. Elle favorise également la collaboration et la coopération entre les différents niveaux de gouvernement, tout en limitant les conflits entre eux.

Les implications d'une Constitution d'un État fédéral sont aussi plus larges. Tout d'abord, elle établit une relation de pouvoir entre le gouvernement central et les gouvernements des États membres. Elle peut également préciser comment les conflits entre le gouvernement central et les États membres sont résolus. La Constitution peut établir des limites sur les pouvoirs des différents niveaux de gouvernement. Par exemple, certains pouvoirs peuvent être réservés au gouvernement central, tandis que d'autres peuvent être délégués aux États membres. Elle offre une véritable garantie dans la protection des droits et libertés des citoyens de l'État fédéral. Elle peut affecter la façon dont les lois sont élaborées et appliquées. Elle peut établir des procédures pour l'adoption des lois et des politiques gouvernementales, ainsi que pour leur mise en œuvre et leur application.

Une Constitution d'un État fédéral peut affecter les relations entre les différents groupes ethniques, culturels et linguistiques qui composent l'État fédéral. La Constitution peut garantir la représentation équitable de ces groupes au sein du gouvernement et peut établir des mécanismes pour résoudre les conflits entre les différents groupes. En résumé, la Constitution d'un État fédéral est un document fondamental qui définit la structure, les pouvoirs et les responsabilités du gouvernement central et des gouvernements des États membres qui le composent. Elle a des implications importantes pour la façon dont le pouvoir est partagé, les droits et libertés des citoyens sont protégés, et les lois sont élaborées et appliquées dans l'État fédéral.

Pour comprendre plus concrètement cette notion de forme fédérale de l'État, il faut tout d'abord définir la notion et rechercher ses caractéristiques de manière plus approfondie, ensuite ressortir ses avantages pour résoudre les problèmes d'injustices et d'inégalité dans un pays comme le Tchad.

A. Définition et caractéristiques de la Constitution de l'État fédéral

L'État fédéral, précise la grande forme contemporaine d'États composé. C'est une association d'États qui décident de céder une partie de leur compétence à un super État géant et central. Autrement dit, dans la fédération, il y a des États fédérés et un État fédéral. C'est une forme d'organisation étatique complexe avec des compétences différentes. Aussi, une liste des compétences sont partagées entre l'État fédéral, et les États fédérés. Toutefois, quel qu'en soit le mode d'organisation de l'État fédéral, il y a une réalité complexe sur la forme. Il y a donc, une présence simultanément de deux formes étatiques l'une globale, l'État fédéral[233], ou super État et les autres, plus limités les État fédérés. En plus, cela nécessite une articulation entre eux et se fait selon trois principes dégagés par Georges Scelle. Il s'agit des principes de superposition, d'autonomie et de participation.

Le principe de superposition signifie simplement, qu'il y a deux ordres juridiques superposés qui vont s'appliquer aux citoyens. L'un global, celui du super État à l'intérieur duquel s'inscrivent les autres particuliers à chaque État fédéré. Ce qui veut dire que le système juridique de l'État fédéré s'inscrit dans le cadre général fixé par le système juridique de l'État fédéral. Le principe d'autonomie une caractéristique qui distingue globalement, l'État fédéral de l'État unitaire. Autrement dit, il y a des compétences, réservées exclusivement aux États fédérés et l'État fédéral ne peut pas intervenir dans ce domaine. Partage des compétences selon une liste variable selon les cas, et en principe la variation peut s'expliquer par le fait que l'État fédéral a été construit par agrégation, (auquel cas il aura des compétences d'attribution) ou par ségrégation (auquel cas l'État fédéral aura des compétences de droit commun).

Enfin, il faut adjoindre aux deux précédents principes, celui de la participation. C'est l'idée simplement, d'une collaboration des États fédérés dans l'État fédéral. Celui-ci est composé des États fédérés, et ceux-ci peuvent participer au gouvernement de l'État fédéral. Il y a des formes constitutionnelles variées pour assurer cette participation,

---

[233] Les exemples des États fédéraux dans le monde : USA, Canada, Australie, Russie, Brésil, Inde, Suisse, Nigéria, Éthiopie etc.

mais dans cette variation il y a aussi des invariables. Par exemple, la représentation des États fédérés au gouvernement central, surtout lorsque la fédération est voulue pour résoudre un problème d'identité on s'efforce d'associer chacune de ces identités fédérées au pouvoir central, parfois avec des obligations de partage des postes aux identités fédérées. Et tout cela, est la conséquence directe et simple d'une Constitution fédérale.

La Constitution d'un État fédéral est une loi fondamentale qui établit la structure et les pouvoirs d'un État fédéral, qui est un État composé de plusieurs entités semi-autonomes, appelées États fédérés ou provinces. C'est un document juridique fondamental qui établit les principes, les structures et les processus politiques et juridiques d'un État fédéral[234]. Elle énonce les règles qui régissent les relations entre le gouvernement central et les gouvernements régionaux ou locaux, ainsi que les droits et les libertés des citoyens. Dans un État fédéral, la Constitution établit la structure de l'État qui est composée de plusieurs niveaux de gouvernement, chacune avec ses propres pouvoirs et responsabilités. Elle définit également les droits et les responsabilités des citoyens dans le cadre de cet État fédéral.

En général, la Constitution fédérale énonce les principes fondamentaux de la démocratie, tels que l'égalité devant la loi, la protection des droits fondamentaux, la séparation des pouvoirs et l'indépendance de la justice. Elle peut également inclure des dispositions sur les pouvoirs du gouvernement central et des gouvernements régionaux, les compétences partagées entre ces différents niveaux de gouvernement, le processus de modification de la Constitution, les relations avec les nations étrangères, et bien d'autres aspects liés à l'organisation de l'État fédéral.

---

[234] Pour plus d'éclaircissements, voir Louis Le Fur, *État fédéral et confédération d'États*, Panthéon-Assas (éditions), 2000, 839 p. Voici un extrait de cette thèse : *« La thèse de Louis Le Fur, soutenue en 1896, État fédéral et confédération d'États, reste jusqu'à aujourd'hui l'ouvrage de référence en langue française sur la théorie de l'État fédéral. C'est elle qui a nourri la doctrine publiciste classique du début du siècle (Esmein, Carré de Malberg) et c'est par elle que tout chercheur contemporain doit commencer pour faire progresser les réflexions sur cette question si essentielle du fédéralisme. Outre les analyses théoriques, l'ouvrage commence par un examen historique précieux des divers regroupements de cités ou d'États depuis la Grèce antique jusqu'au XIXe siècle, tant en Europe qu'en Amérique ».*

Les principes[235] et règles de fonctionnement sont contenus dans un document fondamental qui établit les droits et les responsabilités des citoyens, ainsi que la répartition des pouvoirs entre le gouvernement central et les gouvernements locaux. La loi fondamentale établit les principes généraux de l'organisation politique et juridique de l'État fédéral, les droits fondamentaux des citoyens, les institutions politiques et leur rôle dans le gouvernement, et les procédures pour modifier la constitution.

En particulier, elle définit la relation entre le gouvernement central et les gouvernements locaux (États ou provinces) qui constituent l'État fédéral. Elle établit les pouvoirs qui sont réservés au gouvernement central et ceux qui sont délégués aux gouvernements locaux, ainsi que les mécanismes pour résoudre les conflits entre eux.

En effet, la Constitution d'un État fédéral est une base juridique pour l'organisation et le fonctionnement d'un État fédéral, permettant de déterminer comment le pouvoir est réparti et exercé, en garantissant les droits et les libertés fondamentales aux citoyens. Elle constitue le contrat social, un document juridique fondamental qui établit les règles et les principes fondamentaux qui gouvernent l'organisation, le fonctionnement et les pouvoirs des différents organes d'un État fédéral, ainsi que les relations entre les États membres ou les provinces qui composent l'État fédéral.

Ce contrat social énonce généralement les pouvoirs législatifs, exécutifs et judiciaires, ainsi que les mécanismes de répartition des compétences et des pouvoirs entre le gouvernement central et les gouvernements régionaux ou provinciaux. Elle peut également établir

---

[235] Voir à propos, Christophe PRENT, *L'État des fédérations. L'unité dans la diversité*, Presse de l'Université du Québec, Collection Politeia, 2019, 272 p. Extrait : « À l'aube du XXIe siècle, l'opportunité de la solution fédérale semble faire débat. Les revendications séparatistes, hier cantonnées aux États africains et asiatiques, et qui avaient déjà conduit bon nombre de fédérations à disparaître dans les années 1960, font un retour en force sur la scène politique. Aucun continent n'est épargné. L'idéal de l'État-nation demeure, et bien des peuples minoritaires ne semblent plus trouver leur compte au sein des unions fédérales existantes. Mais l'irrédentisme révèle aussi le volet politique d'une crise plus profonde du fédéralisme. Oubliant leurs promesses originelles, les États fédéraux se sont progressivement « unitarisés ». Au point qu'il est permis de se demander s'il existe une loi de centralisation du fédéralisme. Quoi qu'il en soit, bon nombre d'entre eux ont échoué à offrir à leurs minorités nationales une garantie efficace contre l'assimilation qui les menace ».

les procédures pour l'amendement de la Constitution, les modalités de représentation des États membres ou des provinces au sein des organes gouvernementaux fédéraux, et les mécanismes de résolution des conflits entre les différents niveaux de gouvernement.

Une Constitution d'un État fédéral[236] est un ensemble de règles fondamentales et de principes qui établissent la structure du gouvernement et les pouvoirs des différents organes de l'État, ainsi que les droits et les libertés des citoyens. Dans un État fédéral, la Constitution définit également les relations entre le gouvernement central et les gouvernements des États membres ou des provinces qui composent le pays. Elle peut contenir des dispositions sur la répartition des compétences entre les différents niveaux de gouvernement, la représentation politique, la protection des droits fondamentaux, la justice, l'économie, l'environnement, la défense, etc. Elle est la loi suprême du pays et doit être respectée par tous les citoyens et les organes gouvernementaux.

C'est est un document juridique qui établit la structure et les règles de gouvernance d'un État fédéral dont quelques-unes de ses caractéristiques se déclinent comme suit :

Division des pouvoirs : La constitution fédérale établit la division des pouvoirs entre les différents niveaux de gouvernement. Elle définit les domaines de compétence exclusifs de l'État fédéral et ceux qui relèvent des États membres.

Autonomie des États membres : Les États membres disposent d'une certaine autonomie et de pouvoir pour gérer les affaires qui relèvent de leur compétence. Cela signifie que les États membres ont la capacité de légiférer sur des sujets spécifiques, comme la santé, l'éducation, les transports, etc.

Système bicaméral : Les États membres sont souvent représentés dans le parlement fédéral à travers une chambre haute et une chambre

---

[236] Voir Maurice Croizat, *Le fédéralisme dans les démocraties contemporaines*, 3ème éd., Montchrestien, Paris 1999, p. 18. Extrait : « S'il est clair que le fédéralisme est « un mode de gouvernement qui repose sur une certaine manière de distribuer et d'exercer le pouvoir politique dans une société, sur une base territoriale », la doctrine donne diverses définitions de concepts auxquels il est pourtant souvent fait référence tels que ceux d'«État fédéral », de « fédération » ou de « fédération d'États ».

basse. La chambre haute est généralement constituée de représentants des États membres, tandis que la chambre basse est élue directement par les citoyens.

Protection des droits fondamentaux : La constitution fédérale établit également les droits et libertés fondamentaux des citoyens et leur protection contre les abus de pouvoir. Elle peut inclure une charte des droits et libertés, ainsi que des dispositions sur l'égalité, la liberté de religion, la liberté d'expression, etc.

Modification difficile : La constitution fédérale est généralement difficile à modifier, car elle est considérée comme un document fondamental qui établit les règles de base de la gouvernance de l'État. Les modifications nécessitent souvent l'approbation de la majorité des États membres et une procédure de ratification complexe.

Mécanismes de contrôle : La Constitution fédérale établit des mécanismes de contrôle pour empêcher l'abus de pouvoir par le gouvernement fédéral ou les États fédérés. Cela peut inclure des tribunaux indépendants, des organes de surveillance et des procédures de vérification.

Aussi, une Constitution fédérale est une charte constitutionnelle[237], un contrat social qui établit les règles fondamentales dans un État fédéral. Elle vise à garantir une répartition équilibrée des pouvoirs entre les différentes entités et à protéger les droits fondamentaux des citoyens. Elle établit la structure et le fonctionnement du système politique de l'État fédéral. Ses caractéristiques typiques peuvent aussi inclure :

Protection des droits individuels : La Constitution protège les droits individuels et les libertés fondamentales des citoyens, y compris la liberté de parole, de religion et de réunion pacifique, ainsi que l'égalité devant la loi.

---

[237] Voir Georges Scelle, *Précis de droit des gens. Principes et systématique*, I et II, Éditions du CNRS, Paris 1984 (impression anastatique des éditions de 1932 et 1934), p. 192. Pour l'auteur, : *« l'« État fédéral [...] réalise l'intégration fédérative maxima. C'est un véritable État qui absorbe au point de vue international, tous les États particuliers qui en sont les associés. Il a son territoire, ses sujets, son gouvernement, ses administrations propres ; la souveraineté intérieure qu'il partage avec les États membres, la souveraineté extérieure qu'il détient seul [...]. Il agit directement, non seulement sur les États associés, mais sur les citoyens ».*

Processus d'amendement : la Constitution établit un processus d'amendement qui permet de modifier la Constitution en fonction de l'évolution des besoins et des circonstances.

Cour constitutionnelle : la Constitution établit souvent une cour constitutionnelle pour interpréter la Constitution et résoudre les conflits entre les niveaux de gouvernement.

Répartition des pouvoirs fiscaux : la Constitution prévoit une répartition des pouvoirs fiscaux entre le gouvernement central et les États membres pour garantir une gestion équitable et efficace des ressources publiques. Ces caractéristiques contribuent à garantir une répartition claire des pouvoirs et une stabilité politique dans un État fédéral.

Autrement dit, elle établit une structure de gouvernance où les pouvoirs sont partagés entre le gouvernement central et les États membres, avec une certaine autonomie pour ces derniers. Elle protège également les droits individuels et établit un processus d'amendement pour permettre une adaptation en fonction des besoins. Elle peut également prévoir un système bicaméral pour le Parlement fédéral, une cour constitutionnelle pour interpréter la Constitution et résoudre les conflits, et une répartition des pouvoirs fiscaux pour garantir une gestion équitable et efficace des ressources publiques. Ce type de Constitution est conçu pour établir une structure de gouvernance solide et équitable, en partageant les pouvoirs entre les différents niveaux et en protégeant les droits individuels. Cela permet de garantir une stabilité politique et une gestion efficace des affaires publiques dans un État fédéral.

La répartition[238] des pouvoirs entre les différents niveaux de gouvernement, créée une structure gouvernementale dans laquelle les compétences sont partagées. Chacun des États a des pouvoirs et des responsabilités spécifiques. La reconnaissance des droits individuels et

---

[238] Voir à propos, Ronald L. Watts, *Comparing federal systems*, 3e éd., McGill-Queen's University Press, Montreal & Kingston 2008, p. 9. Selon cet auteur, : *« le « système politique fédéral » fait référence à « un vaste ensemble de systèmes politiques dans lesquels, à la différence de l'unique source centrale d'autorité politique et légale des systèmes unitaires, existent deux ou plusieurs niveaux de gouvernement, combinant par conséquent des règles communes [...] par l'intermédiaire d'un gouvernement commun et d'un autogouvernement régional [...] pour les gouvernements des unités qui le constituent »*.

des libertés, garantit généralement les droits fondamentaux des citoyens, tels que la liberté d'expression, la liberté de religion, la liberté de rassemblement, la liberté de la presse et la protection contre les discriminations. La protection des intérêts régionaux, reconnaît et respecte les intérêts régionaux et culturels en accordant aux gouvernements régionaux ou étatiques une certaine autonomie en matière de décisions et de politiques.

La création d'une cour constitutionnelle, permet d'interpréter la Constitution et de résoudre les conflits entre les États. La procédure de modification de la Constitution, est généralement plus difficile à modifier que les lois ordinaires. Elle nécessite souvent l'approbation des gouvernements fédéraux et régionaux ainsi que d'une majorité qualifiée des représentants élus. La présence de mécanismes de coordination, prévoit la coordination entre les États pour résoudre les différends et les conflits. Ces caractéristiques contribuent à maintenir l'équilibre des pouvoirs dans une structure gouvernementale complexe et à garantir les droits et libertés individuels tout en préservant les intérêts régionaux.

La création d'un système judiciaire fédéral, permet la mise en place d'un système judiciaire fédéral, chargé d'interpréter les lois fédérales et de trancher les litiges impliquant les États par rapport aux identités juxtaposées. La reconnaissance de la diversité culturelle et linguistique des différentes régions de l'État fédéral pour garantir la protection de la langue et de la culture des États fédérés. La création d'un système fiscal fédéral, qui permet la collecte de taxes et d'impôts à différents niveaux de gouvernement, avec une répartition équitable des revenus. La reconnaissance de l'importance de la coopération intergouvernementale, entre les différents niveaux de gouvernement pour atteindre des objectifs communs et résoudre des problèmes complexes.

En résumé, une Constitution d'un État fédéral permet de mettre en place une structure gouvernementale complexe de partage des pouvoirs et responsabilités entre les différents niveaux des États, de protéger les droits et les libertés individuels, de reconnaître les intérêts des États fédérés, de maintenir l'équilibre des pouvoirs, de promouvoir la coopération intergouvernementale et de reconnaître la diversité culturelle et linguistique ainsi que le partage équitable des ressources disponibles du pays à tous les niveaux.

B. Les avantages d'une Constitution fédérale pour résoudre les problèmes d'injustices et d'inégalités au Tchad

La mise en place d'une Constitution fédérale peut offrir plusieurs avantages pour résoudre les problèmes d'injustices et d'inégalités au Tchad. Elle peut offrir de nombreux avantages pour réduire les inégalités et les injustices, en donnant plus de pouvoir aux régions ou provinces, en offrant une plus grande participation citoyenne, en protégeant les minorités et en équilibrant[239] les pouvoirs entre le gouvernement central et les États fédérés. Ces différents avantages peuvent être déclinés comme suit :

Décentralisation du pouvoir : Une constitution fédérale permet de transférer le pouvoir de l'État central aux entités fédérées. Cela permet aux régions de prendre des décisions importantes sur les questions qui les concernent directement. Les régions peuvent ainsi gérer leurs propres ressources naturelles, mettre en place des politiques économiques adaptées à leurs besoins et renforcer leur autonomie.

Autonomie politique : Les États fédérés peuvent avoir leur propre gouvernement et leurs propres lois, ce qui leur permet d'avoir plus d'autonomie politique. Cela peut permettre de mieux prendre en compte les besoins et les intérêts spécifiques de chaque région, plutôt que de tout centraliser au niveau national[240].

Participation citoyenne : Une Constitution fédérale peut également permettre une plus grande participation citoyenne au niveau local, en donnant aux citoyens des États fédérés davantage de moyens pour influencer les décisions qui les concernent directement. Cela peut

---

[239] D'après K. C. Wheare, le gouvernement fédéral est un système de gouvernement qui repose sur « une division de pouvoirs entre les autorités fédérales et fédérées (general and regional authorities) qui, chacune dans son champ de compétences, est coordonnée avec les autres et indépendantes par rapport à elles ». Voir K. C. Wheare, Federal Government, Oxford University Press, Londres, 3e éd., 1961, p. 32-33.

[240] Selon Elizabeth Zoller, que : « là où rien n'est réservé à l'État membre, où rien de ce qu'il est ou de ce qu'il a n'est à l'abri d'un pouvoir d'évocation par le centre, il n'y a ni fédération d'États, ni processus fédératif, il n'y a qu'un système décentralisé ». Voir Elizabeth Zoller, : « Aspects internationaux du droit constitutionnel : Contribution à la théorie de la fédération d'États » dans Recueil des cours de l'Académie de droit international, tome 294, 2002, p. 73.

contribuer à renforcer la démocratie et à réduire les inégalités de participation politique.

Équilibre des pouvoirs : une Constitution fédérale peut contribuer à équilibrer les pouvoirs entre le gouvernement central et les États fédérés, en créant des mécanismes de contrôle et de contre-pouvoir pour éviter une concentration excessive de pouvoir au niveau national.

Reconnaissance des identités régionales : une Constitution fédérale pourrait reconnaître les identités régionales et culturelles du Tchad, ce qui pourrait aider à réduire les tensions entre les différentes régions et à renforcer l'unité nationale. En reconnaissant et en respectant les différences culturelles, les citoyens se sentiront plus inclus et moins marginalisés.

Répartition équitable des ressources : une Constitution fédérale pourrait garantir une répartition équitable des ressources entre les différentes entités fédérées. Cela permettrait d'allouer les ressources en fonction des besoins locaux, plutôt que de les concentrer dans les mains de l'État central. Cela pourrait aider à réduire les inégalités entre les régions et à promouvoir le développement économique dans l'ensemble du pays.

Renforcement de l'état de droit : une Constitution fédérale peut également renforcer l'état de droit en garantissant l'indépendance de la justice et en établissant un système judiciaire équitable et impartial. Cela peut aider à protéger les droits des citoyens et à garantir que les injustices et les inégalités sont traitées de manière juste.

Protection des minorités : Les minorités ethniques et religieuses sont souvent marginalisées dans les États centralisés. En revanche, une constitution fédérale peut garantir les droits des minorités et leur offrir une représentation politique au niveau régional.

Réduction des conflits : Les conflits intercommunautaires et interreligieux sont souvent à l'origine de l'injustice et de l'inégalité. En décentralisant le pouvoir, une constitution fédérale peut réduire les tensions et favoriser la coopération entre les régions.

Développement économique équilibré : Les régions ont souvent des ressources et des potentialités économiques différentes. Une constitution fédérale peut aider à équilibrer le développement économique en offrant des incitations économiques aux régions les moins développées et en permettant la mise en place de politiques économiques adaptées aux spécificités de chaque région.

Renforcement de la démocratie : La décentralisation du pouvoir permet également de renforcer la démocratie en offrant une représentation politique équitable à toutes les régions. Les régions peuvent ainsi élire leurs propres représentants (Gouverneurs, Sénateurs et députés) et participer activement à la prise de décisions politiques au niveau fédéral.

En effet, une constitution fédérale peut offrir de nombreux avantages pour résoudre les problèmes d'injustices et d'inégalités au Tchad en offrant une représentation politique équitable, en réduisant les tensions et en favorisant le développement économique équilibré. La mise en place d'une Constitution fédérale peut offrir des avantages significatifs pour résoudre les problèmes d'injustices et d'inégalités dans les pays qui ont des tensions intercommunautaires, religieuses ou régionales. Cela permet de décentraliser le pouvoir et de donner plus de pouvoir aux régions pour prendre des décisions importantes qui les concernent directement, tout en garantissant la protection des minorités et en favorisant le développement économique équilibré. Cependant, la réussite de la mise en place d'une telle Constitution dépend également de la manière dont elle est mise en œuvre et appliquée dans la pratique, ainsi que de l'engagement et de la volonté politique de tous les acteurs impliqués.

Aussi, la mise en place d'une Constitution fédérale[241] au Tchad pourrait potentiellement aider à résoudre les problèmes d'injustices et d'inégalités dans le pays. Il faudra également prendre en compte les défis et des obstacles qui pourraient surgir lors de la mise en place d'une telle Constitution, tels que la résistance des élites politiques en place ou la difficulté de garantir une représentation équitable des minorités ethniques et religieuses.

---

[241] La caractéristique du régime fédéral est que sa Constitution « prévoit une répartition des pouvoirs telle que le gouvernement fédéral (général) et le gouvernement fédéré (régional) sont, chacun dans leur champ, substantiellement indépendants l'un de l'autre ». Voir pour plus d'éclaircissements, l'opinion du juge Subba Rao dans l'affaire State of West Bengal v. Union of India citée par R. K. Chaubey, « Federalism, Autonomy and Centre-State relations », Satyam Books, New Delhi 2007, p. 27.

Évidemment, elle peut entraîner des défis et des obstacles, et ceux-ci doivent être pris en compte et gérés de manière appropriée pour que la Constitution puisse réussir à atteindre ses objectifs. La résistance des élites politiques peut être un obstacle majeur, car elles peuvent percevoir la décentralisation du pouvoir comme une menace à leur propre pouvoir et à leur influence. Il est donc important que les élites politiques comprennent que la décentralisation du pouvoir ne signifie pas la perte de leur pouvoir, mais plutôt une redistribution du pouvoir pour mieux servir l'intérêt commun.

De plus, garantir une représentation équitable des différentes communautés et religions peut être un défi dans un pays avec une diversité ethnique et religieuse importante. Cependant, la participation active de ces communautés dans le processus de mise en place de la Constitution fédérale peut aider à résoudre ce défi et à assurer leur représentation dans les organes décisionnels. Il est également important que des mesures de protection soient mises en place pour protéger les droits et les intérêts des différentes communautés à la participation de la gestion des affaires publiques.

De même, bien que la mise en place d'une Constitution fédérale puisse présenter des défis et des obstacles, cela pourrait être une étape importante pour résoudre les problèmes d'injustices[242] et d'inégalités dans le pays, à condition que ces défis soient gérés de manière appropriée et que tous les acteurs impliqués soient engagés à faire de la décentralisation du pouvoir un succès. Les avantages d'une Constitution fédérale pour résoudre les problèmes d'injustices et d'inégalités sont nombreux, mais il est important de tenir compte des défis et des obstacles qui peuvent survenir lors de la mise en place d'un tel système. En fin de compte, la réussite dépendra de la volonté politique et de l'engagement de toutes les parties prenantes à travailler ensemble pour créer un système de gouvernance plus juste et équitable pour tous les citoyens.

La mise en place nécessite aussi, un engagement ferme de toutes les parties prenantes, y compris les citoyens, les élites politiques, les leaders communautaires et les acteurs de la société civile. Tout le

---

[242] Malgré les différences superposées, les États présentent tous une triple structure institutionnelle conforme à la théorie de la séparation des pouvoirs avec un pouvoir exécutif fédéral, un pouvoir législatif bicaméral et un pouvoir judiciaire indépendant, placé sous le contrôle d'une ou de plusieurs cours suprêmes.

monde doit travailler ensemble pour surmonter les obstacles et les défis qui peuvent surgir, afin de créer un système de gouvernance plus inclusif, équitable et efficace pour tous les citoyens tchadiens. À cet effet, elle peut contribuer à renforcer la cohésion nationale et à promouvoir la paix, la stabilité et le développement à long terme du pays. Elle peut également, aider à renforcer la démocratie et à améliorer la participation citoyenne en offrant une plus grande autonomie aux régions pour prendre des décisions importantes qui les concernent directement. Cela peut également favoriser le développement économique équilibré, car les régions auront plus de flexibilité pour développer leurs propres politiques économiques et pour attirer des investissements qui peuvent bénéficier à l'ensemble du pays. Elle peut aussi, aider à résoudre les problèmes d'injustices et d'inégalités et à promouvoir le développement socio-économique durable au Tchad.

En donnant plus d'autonomie aux régions et en permettant une participation citoyenne accrue, une Constitution fédérale peut encourager l'innovation et la diversité dans la manière dont les problèmes sont abordés et résolus dans chaque région. Cela peut conduire à une meilleure gouvernance et à des politiques plus efficaces pour répondre aux besoins spécifiques de chaque région et de ses citoyens. De plus, la création de mécanismes de coordination interrégionaux et d'échanges d'informations peut également aider à renforcer la cohésion nationale et à promouvoir une vision globale du développement du pays.

Il est important de noter que la mise en place d'une Constitution fédérale n'est pas une solution à tous les problèmes. Cependant, cela peut fournir une base solide pour une gouvernance plus inclusive et participative, qui peut aider à résoudre les problèmes d'injustices et d'inégalités au Tchad. Le succès dépendra de la façon dont elle est mise en place et appliquée dans la pratique, ainsi que l'engagement de toutes les parties prenantes à travailler ensemble pour créer un système de gouvernance plus juste, transparent et efficace. Cette mise en place est un processus complexe qui nécessite un engagement politique et social fort de toutes les parties prenantes. Il est important de veiller à ce que le processus soit inclusif et transparent, en impliquant toutes les régions et les groupes de la société dans la formulation et la mise en œuvre de la Constitution fédérale. Cela peut aider à garantir que la Constitution reflète les intérêts et les besoins de tous les citoyens tchadiens, et pas seulement ceux des élites politiques ou des groupes de pouvoir.

Cette Constitution fédérale doit être accompagnée de la création d'institutions et de mécanismes de gouvernance efficaces au niveau régional et national, afin d'assurer la mise en œuvre effective de l'esprit de cette loi[243] fondamentale. Cela nécessite des ressources financières et humaines suffisantes pour assurer le fonctionnement et le renforcement des institutions gouvernementales à tous les niveaux. Une Constitution fédérale au Tchad peut offrir une solution potentielle pour résoudre les problèmes d'injustices et d'inégalités. Cependant, cela nécessite des ressources et des mécanismes de gouvernance suffisants pour assurer une mise en œuvre effective. Un engagement fort et continu de toutes les parties prenantes, ainsi qu'une mise en œuvre effective pour assurer son succès. Les institutions et les mécanismes de gouvernance doivent être renforcés et équipés pour répondre aux exigences de la nouvelle Constitution et pour s'assurer que tous les citoyens bénéficient de ses avantages.

Il est également important de souligner qu'elle n'est pas la solution unique pour résoudre tous les problèmes au Tchad. C'est plutôt un moyen de renforcer la participation citoyenne, d'améliorer la gouvernance et de promouvoir le développement socio-économique durable à travers le pays. Il est donc crucial de continuer à travailler sur d'autres fronts, tels que la lutte contre la corruption, l'amélioration de l'accès à l'éducation et aux soins de santé, et la promotion de la diversification économique pour créer un avenir meilleur pour tous les Tchadiens. La Constitution fédérale ne peut être considérée comme une solution unique pour tous les problèmes du Tchad, mais plutôt comme un élément d'un ensemble de réformes plus large visant à promouvoir une gouvernance inclusive, transparente et efficace.

Cette adoption au Tchad, nécessite un engagement fort et continu de toutes les parties prenantes, y compris les citoyens, les organisations de la société civile, les partis politiques et les dirigeants régionaux et nationaux. Cela nécessite également une volonté politique et une

[243] La primauté du droit fédéral est assurée par la création d'une cour constitutionnelle dotée de la compétence nécessaire pour faire respecter les lois fédérales dans les États fédérés. En Suisse par exemple, le Tribunal fédéral veille au respect par les cantons du droit fédéral mais ne peut statuer sur la conformité d'une loi fédérale à la Constitution.

coordination effective pour mettre en place les institutions et les mécanismes[244] de gouvernance nécessaire pour garantir sa mise en œuvre effective. Si cela est bien fait, une Constitution fédérale peut aider à résoudre les problèmes d'injustices et d'inégalités au Tchad et à promouvoir le développement socio-économique durable du pays.

En outre, la participation citoyenne est également essentielle pour garantir que la Constitution fédérale puisse refléter l'intérêts et besoins de tous les citoyens tchadiens, et pas seulement ceux des élites politiques ou des groupes de pouvoir. Les organisations de la société civile, les partis politiques et les citoyens doivent être inclus dans le processus de formulation et de mise en œuvre de la Constitution fédérale pour garantir que tous les points de vue soient pris en compte. Elle constitue, une étape importante dans la lutte contre les injustices et les inégalités au Tchad. Cependant, cela ne peut être considéré comme une solution unique, et d'autres réformes sont nécessaires pour créer un environnement politique et économique favorable à la participation citoyenne et au développement socio-économique durable du pays.

En plus, sa mise en place est un processus continu et évolutif qui doit être adapté aux changements politiques et économiques du pays. Les institutions et les mécanismes de gouvernance doivent être renforcés et équipés pour répondre aux exigences de la nouvelle Constitution et pour s'assurer que tous les citoyens bénéficient de ses avantages.

En somme, la mise en place d'une Constitution fédérale peut contribuer à résoudre les problèmes d'injustices et d'inégalités au Tchad, mais cela nécessite une participation active de toutes les parties prenantes et un engagement continu pour garantir son succès et son évolution en réponse aux changements du pays.

Enfin, une Constitution fédérale pourrait être un moyen efficace de résoudre les problèmes d'injustices et d'inégalités au Tchad. Elle pourrait aider à décentraliser le pouvoir, reconnaître les identités régionales, garantir une répartition équitable des ressources et renforcer l'État de droit. Elle favorise l'équilibre des pouvoirs au

[244] Il faut tout de même repréciser ici clairement que chaque État fédéré a sa propre constitution qui précise l'organisation des pouvoirs législatif, exécutif et judiciaire, largement inspirée du modèle fédéral en règle générale. Il dispose de sa propre organisation judiciaire au sommet de laquelle se trouve une Cour suprême.

niveau fédéral, où les pouvoirs législatif, exécutif et judiciaire sont séparés entre les différents niveaux de gouvernement. Cela peut aider à prévenir l'abus de pouvoir et à garantir que toutes les branches du gouvernement sont responsables les unes envers les autres et surtout envers les citoyens. Elle favorise le partage équitable des ressources entre les différents États membres. Cela peut aider à réduire les inégalités économiques et à garantir que toutes les régions du pays bénéficient de la richesse et du développement fédéral. Elle encourage, le dialogue et le compromis[245] entre les différents niveaux de gouvernement et les différentes parties prenantes. Cela peut aider à résoudre les conflits de manière pacifique et à favoriser une culture de coopération et de respect mutuel.

Toutefois, pour que ces avantages soient pleinement réalisés, il est important que la Constitution soit élaborée de manière inclusive, en consultation avec les citoyens de toutes les régions du pays pour approuver l'avant-projet par un référendum constitutionnel.

Cette Constitution fédérale peut offrir des avantages significatifs pour résoudre les problèmes d'injustices et d'inégalités au Tchad. Cela peut aider à renforcer la démocratie, à protéger les droits des minorités et à promouvoir le développement équitable et durable dans tout le pays.

De ce qui précède, dans le cadre de la confrontation dans la recherche de la refondation de l'État tchadien et pour apporter un éclairage dans l'esprit des Tchadiens par la doctrine, nous proposons un avant-projet d'une Constitution de type fédéral pour servir de schéma directeur aux acteurs en présence dans le cadre de ce débat, qui sera tranché par un référendum constitutionnel en perspectif.

---

[245] Voir à ce sujet l'exemple évoqué par Elizabeth Zoller, « Aspects internationaux du droit constitutionnel : Contribution à la théorie de la fédération d'États », dans *Recueil des cours de l'Académie de droit international, Tome 294, 2002.* L'auteur évoque pour les cas de compromis que : *« La répartition des compétences entre l'État fédéral et les États fédérés peut évoluer en fonction de l'interprétation de la Constitution donnée par la Cour suprême, étant donné que « le bilan de ce que la justice constitutionnelle a pu faire pour limiter l'extension continue des pouvoirs du gouvernement fédéral n'est certes pas nul mais il est plutôt mince. »*, c'est sur l'exemple des États-Unis.

Proposition d'un schéma d'avant-projet de Constitution fédérale au Tchad.

Attention : cette proposition n'est qu'un schéma directeur doctrinaire pour permettre aux lecteurs de comprendre la conception d'une Constitution fédérale. Mais dans la réalité, cette proposition pourrait faire l'objet d'une réadaptation en prenant en compte certaines spécificités à la tchadienne avant de concevoir un projet réel. Il reste tout de même une simple proposition indicative pour orienter l'esprit des lecteurs.

Préambule

Le Tchad, proclamé République le 28 novembre 1958, accède à la souveraineté nationale et internationale le 11 août 1960.

Depuis cette date il a connu une évolution constitutionnelle, institutionnelle et politique mouvementée.

Plusieurs années de dictature et de parti unique des régimes successifs ont empêché l'éclosion de toute culture démocratique et de pluralisme politique basés essentiellement sur la diversité et la contradiction.

Les différents régimes qui se sont succédé ont généré et entretenu, le régionalisme, le tribalisme, le népotisme, la corruption et les détournements des deniers publics, les inégalités sociales, les violations des droits de l'homme et des libertés fondamentales individuelles et collective dont les conséquences ont été la guerre fratricide, la violence politique, la haine, l'intolérance, le refus de la contradiction, la promotion de la médiocrité et la méfiance entre les différentes communautés qui composent le Tchad.

Cette crise politique et institutionnelle qui secoue le pays depuis plusieurs décennies n'a pas pour autant entamé la détermination du peuple tchadien à parvenir à l'édification d'une nation, à la dignité, à la liberté, à la paix et à la prospérité.

Ainsi, la Conférence Nationale Souveraine tenue à N'Djaména du 15 janvier au 7 avril 1993 et ayant réuni les partis politiques ; les associations de la société civile, les corps de l'État, les autorités traditionnelles et religieuses, les représentants du monde rural et des personnalités ressources a redonné confiance aux tchadiens et a permis l'avènement du multipartisme intégral mais sans déboucher encore sur l'alternance en matière de dévolution démocratique du pouvoir. En conséquence de toute cette histoire constitutionnelle, institutionnelle et politique du pays,

Nous, Peuple tchadien :

Conscients de notre diversité culturelle, de notre histoire commune et de notre aspiration à la paix, à la liberté, à la justice et au développement ;

Réaffirmant notre volonté de vivre ensemble dans une Union fédérale, fondée sur le respect des principes de la superposition, de l'autonomie et de la participation des entités fédérées, la coopération, la solidarité et le partage des ressources ;

Convaincus que la promotion et la protection des droits de l'Homme, la démocratie, la bonne gouvernance, l'égalité des chances, la sécurité, la stabilité et la prospérité sont les fondements d'une société juste et harmonieuse ;

Déterminés à bâtir un État fédéral moderne, compétitif et prospère, capable de répondre aux besoins de tous les Tchadiens, sans discrimination aucune ;

Affirmons notre attachement à l'intégrité, la probité, la transparence, l'impartialité et l'obligation de rendre des comptes comme des valeurs républicaines et éthiques propres à moraliser la vie de la Fédération ;

Considérons que la tolérance politique, ethnique et religieuse, le pardon, le dialogue interreligieux et des cultures constituent des valeurs fondamentales concourant à la consolidation de notre unité et de notre cohésion nationale ;

Reconnaissons la promotion des citoyens sans aucune distinction comme facteur de réalisation de l'égalité dans notre pays et l'impératif de sa prise en compte pour le développement humain durable ;

Réaffirmons notre attachement aux principes des droits de l'homme tels que définis par la Charte des Nations unies de 1945, de la Déclaration universelle des droits de l'Homme de 1948 et la Charte africaine des droits de l'Homme et des peuples de 1981 ;

Proclamons solennellement notre droit et notre devoir de résister et de désobéir à tout individu ou groupe d'individus, à tout corps d'État qui prendrait le pouvoir par la force ou l'exercerait en violation de la présente Constitution ;

Affirmons notre opposition totale à tout régime dont la politique se fonderait sur l'arbitraire, la dictature, l'injustice, la corruption, la concussion, le népotisme, le clanisme, le tribalisme, le confessionnalisme et la confiscation du pouvoir ;

Affirmons notre volonté de coopérer dans la paix et l'amitié avec tous les peuples partageant nos idéaux de liberté, de justice et de solidarité, sur la base des principes d'égalité, d'intérêts réciproques, du respect mutuel et de la souveraineté nationale, de l'intégrité territoriale et de non-ingérence ;

Proclamons notre attachement à la cause de l'Union Africaine et notre engagement à tout mettre en œuvre pour réaliser l'intégration sous régionale et régionale ;

Adoptons solennellement la présente Constitution fédérale, qui incarne notre volonté commune de vivre ensemble dans la paix, l'harmonie et la fraternité comme loi suprême de l'État, et qui établit les règles fondamentales de notre organisation politique, de notre système de gouvernance et de notre modèle de développement ;

Le présent préambule fait partie intégrante de la Constitution.

Titre I : De l'État et de la souveraineté

Article 1er : Le Tchad est une République Fédérale, souveraine, indépendante, laïque, sociale, une et indivisible, fondée sur les principes de la démocratie, le règne de la loi et de la justice.

Il est affirmé la séparation des religions et de l'État. L'État veille au caractère laïc des institutions publiques.

Article 2 : D'une superficie d'un million deux cent quatre-vingt-quatre mille (1.284.000) km2, la République Fédérale du Tchad est organisée en États Fédérés et en provinces et communes dont l'autonomie est garantie par la présente Constitution.

Le principe de subsidiarité entre l'État fédéral et les États fédérés est garanti par la présente Constitution.

Article 3 : Les États Fédérés prennent la dénomination de Provinces.

La République Fédérale du Tchad est constituée de huit (08) provinces suivantes : Le Nord, le Nord-Est, le Nord-Ouest, le Centre-Est, le Centre-Ouest, le Sud-Est, le Sud-Ouest et le Sud.

La création de nouvelles Provinces par scission ou fusion ne peut se faire que par référendum.

Article 4 : La souveraineté appartient au peuple qui l'exerce soit directement par référendum, soit indirectement par l'intermédiaire de ses représentants élus.

Aucune communauté, aucune corporation, aucun parti politique ou association, aucune organisation syndicale, aucun individu ou groupe d'individus ne peut s'en attribuer l'exercice.

Article 5 : Les conditions de recours au référendum sont déterminées par la présente Constitution et par une loi organique.

Article 6 : Les partis et les groupements politiques concourent à l'expression du suffrage, soit au niveau fédéral, soit à l'intérieur d'un État fédéré. Ils se forment librement et exercent leurs activités conformément à la loi.

Article 7 : Toute propagande à caractère ethnique, tribaliste, régionaliste ou confessionnaliste tendant à porter atteinte à l'unité nationale ou à la laïcité de l'État est interdite.

Article 8 : Le suffrage est universel, direct ou indirect, égal et secret.

Sont électeurs dans les conditions déterminées par la loi, tous les Tchadiens des deux sexes, âgés de dix-huit ans révolus et jouissant de leurs droits civiques et politiques.

Article 9 : Le principe de l'exercice du pouvoir est le Gouvernement du peuple par le peuple et pour le peuple. Il est affirmé la séparation des pouvoirs exécutif, législatif et judiciaire, tant au niveau fédéral que provincial.

Article10 : L'emblème national est le drapeau tricolore bleu, or, rouge, à bandes verticales et à dimensions égales ; le bleu étant du côté de la hampe.

La devise de la République Fédérale du Tchad est : « Unité – Travail – Progrès. »

L'hymne national est « La Tchadienne ».

La capitale de la République Fédérale du Tchad est : N'Djaména.

Article 11 : Les langues officielles sont le français et l'arabe.

La loi fixe les conditions de promotion et de développement, par Provinces, des langues nationales.

Article 12 : Les sceaux et les armoiries de la République Fédérale du Tchad sont déterminés par la loi.

Article 13 : Les conditions d'acquisition et de perte de la nationalité tchadienne sont fixées par la loi.

Titre II : Des libertés, des droits fondamentaux et des devoirs

Article 14 : Les libertés et les droits fondamentaux protégés par les Conventions internationales régulièrement ratifiées par le Tchad sont reconnus et leur exercice garanti aux citoyens par la présente Constitution et les lois.

Article 15 : Les Tchadiens des deux sexes ont les mêmes droits et les mêmes devoirs. Ils sont égaux devant la loi.

Article 16 : L'État Fédéral et les Provinces assurent à tous, dans les limites de leurs compétences, l'égalité devant la loi sans distinction d'État, d'origine, de race, de sexe, de religion, d'opinion politique ou de position sociale.

Ils ont le devoir de veiller à l'élimination de toutes les formes de discrimination à l'égard de la femme et de la jeunesse et d'assurer la protection de leurs droits dans tous les domaines de la vie privée et publique.

Article 17 : Sous réserve des droits politiques, les étrangers régulièrement admis sur le territoire de la République Fédérale du Tchad bénéficient des mêmes droits et libertés que les nationaux tchadiens.

Ils sont tenus de se conformer à la Constitution, aux lois et règlements de la République Fédérale et aux législations locales spécifiques aux Provinces.

Article 18 : Les droits des personnes morales sont garantis par la présente Constitution.

Chapitre I : Des libertés et des droits fondamentaux

Article 19 : La personne humaine est sacrée et inviolable.

Tout individu a droit à la vie, à l'intégrité de sa personne, à la sécurité, à la liberté, à la protection de sa vie privée et de ses biens.

Article 20 : Nul ne peut être soumis à des sévices ou traitements cruels, inhumains et dégradants, ni à la torture.

Article 21 : Tout individu a droit au libre épanouissement de sa personne dans le respect des droits d'autrui, des bonnes mœurs et de l'ordre public.

Article 22 : Nul ne peut être tenu en esclavage ou en servitude, ni contraints aux travaux forcés.

Article 23 : Les arrestations et détentions illégales et arbitraires sont interdites.

Nul ne peut être détenu dans un établissement pénitentiaire s'il ne tombe sous le coup d'une loi pénale en vigueur.

Article 24 : Nul ne peut être arrêté ni inculpé qu'en vertu d'une loi promulguée antérieurement aux faits qui lui sont reprochés.

Article 25 : Tout prévenu est présumé innocent jusqu'à l'établissement de sa culpabilité à la suite d'un procès régulier offrant des garanties indispensables à sa défense.

Article 26 : La peine est personnelle. Nul ne peut être rendu coupable et poursuivi pour un fait non commis par lui.

Article 27 : Les règles coutumières et traditionnelles relatives à la responsabilité pénale collective sont interdites.

L'État fédéral et les Provinces veillent au respect des Us et coutumes locales qui ne sont pas contraires aux principes des Droits de l'homme, ni à l'ordre public et aux bonnes mœurs.

Article 28 : Les libertés d'opinion et d'expression, de communication, de conscience, de religion, de presse, d'association, de réunion, de circulation, de manifestations et de cortèges sont garanties à tous.

Elles ne peuvent être limitées que par la loi.

Article 29 : La liberté syndicale est reconnue. Tout citoyen est libre d'adhérer au syndicat de son choix.

Article 30 : Le droit de grève est reconnu. Il s'exerce dans le cadre des lois qui le réglementent.

Article 31 : La dissolution des associations, des partis politiques et des syndicats ne peut intervenir que dans les conditions prévues par leurs statuts ou par voie judiciaire.

Article 32 : L'accès aux emplois publics est garanti à tout Tchadien sans discrimination aucune, sous réserve des conditions propres à chaque emploi défini par la loi.

Article 33 : L'État Fédéral et les Provinces garantissent les droits politiques de la femme et de la jeunesse pour leur représentation suffisante dans les assemblées élues, ainsi que dans les institutions et administrations publiques.

Les modalités de cette représentation sont fixées par une loi fédérale.

Article 34 : Tout Tchadien a droit à la culture.

L'État a le devoir de sauvegarder, de promouvoir et de protéger le patrimoine culturel national ainsi que la production artistique et littéraire.

Article 35 : Tout citoyen a droit à la création, à la protection et à la jouissance de ses œuvres intellectuelles et artistiques conformément à la loi.

Article 36 : Tout citoyen a droit à l'instruction. Les Provinces garantissent le caractère laïc, obligatoire et gratuit de l'enseignement public primaire et secondaire.

Article 37 : L'État assure la promotion, le développement et l'accès équitable à l'enseignement public technique et professionnel ainsi que la recherche scientifique.

L'enseignement privé est reconnu et s'exerce dans les conditions définies par la loi.

Article 38 : La propriété privée est inviolable et sacrée.

Nul ne peut en être dépossédé que pour cause d'utilité publique dûment constatée et moyennant une juste et préalable indemnisation.

Article 39 : L'État fédéral et les Provinces ont le devoir de veiller au bien-être de la famille, à l'épanouissement et au bien-être de la femme et de la jeunesse.

Ils garantissent aux personnes vulnérables ou en état de nécessité les services sociaux de base, par l'entremise des institutions et organismes publics à caractère social.

Article 40 : Le domicile est inviolable. Il ne peut y être effectué des perquisitions que dans les cas et formes prescrits par la loi.

Article 41 : Tout Tchadien a le droit de fixer librement son domicile ou sa résidence en un lieu quelconque du territoire national.

Article 42 : Tout Tchadien a le droit de circuler librement à l'intérieur du territoire national, d'en sortir et d'y revenir.

Article 43 : Le secret de la correspondance et des communications est garanti par la loi.

Nul ne peut être mis sous écoute, sauf en vertu des dispositions prévues par la loi.

Article 44 : Le droit d'asile est accordé aux ressortissants étrangers dans les conditions déterminées par la loi.

L'extradition des réfugiés politiques ou ceux confrontés au risque d'être soumis à la peine de mort, aux tortures et traitements cruels, inhumains ou dégradants est interdite.

Article 45 : Aucun tchadien ne peut être extradé à l'étranger, sauf dans le cadre d'une dérogation prévue par la loi, ou vers une Cour internationale qui garantit les principes de l'État de droit.

Chapitre II. Des devoirs

Article 46 : Tout citoyen est tenu de respecter la Constitution, les lois et règlements ainsi que les institutions et les symboles de la République.

Article 47 : Les biens publics sont inviolables. Toute personne doit les respecter et les protéger.

Article 48 : La défense de la patrie et de l'intégrité du territoire national est un devoir pour tout Tchadien.

Les conditions d'institution du service militaire et de mobilisation des réservistes sont déterminées par la loi.

Article 49 : L'État a le devoir de protéger les intérêts légitimes des ressortissants tchadiens à l'étranger.

Article 50 : L'État garantit la neutralité politique de l'administration publique et des forces armées et de sécurité.

Article 51 : L'État exerce sa souveraineté entière et permanente sur toutes les richesses et les ressources naturelles nationales.

Toutefois, il peut concéder l'exploration et l'exploitation de ces ressources naturelles aux initiatives privées, conformément à la loi.

Article 52 : L'État fédéral et les Provinces veillent à la protection de l'environnement conformément à la loi.

Le transit, l'importation, le stockage, l'enfouissement ou le déversement sur le territoire national des déchets toxiques, dangereux ou polluants provenant de l'étranger sont interdits.

TITRE III : DU POUVOIR EXECUTIF

Article 53 : Le pouvoir exécutif est exercé au niveau fédéral par le Président de la République, le Vice-président, et les ministres.

Il est exercé au niveau des Provinces par les Gouverneurs, les Vice-gouverneurs et les ministres provinciaux.

Article 54 : Le Président de la République est désigné sous l'appellation de Président Fédéral.

Le Gouverneur est désigné par : Gouverneur de la Province de...suivi de la dénomination de la province.

Chapitre I : Du Président de la République Fédéral

Article 55 : Le Président de la République Fédéral, Chef de l'État et Chef du Gouvernement Fédéral veille au respect de la Constitution fédérale et assure le fonctionnement régulier des pouvoirs publics ainsi que la continuité de l'État.

Il est le garant de l'indépendance, de la souveraineté nationale et de l'unité de la fédération, de l'intégrité du territoire et du respect des traités et accords internationaux.

Article 56 : Le Président de la République est assisté d'un Vice-Président, élu dans les mêmes conditions que lui.

Il le remplace en cas d'absence ou de vacances.

Le Président et le Vice-Président ne peuvent être originaires d'une même province.

Article 57 : Le Président de la République fédérale est élu au suffrage universel direct et secret, pour un mandat de cinq (5) ans.

Il est rééligible une seule fois et en aucun cas, nul ne peut pour quelque motif que ce soit exercer plus de deux mandats, même en cas de modification de cette disposition sur le nombre d'années du mandat.

Le compteur de mandat ne peut en aucun cas être considéré ou interprété pour quelque motif que ce soit pour être remis à zéro, il reste un mandat renouvelable une seule fois.

Le respect de deux mandats est sacré et toute violation pourra entraîner une poursuite judicaire pour haute trahison, parjure et forfaiture devant le peuple et l'histoire.

Article 58 : Peuvent faire acte de candidature aux fonctions de Président et vice-président fédéral, les Tchadiens des deux sexes remplissant les conditions suivantes :

- Jouir de ses droits civiques et politiques ;
- Être Tchadien de naissance et de père et mère eux aussi tchadiens ;
- Avoir trente ans au minimum à la date de l'élection ;
- Avoir une bonne santé physique et mentale ;
- Être de bonne moralité ;
- Résider sur le territoire de la République fédérale du Tchad six mois avant la date de l'élection,

Article 59 : Le candidat doit, en outre, verser une caution dont le montant est fixé par le code électoral.

Article 60 : Si le candidat est membre des forces armées et de sécurité, il doit au préalable se mettre en position de disponibilité, au moins trois ans avant l'année de l'élection.

Article 61 : Les conditions de présentation des candidatures, du contrôle des élections et de la proclamation des résultats sont fixés par une loi électorale fédérale.

Les fonctions de président et de vice-président de la République sont incompatibles avec toute autre fonction publique élective où toute activité professionnelle.

Article 62 : Les candidatures à la présidence de la Fédération sont déposées auprès de la Cour Suprême, trente-cinq (35) jour au moins et soixante-dix (70) jours au plus, avant le premier tour du scrutin et ce, conformément au Code électoral.

La Cour suprême arrête et publie la liste des candidats trente jours avant le premier tour du scrutin.

Article 63 : Le scrutin est ouvert sur convocation de l'organisme en charge des élections.

L'élection du nouveau président a lieu trente-cinq jours au moins avant l'expiration du mandat en cours.

Article 64 : L'élection du président de la République a lieu au scrutin uninominal majoritaire à deux tours.

Est déclaré élu au premier tour le candidat ayant obtenu la majorité absolue des suffrages exprimés.

Lorsqu'aucun candidat n'a obtenu la majorité absolue au premier tour, il est procédé 15 jours après, à un second tour pour les deux candidats arrivés en tête.

À l'issue du second tour, est élu président Fédéral le candidat ayant obtenu le plus grand nombre de voix.

Article 65 : En cas de retrait, de décès ou d'empêchement définitif de l'un des deux candidats arrivés en tête au premier tour, la Cour suprême, après constat, ordonne qu'il soit procédé de nouveau au premier tour avec l'ensemble des candidats inscrits.

Article 66 : Les élections sont organisées par un organe indépendant mis en place par la présente Constitution.

Article 67 : La Cour suprême veille à la régularité du scrutin, connait des contestations des résultats et proclame les résultats définitifs.

La procédure de contestation des candidatures et des résultats est prévue par le Code électoral.

Article 68 : Si aucune contestation relative à la régularité des opérations électorales n'est déposée auprès de la Cour suprême par l'un des candidats dans les cinq (05) jours de la proclamation provisoire, la Cour suprême déclare le Président de la République fédérale définitivement élu, dans les dix (10) jours qui suivent le scrutin.

Article 69 : En cas de contestation, la Cour suprême est tenue de statuer dans les quinze (15) jours de la proclamation provisoire ; sa décision emporte proclamation définitive ou annulation de l'élection.

Article 70 : En cas d'annulation, il est procédé à un nouveau tour de scrutin dans les vingt un (21) jours suivant la décision.

Article 71 : Le mandat du nouveau président de la République prend effet pour compter de la date d'expiration du précédent mandat.

En cas de force majeure, la prise de fonction peut se faire avant ou après cette date. Dans le dernier cas, le Président sortant cesse ses fonctions et les affaires courantes sont assurées par un Ministre.

Article 72 : Avant son entrée en fonction, le président de la République fédérale prête serment devant la Cour suprême réunie en audience solennelle, en présence des membres du Parlement en ces termes : « Nous, ...président de la République élu selon les lois du pays, jurons solennellement devant le peuple tchadien et, sur l'honneur :

- de préserver, respecter, faire respecter et défendre la Constitution et les lois ;

- de remplir avec loyauté les hautes fonctions que la Nation nous a confiées ;

- de respecter et défendre la forme républicaine de l'État ;

- de préserver l'intégrité du territoire et l'unité de la Nation ;

- de tout mettre en œuvre pour garantir la justice à tous les citoyens ;

- de respecter et défendre les droits et les libertés des individus. »

Article 73 : Les fonctions de président Fédéral sont incompatibles avec l'exercice de tout autres fonctions ou mandat, y compris des fonctions au sein de l'armée, d'un parti ou groupement de partis politiques ou d'une organisation syndicale.

Article 74 : Le président Fédéral est tenu, lors de son entrée en fonction et à la fin de son mandat, de faire sur l'honneur une déclaration écrite de son patrimoine et de l'adresser à la Cour suprême.

Article 75 : Les rémunérations et autres avantages allouées au président fédéral en exercice sont fixés par une loi, ainsi que les modalités d'octroi d'une pension et autres avantages aux anciens présidents.

Article 76 : En cas de vacance de la présidence de la République pour décès ou quelque cause que ce soit ou d'empêchement définitif constaté par la Cour suprême, saisie par le Parlement, les attributions du président de la République sont exercées par le Vice-président jusqu'au terme du mandat.

Article 77 : Pendant l'exercice de ses fonctions, la responsabilité pénale du président de la République n'est engagée que dans le cas de haute trahison, parjure et forfaiture.

Article 78 : Le président de la République fédérale nomme les ministres qu'il choisit proportionnellement parmi les ressortissants des différentes Provinces.

Ils sont responsables devant lui et devant le parlement. Il met fin à leurs fonctions.

Article 79 : Le président fédéral promulgue les lois dans les quinze jours qui suivent la transmission au Gouvernement de la loi définitivement adoptée.

Il peut, avant l'expiration de ce délai, demander au Parlement une nouvelle délibération de la loi ou de certains de ses dispositions.

La nouvelle délibération, qui ne peut être refusée, suspend le délai de promulgation.

Article 80 : Le président de la République, sur proposition du Parlement réuni en congrès, et après avis de la Cour suprême, peut soumettre au référendum tout projet de loi qui relève de cette matière.

Article 81 : En raison du principe de la séparation des pouvoirs, le Président Fédéral ne peut prononcer la dissolution, ni du Senat, ni de l'Assemblée nationale, ni révoquer les membres de la Cour suprême.

Article 82 : Le président de la République nomme, en Conseil des ministres, aux hautes fonctions civiles et militaires fédérales.

Les postes et fonctions fédérales sont déterminées par la Constitution et par la Loi.

Les hauts fonctionnaires fédéraux seront certifiés par le parlement avant leur entrée en fonction, conformément à la loi.

Article 83 : Le président de la République fédérale représente l'État fédéral dans tous les actes de la vie publique.

Il accrédite et rappelle les ambassadeurs et les envoyés extraordinaires auprès des États et des organisations internationales.

Les ambassadeurs et envoyés extraordinaires étrangers sont accrédités auprès de lui.

Il négocie les accords et les traités.

Les traités qui concernent le domaine relevant de la loi fédérale sont soumis, avant ratification, à l'approbation en forme législative de l'Assemblée fédérale.

Le président de la République exerce le droit de grâce. Il confère les décorations de la République fédérale. Il est chargé de l'exécution des lois fédérales et est le garant de l'exécution des décisions de justice. Il exerce le pouvoir réglementaire.

Il nomme aux emplois fédéraux civils et militaires de l'État et veille à la sécurité intérieure et extérieure de la République fédérale.

Il crée, organise et dirige tous les services administratifs nécessaires à l'accomplissement de sa mission.

Il peut déléguer certaines de ses attributions au vice-président de la République fédérale.

Article 84 : Le président de la République est le chef suprême des armées. Il préside les conseils et comités supérieurs de la défense nationale.

Article 85 : Le président de la République fédérale est obligatoirement consulté par les gouverneurs des Provinces lorsque ces derniers prennent des mesures susceptibles d'avoir des incidences sur la vie de la Fédération.

Le président de la République fédérale saisit la Cour suprême lorsqu'il estime qu'une loi fédérale est contraire à la présente Constitution ou qu'une loi de l'un des Province est prise en violation des dispositions de la présente Constitution ou d'une loi fédérale.

Article 86 : Lorsque les institutions de la République, l'indépendance de la Nation, l'intégrité du territoire ou l'exécution des engagements internationaux sont menacées d'une manière grave et immédiate et que le fonctionnement régulier des pouvoirs publics est interrompu, le président de la République, après consultation des Gouverneurs, des présidents des assemblées et du président de la Cour suprême prend, en Conseil des ministres, pour une durée n'excédant pas douze jours, les mesures exceptionnelles exigées par les circonstances.

Cette période ne peut être prorogée qu'après avis conforme des deux assemblées. Le président de la République en informe la Nation par un message.

Le Parlement se réunit de plein droit s'il n'est pas en session.

Article 87 : Les droits humains, l'intégrité physique et morale et les garanties juridictionnelles accordées aux individus sont garantis pendant cette période exceptionnelle.

Article 88 : Le président de la République communique avec les deux assemblées par des messages qu'il fait lire et qui ne donnent lieu à aucun débat. Hors session, le Parlement est réuni spécialement à cet effet.

Article 89 : Les actes du président de la République autres que ceux relatifs aux domaines ci-après sont contresignés, le cas échéant, par les ministres responsables :

- à la nomination aux hautes fonctions civiles et militaires ;
- au recours au référendum ;
- à l'exercice des pouvoirs exceptionnels ;
- aux messages par lui adressés au Parlement ;
- à la saisine de la Cour suprême ;
- à la nomination des membres de la Cour suprême et de la Cour des comptes ;
- au droit de grâce ;
- aux décrets simples ;

Chapitre II : Des Gouverneurs

Article 90 : Les Provinces sont dirigées par des Gouverneurs et vice-gouverneurs, élus au suffrage universel direct, pour un mandat de cinq ans renouvelables une fois.

Le Gouverneur et le Vice-gouverneur sont élus sur le même ticket un mois après l'élection du président de la République fédérale.

Le vice-Gouverneur remplace le Gouverneur en cas d'empêchement ou de vacances définitive.

Article 91 : Les Gouverneurs assurent les fonctions dévolues à l'exécutif au niveau des Provinces, à l'exception des attributions réservées au Président fédéral.

A ce titre, ils :

- Veillent au respect de la Constitution et des lois.
- Assurent la sécurité publique et le maintien de l'ordre dans le respect des libertés et des droits de l'homme.

- Assurent le fonctionnement régulier des pouvoirs publics ainsi que la continuité de l'État au niveau local.

- Sont les garants de l'unité nationale et de l'intégrité du territoire

- Veillent au fonctionnement régulier des administrations et services placés exclusivement sous leur responsabilité.

Article 92 : Les conditions d'élection, de cessation de fonction, de serment, de déclaration du patrimoine et d'exercice des fonctions des Gouverneurs sont les mêmes que celles du Président fédéral.

Les Gouverneurs prêtent serment devant la Cour Suprême, lors d'une audience solennelle délocalisée dans le chef-lieu de la province.

Chapitre III : Du Gouvernement Fédéral

Article 93 : Le Gouvernement fédéral est composé des Ministres chargés des départements ministériels. L'appellation, la structure et les attributions des Ministères sont déterminées par la loi.

Les Ministres exécutent la politique de la Nation déterminée par le Président fédéral et par les lois et règlements.

Article 94 : Après leur nomination, les membres du Gouvernement sont certifiés par le Parlement individuellement lors d'une séance publique au cours de laquelle ils auront à exposer leurs stratégies et les objectifs qu'ils poursuivront.

Lorsque le membre du Gouvernement n'a pas été certifié, le Président de la République procède à son remplacement.

Article 95 : Le Gouvernement fédéral est responsable devant l'Assemblée nationale et le Senat.

Article 96 : Le Gouvernement fédéral assure l'exécution des lois, contrôle l'administration fédérale et s'assure du bon fonctionnement des services publics, de la bonne gestion des finances publiques, des entreprises nationales et des organismes publics fédéraux.

Article 97 : Lors de leur entrée en fonction et à la fin de celles-ci, les membres du Gouvernement fédéral sont tenus de faire sur l'honneur la déclaration de leur patrimoine devant la Cour suprême. Tout manquement à cette obligation disqualifie le contrevenant ou l'expose à des poursuites.

Article 98 : Les fonctions de membre du Gouvernement sont incompatibles avec l'exercice de tout mandat parlementaire, de toute fonction de représentation professionnelle à caractère national, de tout emploi public ou de toute activité professionnelle et lucrative, à l'exception de l'enseignement supérieur, de la recherche scientifique, de la santé et de l'agriculture.

Chapitre IV : Du Gouvernement Provincial

Article 99 : Le Gouvernement provincial est composé des ministres provinciaux nommés par le Gouverneur.

Les Ministres sont nommés pour leur compétence et non en raison de leur lien avec la province.

Article 100 : La dénomination des départements ministériels provinciaux et leur organigramme sont déterminés par une loi fédérale.

Les membres du Gouvernement provincial bénéficient des mêmes rémunérations et avantages que ceux du Gouvernement fédéral.

Article 101 : Après leur nomination, les membres du Gouvernement sont collectivement certifiés par le Parlement local lors d'une séance publique.

Article 101 : En cas de suspicions graves sur un membre du Gouvernement provincial pouvant compromettre l'action gouvernementale ou entacher la crédibilité de la Province, le parlement confie la question à une Commission pour examen et décision.

Lorsque le membre du Gouvernement concerné ne démissionne pas, et en cas de suspicion confirmée, le Parlement saisi la Cour suprême pour statuer sur le cas.

En cas de révocation définitive par la Cour, le Gouverneur procède à son remplacement.

Le nouveau membre du Gouvernement sera certifié individuellement par le Parlement, selon la procédure en vigueur.

Article 102 : Le Gouvernement provincial assure, sous la coordination du Gouverneur et en collaboration avec les Maires des Communes, le contrôle de l'administration provinciale et s'assure du bon fonctionnement des services publics, de la bonne gestion des finances publiques, des entreprises nationales ou locales et des organismes publics présents sur le territoire de la province.

Article 103 : Tous les attributs des pouvoirs publics qui ne sont pas dévolues au Gouvernement fédéral par la présente Constitution ou par la Loi, sont assurés par le Gouvernement provincial.

Titre IV : Du pouvoir législatif.

Chapitre I : Du parlement fédéral

Article 104 : Le pouvoir législatif est exercé par un Parlement composé de l'Assemblée nationale et du Sénat.

Les membres de l'Assemblée nationale portent le titre de député et ceux du Sénat, celui de Sénateur.

Article 105 : Les députés sont élus au suffrage universel direct pour un mandat de quatre ans renouvelables.

Le nombre de siège de députés est fixé au prorata de la Population.

La circonscription électorale, déterminée par la loi, correspond aux territoires des anciennes circonscriptions départementales.

Article 106 : Au cas où le nombre de la population ne permet pas l'attribution d'un siège de Député, il sera procédé au regroupement de deux circonscriptions pour un Député.

Dans ce dernier cas, il ne sera plus tenu compte du minimum exigé pour un poste de Député.

Article 107 : Peuvent être candidats à l'Assemblée nationale, les Tchadiens des deux sexes remplissant les conditions fixées par la loi.

Article 108 : Le Sénat représente les entités Provinciales.

Chaque Province est représentée par trois (03) sénateurs élus au suffrage universel direct, dans leur Province respective.

La circonscription électorale pour les élections sénatoriales correspond au territoire de la province.

Article 109 : Peuvent être candidats au Sénat, les Tchadiens des deux sexes âgés de trente ans au minimum, et remplissant les conditions fixées par la loi.

Article 110 : La durée du mandat des sénateurs est de six ans renouvelables par tiers tous les deux ans. Les premiers tiers à renouveler sont désignés par tirage au sort.

Article 111 : Une loi organique fixe la rémunération et les indemnités des parlementaires, le régime des inéligibilités et des incompatibilités. Elle fixe également les conditions dans lesquelles sont élues les personnes appelées à assurer, en cas de vacance de siège, le remplacement des députés ou des sénateurs jusqu'à renouvellement général ou partiel de l'Assemblée à laquelle ils appartiennent.

Article 112 : Les membres du Parlement bénéficient de l'immunité parlementaire.

En cas de crime ou délit établi, l'immunité peut être levée par l'assemblée à laquelle appartient le parlementaire.

Article 113 : Le président de l'Assemblée nationale ainsi que les autres membres du bureau sont élus au début de la première session pour la durée de la législature.

Le bureau du Sénat est élu après chaque renouvellement partiel.

Toutefois, en cas de manquement constaté, les membres des bureaux du Parlement peuvent être remplacés à l'issue d'un vote des deux tiers de leur assemblée.

En cas de vacance de poste dans les bureaux des deux assemblées pour quelque cause que ce soit, il est procédé dans le mois qui suit à de nouvelles élections.

Article 114 : Le député représente la Nation tout entière. Tout mandat impératif est nul et de nul effet.

Le Sénateur représente sa province et défend ses intérêts au sein du Parlement.

Article 115 : Le droit de vote des membres du Parlement est personnel.

Toutefois, une loi organique peut autoriser exceptionnellement la procuration de vote.

Dans ce cas, nul ne peut recevoir de procuration de plus d'un mandat.

Article 116 : Le règlement intérieur de chaque assemblée détermine :

- La composition, les règles de fonctionnement du bureau ainsi que les prérogatives de son président ;

- Le nombre, le mode de désignation, la composition, le rôle et la compétence de ses commissions permanentes, de ses commissions de délégations ainsi que de ses commissions temporaires ;

- L'organisation des services administratifs ;

- Le régime disciplinaire des parlementaires ;

- Les différents modes de scrutin, à l'exclusion de ceux prévus par la Constitution ;

- Toutes les règles relatives au fonctionnement du Parlement.

Article 117 : Si à l'ouverture d'une session, le quorum de deux tiers des membres composant une assemblée n'est pas atteint, la séance est renvoyée au troisième jour ouvrable qui suit.

Dans ce cas, les délibérations ne sont valables que si la moitié au moins des membres de chaque Assemblée est présente.

Article 118 : Les séances des assemblées ne sont valables que si elles se déroulent aux lieux ordinaires de leurs sessions, sauf cas de force majeure.

Les séances des assemblées sont publiques. Toutefois, chaque assemblée peut siéger à huis clos à la demande du Gouvernement ou d'un tiers de ses membres.

Le compte rendu intégral des débats des assemblées est publié au Journal officiel.

Article 119 : L'Assemblée nationale se réunit de plein droit en deux sessions ordinaires par an.

La première session s'ouvre le 05 mars et la deuxième session s'ouvre le 05 octobre. Si ces dates indiquées tombent un jour férié, l'ouverture de la session a lieu le premier jour ouvrable qui suit.

La durée de chaque session ne peut excéder quatre-vingt-dix jours.

Article 120 : Le Senat est permanent. Il se réunit à chaque fois qu'il y a des besoins sur convocation de son Président.

Article 121 : L'Assemblée nationale et le Senat peuvent se réunir en congrès à la demande du Président de la République ou de la majorité des membres composant l'Assemblée nationale, ou sur les sujets relevant uniquement de la compétence du congrès.

Article 122 : Lorsque les deux chambres du Parlement se réunissent ensemble en congrès, le Président du Senat préside les travaux. Le Secrétariat est assuré par le bureau de l'Assemblée nationale.

Article 123 : Hormis les cas dans lesquels le Parlement se réunit de plein droit, les sessions extraordinaires sont ouvertes et closes par décret du président de la République fédérale.

Chapitre II : Du parlement provincial

Article 124 : Le pouvoir législatif est exercé dans les provinces par l'Assemblée provinciale composée d'une seule chambre.

Les membres de l'Assemblée provinciale portent le titre de député ;

Article 125 : Les députés provinciaux sont élus au suffrage universel direct pour un mandat de quatre ans renouvelables.

Le nombre de siège de Députés provinciaux est fixé au prorata de la population.

La circonscription électorale correspond aux territoires des Communes.

Chaque circonscription sera représentée par au moins un député, quel que soit le nombre de sa population.

Article 126 : Peuvent être candidats à l'Assemblée provinciale, les Tchadiens des deux sexes remplissant les conditions fixées par la loi, sans distinction aucune.

Toutefois, les candidats doivent avoir résidé sur le territoire de la province au moins six mois d'avance, ou y avoir un domicile, une résidence ou une attache permanente.

Article 127 : Les députés provinciaux sont régis par la loi organique fixant la rémunération, les indemnités, le régime des inéligibilités et des incompatibilités des parlementaires fédéraux et provinciaux.

Article 128 : Les membres du Parlement de l'Assemblée provinciale bénéficient de l'immunité parlementaire.

Article 129 : Les membres du bureau de l'Assemblée provinciale sont élus au début de la première session pour la durée de la législature, conformément au règlement intérieur.

Article 130 : L'organisation et le fonctionnement des parlements assemblées provinciales se fait à l'image de celui du Parlement fédéral.

Article 131 : Les sessions de l'Assemblée provinciale sont ouvertes et closes par décision du Gouverneur.

Titre V : Des rapports entre les pouvoirs exécutifs et les pouvoirs législatifs

Article 132 : La loi est votée par le Parlement fédéral.

La loi fixe les règles concernant :

- les droits civiques et les garanties fondamentales accordées aux citoyens pour l'exercice des libertés publiques ;

- les sujétions imposées par la défense nationale aux citoyens en leur personne et en leurs biens ;

- la nationalité, l'état et la capacité des personnes, les régimes matrimoniaux, les successions et les libéralités ;

- le code de la famille ;

- la détermination des infractions pénales ainsi que les peines qui leur sont applicables, la procédure pénale, l'amnistie, la création de nouveaux ordres de juridiction et le statut des magistrats ;

- le régime pénitentiaire ;

- l'assiette, le taux et les modalités de recouvrement des impositions de toute nature ;

- le régime d'émission de la monnaie ;

- la création de catégories d'établissements publics ;

- les nationalisations d'entreprises et les transferts de propriété d'entreprises du secteur public au secteur privé ;

- les garanties fondamentales accordées aux fonctionnaires civils et militaires de l'État ;

- le régime électoral ;

- la procédure selon laquelle les coutumes sont constatées et mises en harmonie avec les principes de la Constitution ;

- l'état de siège et l'état d'urgence ;

- le régime des associations.

La loi détermine les principes fondamentaux :

- de l'organisation générale de la défense nationale ;

- de l'urbanisme et de l'aménagement du territoire ;

- de la charte des partis politiques, des régimes des associations et de la presse ;

- de l'enseignement, de la recherche scientifique ;

- de la santé publique, des affaires sociales et des droits de l'enfant ;

- du régime de sécurité sociale ;

- du régime de la propriété, des droits réels et des obligations civiles et commerciales ;

- de la protection de l'environnement et de la conservation des ressources naturelles ;

- du régime foncier ;

- du régime du domaine de l'État ;

- de la mutualité, de l'épargne et du crédit ;
- du droit du travail et du droit syndical ;
- de la culture des arts et des sports ;
- du régime des transports et télécommunications ;
- de l'agriculture, élevage, pêche, eaux et forêts.

Les dispositions du présent article pourront être précisées et complétées par une loi organique.

Article 133 : Les matières autres que celles qui sont du domaine de la loi ont un caractère réglementaire.

Les textes de forme législative intervenus en ces matières peuvent être modifiés par décrets après avis de la Cour suprême.

Article 134 : L'assemblée provinciale vote les Décrets-lois.

Un Décret-Loi est une législation qui a un caractère législatif mais qui se place en dessous de la loi fédérale.

Le Décret-loi a pour but de préciser les contenus des lois fédérales ou de les adapter au contexte local, il sert aussi à légiférer sur les matières et domaine réservés par la Constitution aux provinces.

Article 135 : La déclaration de guerre est autorisée par le Parlement fédéral réunis en Congrès.

Article 136 : L'État de siège et l'état d'urgence sont décrétés en Conseil des ministres fédéral, soit pour une ou plusieurs Provinces, soit pour l'ensemble du territoire national.

Le Gouvernement en informe les bureaux des deux chambres du Parlement fédéral, ainsi que les Gouverneurs et les Assemblées provinciales concernés ;

Leur prorogation au-delà de douze jours ne peut être autorisée que par les deux chambres réunies.

Article 137 : Les membres du Gouvernement ont accès au Parlement et à ses commissions.

Ils sont entendus à la demande d'un parlementaire ou d'une commission.

Ils peuvent se faire assister par des collaborateurs.

Article 138 : Les lois ordinaires, organiques ou de finance sont votées en termes identiques par les chambres.

Elles ne peuvent être promulguées que si la Cour suprême, obligatoirement saisie par le président de la République, l'a déclarée conforme à la Constitution.

Article 139 : Les lois de finances déterminent les ressources allouées à l'État fédéral et aux provinces ainsi que les clés de répartition des recettes, tels que prévues par une loi organique.

Chaque État adopte ensuite un budget détaillé conformément aux ressources qui lui sont attribuées.

La Cour des comptes assiste l'État fédéral, les provinces et les Parlements locaux assemblées provinciales dans le contrôle de l'exécution des lois de finances.

Article 140 : L'initiative des lois appartient concurremment au Gouvernement et aux membres du Parlement.

Les projets de loi sont délibérés en conseil des ministres après avis de la Cour suprême et déposés sur le bureau de l'une des deux assemblées.

Les projets de loi de finances sont soumis en premier lieu à l'Assemblée nationale.

Article 141 : Les propositions et amendements formulés par les membres du Parlement ne sont pas recevables lorsque leur adoption aurait pour conséquence soit une diminution des ressources publiques, soit une création ou une aggravation des dépenses publiques, à moins qu'ils ne soient accompagnés d'une proposition d'augmentation de recettes ou d'économies équivalentes.

Article 142 : S'il apparaît au cours de la procédure législative, qu'une proposition ou un amendement n'est pas du domaine de la loi, le Gouvernement peut opposer l'irrecevabilité.

En cas de désaccord entre le Gouvernement et l'Assemblée intéressée, la Cour suprême à la demande de l'une ou de l'autre partie, statue dans un délai de huit jours.

Article 143 : La discussion des projets de loi porte, devant la première assemblée saisie, sur le texte présenté par le Gouvernement.

Une assemblée saisie d'un texte voté par l'autre assemblée délibère sur le texte qui lui est transmis.

Article 144 : Les projets et propositions de lois sont, à la demande du gouvernement ou de l'assemblée qui en est saisie, envoyés pour examen aux commissions spécialement désignées à cet effet.

Les projets et propositions pour lesquels une telle demande n'a pas été faite sont envoyés à l'une des commissions permanentes.

Le nombre des commissions permanentes est déterminé par le règlement intérieur de chaque assemblée.

Article 145 : Les membres du Parlement et le Gouvernement ont le droit d'amendement.

Lorsqu'une assemblée a confié l'examen d'un projet de texte à une commission, le Gouvernement peut, après l'ouverture des débats, s'opposer à l'examen de tout amendement qui n'a pas été préalablement soumis à cette commission.

Si le Gouvernement le demande, l'Assemblée saisie se prononce par un seul vote sur tout ou partie du texte en discussion en ne retenant que les amendements proposés ou acceptés par lui.

Article 146 : Tout projet ou proposition de loi est successivement examiné dans les deux chambres du Parlement en vue de l'adoption d'un texte identique.

Lorsque, par suite d'un désaccord entre les deux assemblées, un projet ou une proposition de loi n'a pu être adopté après deux lectures par chaque assemblée ou, si le Gouvernement a déclaré l'urgence, après une seule lecture par chacune d'entre elles, le Gouvernement a la faculté de provoquer la réunion d'une commission mixte paritaire chargée de proposer un texte sur les dispositions restant en discussion.

Le texte élaboré par la commission mixte peut être soumis par le Gouvernement pour approbation aux deux assemblées. Aucun amendement n'est recevable, sauf accord du Gouvernement.

Si la commission mixte ne parvient pas à l'adoption du texte commun ou si ce texte n'est pas adopté dans les conditions prévues à l'article précédent, le Gouvernement peut, après une nouvelle lecture par l'Assemblée nationale et par le Sénat, demander à l'Assemblée nationale de statuer définitivement.

Dans ce cas l'Assemblée nationale peut reprendre soit le texte élaboré par la Commission mixte, soit le dernier texte voté par elle, complété le cas échéant, par un ou plusieurs des amendements du Sénat.

Article 147 : L'ordre du jour des assemblées comporte par priorité et dans l'ordre proposé par le Gouvernement et adopté en l'état ou après amendement par les assemblées, la discussion des projets de loi déposés par le Gouvernement.

Une séance par semaine est réservée à l'examen et à l'adoption des propositions de loi.

Une séance par quinzaine est réservée aux questions des membres du Parlement et aux réponses du Gouvernement.

Article 148 : Le Gouvernement est tenu de fournir au Parlement toutes les explications qui lui sont demandées sur sa gestion et sur ses activités.

Titre VI : Du pouvoir judiciaire

Article 149 : Le pouvoir judiciaire est indépendant du pouvoir exécutif et du pouvoir législatif.

Article 150 : Il est institué un seul ordre de juridiction dont la Cour Suprême est l'instance la plus haute en matière judiciaire, administrative, constitutionnelle et des comptes.

Article 151 : Le pouvoir judiciaire est exercé au niveau fédéral par la Cour suprême, la Cour des Comptes et la Haute Cour Militaire.

Il est exercé au niveau des Provinces par les Cours d'appel, les tribunaux et les justices de paix.

Article 152 : Le pouvoir judiciaire est le gardien des libertés et de la propriété individuelle, il veille au respect des droits fondamentaux.

Article 153 : La justice est rendue au nom du peuple tchadien.

Article 154 : Il est institué un Conseil supérieur de la Magistrature (CSM).

Article 155 : Le Conseil Supérieur de la Magistrature est le garant de l'indépendance de la magistrature.

Les membres du Conseil Supérieur de la Magistrature sont des magistrats.

Le Président de la Cour Suprême est le Président du Conseil Supérieur de la Magistrature.

Le 1er et 2ème vice-président du Conseil sont désignés dans l'ordre de préséance, parmi les Présidents des chambres de la Cour suprême.

Les autres membres du Conseil Supérieur de la Magistrature sont élus par leurs pairs dans les conditions fixées par la loi, pour un mandat de trois ans renouvelables.

Article 156 : Le Conseil Supérieur de la Magistrature propose les nominations et les avancements des magistrats.

Article 157 : Les magistrats sont nommés par décret du président de la République après avis conforme du Conseil Supérieur de la Magistrature.

Ils sont révoqués dans les mêmes conditions.

Article 158 : La discipline et la responsabilité des magistrats, à tous les niveaux, relèvent du Conseil supérieur de la Magistrature.

Article 159 : Les magistrats du siège ne sont soumis dans l'exercice de leurs fonctions qu'à l'autorité de la loi. Ils sont inamovibles.

Les magistrats du parquet sont indépendants des pouvoirs exécutif et législatifs ; cependant, ils peuvent recevoir des instructions écrites du ministre de la Justice sur l'exécution de la politique pénale du gouvernement.

Toutefois, ces instructions ne doivent pas avoir pour but d'entraver le cours de la justice ou de soustraire un prévenu aux poursuites judiciaires.

Article 160 : Les autres règles d'organisation, de fonctionnement ainsi que le régime des incompatibilités sont fixés par une loi.

Chapitre I : De la Cour suprême

Article 161 : La Cour suprême est la plus haute juridiction du Tchad en matière judiciaire et administrative.

Article 162 : La Cour suprême est jugée de la constitutionnalité des lois, des traités et accords internationaux.

Il connaît du contentieux des élections présidentielles, législatives et sénatoriales.

Il veille à la régularité des opérations du référendum et en proclame les résultats.

Il statue obligatoirement sur la constitutionnalité des lois organiques avant leur promulgation, et des règlements intérieurs des assemblées avant leur mise en application.

Le Cour Suprême est l'organe régulateur du fonctionnement des institutions et de l'activité des pouvoirs publics.

Il règle les conflits d'attributions entre les institutions de l'État et entre l'État fédéral et les Provinces.

Article 163 : La Cour suprême est compétente pour juger le président de la République et les membres du Gouvernement ainsi que leurs complices en cas de haute trahison.

Constitue un crime de haute trahison, tout acte portant atteinte à la forme républicaine, à l'unicité et à la laïcité de l'État, à la souveraineté, à l'indépendance et à l'intégrité du territoire national.

Sont assimilés à la haute trahison, les violations graves et caractérisées des droits de l'homme, le détournement des fonds publics, la corruption, la concussion, le trafic de drogues et l'introduction des déchets toxiques ou dangereux, en vue de leur transit, dépôt ou stockage sur le territoire national.

Article 164 : Le président de la République n'est responsable des actes accomplis dans l'exercice de ses fonctions qu'en cas de haute trahison.

Article 165 : Exceptés les cas de haute trahison, les membres du Gouvernement fédéral et des provinces sont pénalement responsables de leurs actes devant les juridictions de droit commun.

Article 166 : La Cour suprême est composée de trente et un (31) membres dont un président et trente (30) conseillers.

Le président de la Cour suprême est choisi parmi les magistrats de l'ordre judiciaire, les plus anciens dans le grade le plus élevé.

Il est élu par ses pairs et nommé par décret du Président de la République.

Article 167 : Les conseillers de la Cour suprême sont désignés de la façon suivante, conformément aux conditions d'éligibilité prévues par la loi :

Quinze (15) choisis parmi les hauts magistrats professionnels dont :

- Huit (8) par le Président de la République ;
- Trois (3) par le Président du Senat
- Quatre (4) par le Président de l'Assemblée Nationale ;

Huit (8) parmi les spécialistes du Droit Administratif dont :

- Quatre (4) par le Président de la République ;
- Deux (2) par le Président du Senat ;
- Deux (2) par le Président de l'Assemblée nationale ;

Sept (7) parmi les spécialistes du Droit Constitutionnel dont :

- Trois (3) par le Président de la République ;
- Deux (2) par le Président du Senat ;
- Deux (2) par le Président de l'Assemblée nationale

Article 168 : La Cour Suprême comprend quatre (4) chambres :

• une (1) chambre judiciaire ;

• une (1) chambre administrative ;

• une (1) chambre constitutionnelle ;

• une (1) chambre non permanente, chargée des cas de haute trahison, composée de sept (7) députés et de cinq (5) magistrats de la Cour Suprême, élus par leurs pairs.

La Cour Suprême statue en dernier ressort et ses décisions sont sans recours.

Article 169 : Avant leur entrée en fonction, les membres non-magistrats de la Cour Suprême prêtent serment devant la Cour Suprême, en présence du Président de la République et des Présidents de l'Assemblée Nationale et du Senat, en ces termes : « Je jure de bien et fidèlement remplir mes fonctions, de les exercer en toute impartialité dans le respect des lois et de garder le secret des délibérations. »

Article 170 : Les attributions et les autres règles d'organisation et de fonctionnement ainsi que la procédure suivie devant la Cour Suprême sont déterminées par une loi organique.

Chapitre II : De la Cour des Comptes

Article 171 : La Cour des comptes est la plus haute juridiction en matière de contrôle de l'exécution du budget de l'État.

Elle assiste le Gouvernement et le parlement dans le contrôle de l'exécution des lois de finance et dans l'évaluation des politiques publiques.

La Cour des comptes est compétente pour connaitre des comptes des comptables publics et du budget de l'État fédéral, des États fédérés et des entreprises publiques.

Article 172 : La Cour des comptes est composée de quinze (15) membres dont un président et quatorze (14) Conseillers désignés comme suit :

Neuf spécialistes des finances publiques, de la gestion, de l'économie, de la fiscalité, de la comptabilité et du budget, dont :

- Quatre (4) par le président de la République ;
- Deux (2) par le président de l'Assemblée nationale ;
- Trois (3) par le président du Sénat.

Six (6) choisis parmi les Magistrats de l'Ordre judiciaire les plus gradés dont :

- Deux (2) par le président de la République ;

- Deux (2) par le président de l'Assemblée nationale ;
- Deux (2) par le président du Sénat.

Article 172 : Le Président de· la Cour des comptes est élu par ses pairs.

Les membres de la Cour de compte sont nommés par Décret du Président fédéral.

Article 173 : Les membres de la Cour des comptes sont désignés pour un mandat de sept (7) ans renouvelables.

Article 174 : Avant leur entrée en fonction, les membres non-magistrats de la Cour des Comptes prêtent serment devant la Cour suprême, en présence du Président de la République et des Présidents de l'Assemblée Nationale et du Senat, en ces termes : « Je jure de bien et fidèlement remplir mes fonctions, de les exercer en toute impartialité dans le respect des lois et de garder le secret des délibérations. »

Article 175 : Les attributions et les autres règles d'organisation et de fonctionnement ainsi que la procédure suivie devant la Cour des comptes sont déterminées par une loi organique.

TITRE VII : DE LA JUSTICE MILITAIRE

Article 175 : II est institué une justice militaire comprenant un Tribunal militaire et une Haute Cour Militaire.

Article 176 : Le Tribunal Militaire connait au premier degré de toutes les contraventions et délits commis par les militaires quel que soit leur grade.

Article 177 : La Haute Cour Militaire connait en appel et en dernier ressort des jugements rendus par le Tribunal Militaire dans les conditions définies par la loi ;

Elle connait au premier degré de toutes les infractions d'atteinte à la sûreté de l'État et des crimes commis par les militaires quel que soit leur grade.

Article 178 : Une loi fixe la composition, l'organisation, le fonctionnement et la compétence des juridictions militaires.

TITRE VIII : De la répartition des compétences entre l'État Fédéral, les Provinces et les Communes

Article 179 : L'État fédéral exerce sa compétence exclusive sur les matières suivantes :

- les relations étrangères y compris la coopération avec les organisations régionales et internationales ;
- La monnaie, l'économie numérique et les échanges internationaux ;
- L'armée et la défense nationale ;
- L'enseignement supérieur et la recherche scientifique ;
- Les routes nationales, les autoroutes, le chemin de fer ;
- Le transport aérien et fluvial.

Article 180 : Les États fédérés sont compétents sur les matières suivantes :

- L'enseignement préscolaire, primaire et secondaire ;
- L'enseignement technique et professionnel ;
- La santé publique ;
- L'eau, l'hygiène et l'assainissement ;
- Les routes régionales et départementales ;
- La pèche, la chasse et la protection de l'environnement ;
- L'agriculture et l'élevage ;
- La justice, jusqu'au niveau du second degré (Cours d'Appel) ;
- La sécurité et le maintien de l'ordre ;
- La collecte des taxes et impôts.

Article 181 : Les Communes ont la charge de :

- La délivrance des documents d'État civil ;
- Les pistes rurales et les infrastructures communales ;

- Le foncier ;
- Les taxes d'habitations
- Les taxes des marchés fixes et forains

Article 182 : L'État fédéral recrute les fonctionnaires fédéraux selon les règles établies par la loi. Il les nomme aux hautes fonctions fédérales en tenant compte de la juste représentation des provinces.

Article 183 : L'État fédéral met en place un système unique de collecte des taxes et impôts sur l'ensemble du territoire.

Ledit système doit comporter en outre un système automatisé de répartition des ressources conformément aux clés adoptées dans la loi.

Article 184 : Les Juges des Tribunaux et Cour d'Appels en fonction dans les Provinces, sont nommés par le Président fédéral, après avis conforme du Conseil Supérieur de la Magistrature.

Les nominations sont effectuées pour combler des postes vacants ou pour assurer la rotation des magistrats conformément à la loi.

Les nominations sanctions sont formellement interdites.

Titre IX : Des règles coutumières et traditionnelles

Article 185 : Jusqu'à leur codification, les règles coutumières et traditionnelles, ne s'appliquent que dans les communautés où elles sont reconnues.

Toutefois, les coutumes contraires à l'ordre public ou celles qui prônent l'inégalité entre les citoyens sont interdites.

Article 186 : Les règles coutumières et traditionnelles régissant les régimes matrimoniaux et les successions ne peuvent s'appliquer qu'avec le consentement des parties concernées.

À défaut de consentement, la loi nationale est seule applicable.

Il en est de même en cas de conflit entre deux ou plusieurs règles coutumières.

Article 187 : Les réparations coutumières et traditionnelles en matière pénale susceptible de faire obstacle à l'action publique sont interdites.

Titre X : Des organes indépendants et autonomes

Article 188 : Il est institué des organes indépendants ou autonomes, au niveau fédéral, avec compétence sur l'ensemble du territoire national.

Article 189 : Les organes indépendants ou autonomes sont les suivants :

- Le Haute Autorité des médias et de l'audiovisuel
- La Commission Nationale des Droits de l'Homme
- Le Bureau du Vérificateur National
- Le Médiateur national ;

Article 190 : La composition, les attributions, l'organisation et le fonctionnement des organes indépendants et autonomes sont précisés par la loi.

Titre XI : De la défense nationale et de la sécurité

Article 191 : La défense nationale et la sécurité sont assurées par les forces de défense et de sécurité.

Article 192 : Les forces de défense et de sécurité sont composées de :

- l'Armée nationale ;
- la Gendarmerie nationale ;
- la Police nationale ;
- la Garde nationale et nomade.

Article 193 : Les forces de défense et de sécurité sont au service de la nation.

Elles sont soumises à la légalité républicaine.

Elles sont subordonnées au pouvoir civil.

Article 194 : Les forces de défense et de sécurité sont apolitiques.

Nul ne peut les utiliser à des fins particulières.

Article 195 : La défense nationale est assurée par l'armée nationale et la gendarmerie nationale.

Le maintien de l'ordre public et de la sécurité est assuré par la police nationale, la garde nationale et nomade et la gendarmerie nationale.

L'armée nationale et la gendarmerie nationale sont sous l'autorité du Président de la République et du gouvernement fédéral. Elles sont mises à la disposition des provinces pour emplois.

À l'exception des forces spéciales et du corps de la Police judiciaire, technique et scientifique fédéral, les autres corps de la police nationale et de la garde nationale et nomade relèvent de l'autorité exclusive des provinces.

Chapitre I. De l'Armée nationale tchadienne

Article 196 : L'Armée nationale tchadienne a pour mission de défendre l'intégrité territoriale et l'unité nationale, de garantir l'indépendance nationale et la sécurité du pays contre toute agression ou menace extérieures.

Article 197 : L'Armée nationale tchadienne participe aux tâches de développement économique et social ainsi qu'aux opérations humanitaires.

Article 198 : Les missions non prévues par la présente Constitution sont définies par la loi.

Chapitre II : De la Gendarmerie nationale

Article 199 : La Gendarmerie nationale a pour mission de :

- assurer la protection des personnes et des biens ;
- assurer le maintien et le rétablissement de l'ordre public ;
- assurer le respect des lois et règlements.

Article 200 : La Gendarmerie nationale exécute les tâches de police judiciaire et de police administrative. Son action s'exerce sur l'ensemble du territoire de la République du Tchad dans le respect des libertés et des droits de l'homme.

Chapitre III : De la police nationale

Article 201 : La Police nationale a pour missions de :

- veiller à la sécurité de l'État ;

- assurer le maintien et le rétablissement de l'ordre public ;
- veiller à la sécurité et à la protection des personnes et des biens ;
- veiller à la tranquillité et à la salubrité publiques ;
- assurer le respect des lois et règlements.

Article 202 : L'action de la Police nationale s'exerce sur l'ensemble du territoire de la République fédérale, dans le respect des libertés et des droits de l'homme.

Chapitre IV : De la Garde nationale et nomade

Article 203 : La Garde nationale et nomade a pour missions :

- la protection des autorités politiques et administratives ;
- la protection des édifices publics ;
- le maintien de l'ordre en milieu rural et nomade ;
- la garde et la surveillance des maisons d'arrêt.

Article 204 : L'action de la Garde nationale et nomade s'exerce sur l'ensemble du territoire de la République du Tchad dans le respect des libertés et des droits de l'homme.

Article 205 : L'organisation, le fonctionnement et les autres attributions de l'armée nationale, de la Gendarmerie nationale, de la Police nationale et de la Garde nationale et nomade sont fixées par la Loi.

Titre XII : Des Communes et des Cantons

Chapitre I : Des Communes

Article 206 : Les circonscriptions administratives des Provinces sont les Communes et les Cantons.

Les limites territoriales des Communes ainsi que la composition des assemblées communales sont déterminées par une loi fédérale.

Article 207 : Les Communes sont dotées de la personnalité morale.

Leur autonomie administrative, financière, patrimoniale, économique, culturelle et sociale est garantie par la Constitution et par la loi.

Article 208 : Les Communes s'administrent librement par des assemblées élues qui règlent par leurs délibérations, les affaires qui leur sont dévolues par la Constitution et par la loi.

Les délibérations des assemblées communales sont exécutoires de plein droit dès leur publication.

Toutefois, elles ne peuvent être contraires aux dispositions constitutionnelles, législatives et réglementaires.

Article 209 : Les membres des assemblées communales sont élus au suffrage universel direct pour un mandat de cinq ans renouvelables.

Article 210 : Les assemblées communales élisent en leur sein un Maire et des adjoints pour la durée de leur mandat.

Le Maire et ses Adjoints sont responsables devant l'assemblée Communale.

Article 211 : Avec le concours des Gouverneurs, les Maires assurent, dans les limites de leur ressort territorial, les attributions prévues par la présente Constitution et par la loi.

La loi détermine le domaine et la répartition des compétences en considération des intérêts locaux et nationaux.

Article 212 : Les Communes votent et gèrent leur budget sur la base de leurs ressources propres et des ressources mises à leur disposition annuellement par l'État fédéral et la Province.

Article 213 : Les autres ressources des Communes sont constituées par :

- les produits des impôts et taxes votés localement et perçus directement par elles ;
- la part qui leur revient de droit sur le produit des impôts et taxes perçus au profit du budget de l'État ;
- les produits des dotations et les subventions attribuées par l'État ;
- le produit des emprunts contractés soit sur le marché intérieur, soit sur le marché extérieur après accord des autorités monétaires nationales, avec ou sans garantie de l'État ;

- les dons et legs ;
- les revenus de leur patrimoine ;
- le pourcentage sur le produit des ressources du sol et du sous-sol exploitées sur leur territoire.

Article 214 : Les règles relatives aux statuts juridiques, à l'organisation, au fonctionnement et aux attributions des Communes ainsi que leurs rapports avec la Province et l'État fédéral sont fixées par une loi organique.

Chapitre II : Des Cantons et des villages

Article 215 : Les cantons sont des entités traditionnelles à l'intérieur des Communes qui relèvent de l'autorité des autorités traditionnelles et coutumières.

Article 216 : Les cantons sont constitués d'un ou de plusieurs villages qui leur sont coutumièrement rattachés ;

Article 217 : Les autorités traditionnelles et coutumières sont les gardiens de la tradition et garants des us et coutumes ;

Elles concourent à l'encadrement des populations et appuient l'action des Maires au niveau local, dans le respect des libertés et des droits de l'Homme.

Elles contribuent au règlement pacifique des différends coutumiers de nature civile, sous le contrôle du Juge territorialement compétent.

Article 218 : Les entités traditionnelles conservent leurs limites coutumières telles que reconnues par l'État et par la tradition.

Les dévolutions successorales se font conformément aux règles coutumières des entités concernées ; Toutefois, en cas de litiges persistants, la justice peut en être saisie.

La création de nouveaux villages ou canton est strictement interdites.

Article 219 : Les statuts, attributions et rémunérations des autorités traditionnelles et coutumières sont déterminés par une loi.

Titre XIII : De la coopération, des traités et accords internationaux

Article 220 : La République fédérale du Tchad peut conclure avec d'autres États des accords de coopération ou d'association sur la base des principes d'égalité, de respect mutuel de la souveraineté, de l'intégrité territoriale, des avantages réciproques et de la dignité nationale.

Elle peut créer avec des États des organismes de gestion commune, de coordination et de coopération dans les domaines économique, monétaire, financier, scientifique, technique, militaire et culturel.

Article 221 : Le président de la République négocie et ratifie les traités. Il est informé de toute négociation tendant à la conclusion d'un accord international non soumis à la ratification.

Article 222 : Les traités de paix, les traités de défense, les traités de commerce, les traités relatifs à l'usage du territoire national ou à l'exploitation des ressources naturelles, les accords relatifs à l'organisation internationale, ceux qui engagent les finances de l'État ou ceux qui sont relatifs à l'état des personnes, ne peuvent être approuvés ou ratifiés qu'après autorisation du Parlement.

Ces traités et accords ne prennent effet qu'après avoir été approuvés et ratifiés.

Nulle cession, nul échange, nulle adjonction de territoire, n'est valable sans le consentement du peuple exprimé par voie de référendum.

Article 223 : Si le Conseil constitutionnel, saisi par le président de la République ou par le président de l'Assemblée nationale ou du Sénat, a déclaré qu'un engagement international comporte une clause contraire à la Constitution, l'autorisation de ratification ne peut intervenir qu'après la révision de la Constitution.

Article 224 : Les traités ou accords régulièrement ratifiés ont, dès leur publication, une autorité supérieure à celle des lois, sous réserve pour chaque accord ou traité de son application par l'autre partie.

Titre XIV : De la révision

Article 225 : L'initiative de la révision de la Constitution appartient concurremment au président de la République, après décision prise en Conseil des ministres et aux membres du Parlement.

Pour être pris en considération, le projet ou la proposition de révision doit être votée, en termes identiques, à la majorité des deux tiers des membres de l'Assemblée nationale et du Sénat.

Article 226 : La révision de la Constitution est approuvée par référendum.

Les dispositions constitutionnelles révisées relatives à l'éligibilité, la durée des mandats, l'octroi d'immunités ou d'avantages ne peuvent s'appliquer au Président Fédéral et Gouverneurs en fonction, y compris après la cessation de leurs fonctions.

Article 227 : Aucune procédure de révision ne peut être engagée ou poursuivie lorsqu'elle porte atteinte :

- à l'intégrité du territoire, à l'indépendance ou à l'unité nationale ;
- à la forme fédérale ou Républicaine de l'État, au principe de la séparation des pouvoirs et à la laïcité ;
- aux libertés et droits fondamentaux du citoyen ;
- au pluralisme politique ;
- aux sceaux ou emblèmes nationaux.

Article 228 : Aucune procédure de révision ne peut être engagée ou poursuivie lorsqu'elle tend à modifier des dispositions substantielles de la Constitution.

Article 229 : Aucune procédure de révision ne peut être engagée lorsque le président de la République exerce les pouvoirs exceptionnels.

Titre XV : Des dispositions transitoires et finales

Article 230 : Le président de la République en fonction continue d'assumer sa charge jusqu'à l'investiture du président élu.

Article 231 : Le parlement provisoire continue d'exercer sa fonction législative ; il veille à la défense et à la promotion des droits de l'homme et des libertés ; il supervise l'organisation de l'élection présidentielle.

Le mandat des conseillers prend fin dès l'installation de l'Assemblée nationale élue.

Article 232 : Le Gouvernement continue d'exercer ses charges jusqu'à la nomination d'un nouveau Gouvernement.

Article 233 : Les autres institutions établies continuent d'exercer leurs fonctions et attributions conformément aux lois et règlements en vigueur jusqu'à l'adoption et la mise en place des nouvelles institutions.

Article 234 : Les mesures nécessaires à la mise en place des institutions prévues par la présente Constitution sont prises, soit par voie législative, soit par décrets en Conseil des ministres.

Les institutions de la République prévues par la présente Constitution sont mises en place dans un délai maximum de trente-six mois à compter de l'adoption de la présente Constitution.

Article 235 : Le Président fédéral élu entre en fonction immédiatement après la proclamation définitive des résultats du scrutin.

Article 236 : La présente Constitution abroge dès sa promulgation, la Charte de la transition et toutes les autres dispositions antérieures contraires.

Article 237 : La présente Constitution est adoptée par référendum.

Elle entre en vigueur dès sa promulgation par le président de la République dans les huit jours suivant la proclamation du résultat du référendum.

CHAPITRE II :

La forme unitaire de l'État comme choix de continuité et la nécessité d'appliquer concrètement la démocratie locale au Tchad

L'État unitaire est une organisation politique et administrative dans laquelle l'autorité centrale exerce un pouvoir fort et centralisé[246] sur l'ensemble du territoire national. Ce type d'État est souvent utilisé dans les pays qui ont une forte identité nationale et qui cherchent à renforcer leur unité territoriale[247]. Au Tchad, l'État unitaire a été instauré depuis l'indépendance en 1960, avec une forte centralisation du pouvoir au niveau de la capitale, Fort-Lamy, puis N'Djamena actuellement. Cette centralisation a eu pour effet de marginaliser les régions éloignées de la capitale et de créer des inégalités économiques et sociales entre les différentes régions du pays.

C'est pourquoi il est aujourd'hui nécessaire d'appliquer concrètement la démocratie locale au Tchad, en donnant plus de pouvoir et d'autonomie aux régions et aux collectivités locales décentralisées. La démocratie locale permettrait aux citoyens de participer de manière plus active à la prise de décisions qui les concernent directement, en élisant leurs représentants locaux et en participant aux débats publics. Cela permettrait également de réduire les inégalités territoriales en donnant aux régions plus de moyens pour développer leurs propres projets économiques et sociaux, adaptés à leurs besoins et à leurs spécificités culturelles. La décentralisation de l'administration permettrait également de mieux prendre en compte les problèmes locaux et de trouver des solutions adaptées à chaque région.

---

[246] Voir à ce sujet, Maurice Hauriou, « Décentralisation », dans Léon Béquet, *Répertoire du droit administratif*, Paris, P. Dupont, 1882, p. 482.

[247] L'exemple le plus vivant est celui de la France qui est un État unitaire et qui impulse son modèle à ses ex-colonies comme le Tchad.

Aussi, la démocratie locale[248] renforcerait la participation et l'engagement politique des citoyens, en leur donnant la possibilité de s'impliquer davantage dans la vie de leur communauté et de contribuer activement au développement de leur région. En somme, l'application concrète de la démocratie locale au Tchad permettrait de renforcer l'unité nationale en prenant en compte les spécificités régionales, tout en renforçant la participation citoyenne et en réduisant les inégalités territoriales. À cet effet, pour aborder profondément la question, il est important d'expliquer le sens même de la forme unitaire de l'État, d'une part, à travers sa définition et ses caractéristiques, ainsi que ses avantages et inconvénients, d'autre part, évoquer la nécessité d'application concrète de la démocratie locale au Tchad à travers sa définition et ses enjeux ainsi que les conditions de mise œuvre dans le cadre de l'État unitaire au Tchad.

SECTION 1 : Le sens de la forme unitaire de l'État

La forme unitaire de l'État désigne une organisation politique et administrative dans laquelle le pouvoir est centralisé au niveau de l'État et où l'ensemble du territoire est administré de manière uniforme par une seule autorité centrale. En d'autres termes, l'État est unifié et ne possède qu'une seule entité politique, administrative et juridique qui exerce sa souveraineté sur l'ensemble du territoire national. Dans un État unitaire comme le cas actuel au Tchad, les régions, provinces ou départements disposent d'une certaine autonomie, mais celle-ci est limitée et subordonnée à l'autorité centrale. Les lois et les politiques sont décidées par l'État central, et les gouverneurs ou préfets des régions ou provinces sont nommés par l'État central plutôt qu'élus localement.

Cette forme d'État est différente de l'État fédéral, dans lequel le pouvoir est partagé entre le gouvernement central et les États fédérés, qui possèdent leur propre souveraineté et leur propre gouvernement. Dans un État unitaire, toutes les décisions importantes sont prises par l'État central, alors que dans un État fédéral, les États fédérés ont plus

[248] Voir aussi, l'exemple de la France avec Vida Azimi, « La nation contre les petites nations », dans *L'administration territoriale de la France (1750-1940)*, Presses universitaires d'Orléans, 1998, p. 376.

d'autonomie et peuvent prendre des décisions importantes par eux-mêmes. La forme unitaire de l'État est la plus répandue dans le monde, notamment en Europe, où la plupart des pays ont une structure unitaire mais avec une autonomie plus avancée mettant en application concrète, le principe de subsidiarité[249].

Autrement dit, l'État unitaire est une forme d'organisation politique caractérisée par un gouvernement central fort qui exerce le pouvoir[250] sur l'ensemble du pays. Les décisions importantes sont prises au niveau central, les lois sont uniformes sur tout le territoire et les régions ou subdivisions administratives locales ont une autonomie limitée. L'unité territoriale est maintenue par le gouvernement central et les institutions gouvernementales sont mises en place de manière uniforme sur tout le territoire. À cet effet, il convient de le définir et de ressortir ses caractéristiques en évoquant ses avantages et inconvénients de manière générale.

A. Définition et caractéristiques de l'État unitaire

L'état unitaire est un système de gouvernement dans lequel l'autorité centrale détient l'essentiel des pouvoirs et où les subdivisions territoriales, telles que les régions ou les départements, ont un pouvoir limité et délégué par l'État central. Dans ce système, l'État est considéré comme une entité indivisible et souveraine, et les subdivisions territoriales sont considérées comme des entités administratives créées par l'État pour faciliter la mise en œuvre de ses politiques et programmes. L'état unitaire est souvent comparé à l'état fédéral, où le pouvoir est partagé entre l'État central et les entités fédérées. Dans un État fédéral, les entités fédérées disposent de pouvoirs législatifs, exécutifs et judiciaires indépendants, tandis que dans un État unitaire, l'État central conserve la plupart de ces pouvoirs et impose l'unicité de forme juridique.

---

[249] Le principe de subsidiarité permet, dans le cadre des compétences partagées entre le pouvoir central et les collectivités territoriales décentralisées comme le cas au Tchad, de déterminer le niveau d'intervention le plus pertinent pour la réalisation des objectifs de l'action envisagée dans la gouvernance territoriale et l'administration publique d'une manière générale.

[250] Voir à propos, Gérard Marcou, « Le principe d'indivisibilité de la République », *Pouvoirs*, n° 100, janvier 2006, p. 45.

En effet, l'État unitaire, l'autorité centrale détient la plupart des pouvoirs. Bien qu'il puisse présenter des avantages en termes de simplicité et d'uniformité des politiques gouvernementales, il peut également entraîner des inconvénients en termes d'éloignement du pouvoir et de manque de capacité à répondre aux besoins locaux.

Un État unitaire fortement décentralisé, comme c'est le cas au Tchad, est un type d'État dans lequel le pouvoir politique est concentré au niveau central, mais où une grande partie de la gestion administrative et de la prise de décisions est déléguée aux collectivités[251] territoriales et aux autorités régionales. Dans ce type de gouvernance administrative et territoriale, le gouvernement central conserve l'autorité sur les grandes politiques nationales, telles que la défense, la sécurité, les relations extérieures et les politiques économiques globales, mais les élus locaux ont la responsabilité de mettre en œuvre ces politiques et de répondre aux besoins spécifiques de leur région.

Cela signifie que les régions ou les provinces ont des pouvoirs importants pour prendre des décisions sur les affaires locales[252], telles que l'éducation, les soins de santé, les infrastructures, la gestion de l'environnement, la culture et la langue, entre autres. Les collectivités locales sont souvent élues par les citoyens de la région et sont chargées de mettre en œuvre les politiques nationales tout en tenant compte des besoins et des priorités locales. En résumé, un État unitaire fortement décentralisé est un État dans lequel le pouvoir est centralisé au niveau national, mais où une grande autonomie est accordée en principe aux régions et aux collectivités locales pour prendre des décisions sur les affaires locales, tout en respectant les politiques et les lois nationales.

L'expression « état unitaire déconcentré » désigne quant à lui, un système politique dans lequel le pouvoir est centralisé au niveau de l'État, mais où une partie de ce pouvoir est déléguée aux autorités administratives situées au niveau local. En d'autres termes, le pouvoir est réparti entre l'État central et les collectivités territoriales subordonnées, mais reste uni dans son ensemble. En France, par

[251] Voir en référence, George Jones, « *L'avenir du gouvernement local : en a-t-il un ?* », http://www.collaboratei.com (consulté le 22 novembre 2016).

[252] Voir Mathieu Doat, *Recherche sur la notion de collectivité locale en droit administratif français*, Paris, LGDJ, 2003, p. 39, 41 et 57.

exemple, l'État[253] est unitaire déconcentré, ce qui signifie que le pouvoir est centralisé au niveau de l'État, mais que les préfets, sous l'autorité du gouvernement, exercent des compétences déléguées dans les départements. De même, les maires exercent des compétences déléguées dans les communes. Cependant, ces autorités locales agissent sous la supervision et la responsabilité de l'État central. C'est bien le cas également au Tchad avec la forme unitaire fortement décentralisée instituée par la Constitution du 31 mars 1996.

Par conséquent, le Tchad est considéré comme un État unitaire car le pouvoir politique est centralisé au niveau national et est exercé par le gouvernement basé à N'Djamena. Bien que certaines compétences soient déléguées aux collectivités territoriales telles que les régions, les départements et les communes, elles sont toujours soumises à l'autorité et au contrôle de l'État central. De plus, les lois et les politiques appliquées dans tout le pays sont uniformes et sont décidées par le gouvernement national. L'État unitaire déconcentré[254] est un système de gouvernance dans lequel le pouvoir central détient l'autorité sur l'ensemble du territoire national, mais peut déléguer une partie de ce pouvoir à des organes locaux pour les exercer en son nom. Les organes locaux agissent donc comme des relais de l'État central, mais leur pouvoir est limité et subordonné à l'autorité de l'État central.

En d'autres termes, dans un État unitaire déconcentré, la déconcentration est un mécanisme de répartition des compétences et des pouvoirs entre l'État central et les collectivités locales. Les autorités locales exercent leurs compétences et leurs pouvoirs dans le cadre des lois et des règlements édictés par l'État central, qui conserve la responsabilité finale de la gouvernance du pays.

L'État unitaire fortement décentralisé également, est un système politique dans lequel les pouvoirs sont concentrés au niveau central de l'État, mais où les régions et les entités locales disposent d'un haut degré d'autonomie et de pouvoir décisionnel. Ce système de gouvernance dans lequel le pouvoir politique est centralisé au niveau national, mais permet une certaine décentralisation des pouvoirs et des

253 Voir Georges Burdeau, *L'État,* Paris, Seuil, 1970, p. 14-15.

254 Voir l'exemple de l'Algérie avec Chabane Benakezouh, « La dimension constitutionnelle de la décentralisation territoriale en Algérie », dans Gilles J. Guglielmi et Julien Martin (dir.), *Le droit constitutionnel des collectivités territoriales* , Boulogne-Billancourt, Berger-Levrault, 2015, p. 124-126.

responsabilités au niveau régional ou local. Ses caractéristiques sont généralement, une Constitution qui établit l'unité de l'État et la décentralisation des pouvoirs.

Le gouvernement central conserve les pouvoirs importants tels que la défense nationale, la politique étrangère, la monnaie, la justice, etc. Une certaine compétence[255] pour les collectivités territoriales, qui peuvent avoir des pouvoirs limités en matière de politique fiscale, de développement économique, d'éducation, de santé, etc. La possibilité pour les régions ou les localités de légiférer sur des questions spécifiques qui les concernent directement. Des élections régionales ou locales qui permettent aux citoyens de choisir leurs représentants locaux.

La création de structures administratives régionales ou locales pour mettre en œuvre les politiques nationales et locales. Une certaine coordination entre les gouvernements centraux et les collectivités locales pour éviter les conflits et assurer une gouvernance cohérente. Des mécanismes de contrôle et d'évaluation pour assurer la transparence et la responsabilité dans l'exercice des pouvoirs locaux et régionaux. Des mécanismes de coopération et de collaboration entre les gouvernements central, régional et local pour résoudre les problèmes communs et atteindre des objectifs communs. Ces caractéristiques peuvent varier d'un pays à l'autre en fonction des conditions politiques, économiques et sociales spécifiques.

À cet effet, les principales caractéristiques de l'État unitaire fortement décentralisé se retrouvent au niveau de la concentration des pouvoirs au niveau central. L'État unitaire maintient la souveraineté sur tout le territoire national, mais délègue certaines responsabilités aux autorités locales. L'autonomie accordée aux régions ou aux entités locales, permet à ces dernières de jouir d'un certain degré d'autonomie dans les domaines qui leur sont délégués, tels que la gestion des affaires locales, l'administration, la fiscalité ou encore la planification. L'État

[255] La notion de « compétence » à un caractère fonctionnel et sert à prévoir le conflit entre les collectivités disposant du même pouvoir en définissant le domaine d'action de chacun ; en l'occurrence, l'administration centrale et les collectivités locales. Dans la loi fondamentale pour la République fédérale d'Allemagne par exemple, 3 types de compétences existent : compétences exclusives, compétences concurrentes et compétences communes. Voir, pour l'exemple, Louis Favoreu et Wanda Mastor, *Les cours constitutionnelles*, Paris, Dalloz, 2011, p. 145-150.

unitaire fortement décentralisé implique également un partage des pouvoirs entre le gouvernement central et les collectivités locales, chacun ayant des compétences et des responsabilités spécifiques.

Au sujet de la coopération et la coordination, les autorités centrales et locales travaillent ensemble pour atteindre des objectifs communs et coordonnent leurs efforts dans différents domaines. L'État unitaire fortement décentralisé permet de prendre en compte aussi, la diversité des cultures et des régions du pays, en reconnaissant et en respectant les particularités de chaque territoire. La structure décentralisée permet une certaine flexibilité dans la gestion des affaires locales[256], ce qui permet de répondre plus efficacement aux besoins et aux demandes des citoyens.

En somme, l'État unitaire fortement décentralisé combine l'autorité centrale avec une forte autonomie des entités locales, ce qui permet de prendre en compte la diversité culturelle et régionale du pays tout en garantissant la cohérence et l'unité de l'État. Un État unitaire fortement décentralisé se caractérise également par une répartition importante des compétences et des responsabilités entre le gouvernement central et les collectivités locales. La caractéristique de la décentralisation profonde dans un État unitaire est basée essentiellement sur les collectivités locales qui ont des pouvoirs et des responsabilités étendus dans de nombreux domaines tels que la santé, l'éducation, les transports, les services sociaux, l'urbanisme, etc.

La coordination entre les différents niveaux des collectivités locales est nécessaire pour garantir une gestion efficace de l'État[257]. Il y a une interdépendance étroite entre le gouvernement central et les collectivités locales. Elles disposent d'une autonomie financière pour leur permettre de gérer leurs dépenses et leurs investissements. Elles peuvent lever des impôts et recevoir des financements de l'État central. Le gouvernement central joue un rôle de coordination et d'harmonisation des politiques publiques à l'échelle nationale. Il peut intervenir pour résoudre les conflits entre les collectivités locales ou pour réglementer certaines activités. La participation des citoyens est essentielle dans la prise de décision, notamment à travers des mécanismes de démocratie participative. Les collectivités locales sont

[256] Voir François Rangeon, « Le gouvernement local », dans, *La gouvernabilité*, Paris, PUF, 1996.

[257] Voir Maurice Hauriou, *Principes de droit public*, Paris, Larose, 1910, p. 321.

en contact direct avec les citoyens et sont donc plus susceptibles de répondre à leurs besoins. Aussi, l'État unitaire[258] fortement décentralisé combine une forte autonomie des collectivités locales avec une coordination et une harmonisation des politiques à l'échelle nationale pour garantir une gestion efficace de l'État.

Les avantages de l'état unitaire sont la simplicité, l'efficacité et l'uniformité des politiques gouvernementales. Dans un État unitaire, il est plus facile pour le gouvernement central de mettre en œuvre des politiques cohérentes à travers tout le pays, ce qui peut être particulièrement important dans les domaines tels que la défense, la sécurité et les relations étrangères. Cependant, l'état unitaire peut également présenter des inconvénients. Par exemple, le gouvernement central peut être éloigné des préoccupations et des besoins locaux, et les subdivisions territoriales peuvent avoir peu de pouvoir pour s'adapter aux besoins spécifiques de leurs communautés. Cela peut conduire à des inégalités et à des tensions entre le centre et les régions périphériques, et peut faire réfléchir aux avantages, tout comme aux inconvénients d'une telle forme de l'État, surtout dans un pays où le dualisme constitutionnel est trop apparent et montant.

B. Les avantages et les inconvénients de la forme unitaire de l'État

Il faut rappeler que la forme unitaire de l'État est un système de gouvernement dans lequel la souveraineté est concentrée entre les mains d'un seul gouvernement central, plutôt que d'être partagée entre plusieurs niveaux de gouvernement. À cet effet, il ressort des avantages et des inconvénients de la forme unitaire de l'État qu'il existe une cohérence et une uniformité dans le fonctionnement pratique du système. La forme unitaire de l'État permet une certaine uniformité dans l'application des lois et des politiques à travers tout le pays, ce qui peut favoriser la cohésion sociale et économique.

---

[258] Voir l'exemple des pays arabe avec Safouane Almabidhine, Houcine Altaraouna et Taoufiq Abdelhadi, « *La centralisation et la décentralisation dans l'organisation de l'administration locale* (en arabe) », Amman, Alyazourdi, 2011, p. 18-19.

Aussi, le système peut simplifier la prise de décision. Le gouvernement central a un pouvoir décisionnel plus fort, ce qui peut faciliter la prise de décision et la mise en œuvre de politiques à grande échelle. Il permet de réaliser une économie d'échelle en éliminant les coûts et les dépenses inutiles associés à plusieurs niveaux de gouvernement. On peut également remarquer l'absence de rivalité entre les collectivités locales, parce qu'il n'y a pas de compétition ou de rivalité entre les différents niveaux des collectivités, ce qui peut favoriser la coopération et la collaboration.

Dans un État unitaire, la législation et la réglementation sont appliquées de manière uniforme sur tout le territoire, ce qui facilite la compréhension et l'application des règles par les citoyens et les entreprises. Il y a moins de risques de conflits entre les différents niveaux des collectivités, ce qui peut favoriser une plus grande stabilité politique et sociale sur l'ensemble du territoire. La concentration du pouvoir dans les mains du gouvernement central peut permettre une mise en œuvre plus rapide et plus efficace des politiques publiques à grande échelle, en évitant les blocages ou les retards liés aux divergences entre les différents niveaux des collectivités. Il y a généralement moins de bureaucratie et moins de complexité dans l'administration publique, ce qui peut réduire les coûts et faciliter la gestion des affaires publiques.

Le système fait la promotion de l'identité nationale forte et réduit les clivages régionaux ou ethniques, la forme unitaire de l'État peut contribuer à renforcer la cohésion nationale et à préserver l'intégrité territoriale du pays. Cependant, il convient de noter que ces avantages peuvent varier en fonction du contexte spécifique de chaque pays et qu'ils doivent être pesés par rapport aux inconvénients évoqués précédemment.

Un État unitaire fortement décentralisé[259] peut présenter plusieurs avantages, notamment, la prise de décisions plus efficace avec une forte décentralisation, où les décisions peuvent être prises plus rapidement et plus efficacement car elles sont prises localement par les autorités compétentes. Il permet également de mieux répondre aux besoins et aux spécificités de chaque région. Il permet également, aux

[259] Voir l'illustration faite par Landry Ngono Tsimi, *L'autonomie administrative et financière des collectivités territoriales décentralisées : l'exemple du Cameroun*, thèse en droit public, Paris, Paris-Est Créteil Val-de-Marne, 2010, p. 51.

régions de disposer plus de pouvoir et de responsabilités, et peut réduire la bureaucratie en rendant les procédures administratives plus simples et plus rapides. Il permet aux citoyens qui sont davantage impliqués dans la prise de décisions locales, et peut améliorer leur participation à la vie publique en renforçant la démocratie. Une forte décentralisation permet à chaque région de mettre en place des politiques économiques adaptées à ses besoins spécifiques, ce qui peut favoriser le développement économique régional. En permettant une plus grande autonomie aux régions, les tensions et les conflits peuvent être évités ou réduits entre les différentes parties du pays.

Un État unitaire fortement décentralisé peut favoriser une gouvernance plus efficace, une participation citoyenne accrue, un développement économique régional et la prévention des conflits.

Au niveau des inconvénients, on peut remarquer la concentration des pouvoirs dans les mains du gouvernement central qui peut entraîner une perte de liberté et d'autonomie pour les collectivités locales et les citoyens. Dans un système unitaire, les collectivités locales ont souvent moins de pouvoir et de représentation que dans un système fédéral, ce qui peut entraîner une perte de voix pour les communautés locales. Difficulté de prise en compte des différences régionales, les politiques nationales peuvent ne pas être adaptées aux besoins spécifiques des régions et des communautés[260] locales, ce qui peut entraîner des inégalités et des injustices. Dans certains cas, un gouvernement central peut devenir trop puissant et imposer des politiques qui ne reflètent pas les besoins et les souhaits des régions et des communautés locales.

La forme unitaire de l'État présente certains avantages, notamment en termes de cohérence, de simplification de la prise de décision et d'économie d'échelle, mais elle comporte également des inconvénients, notamment en termes de concentration de pouvoir, d'absence de représentation locale, de difficulté à prendre en compte les différences régionales et de risque d'une centralisation plus élevée et accrue. Difficulté à représenter les intérêts locaux, car ils peuvent ne pas être représentés de manière adéquate au niveau national, ce qui

---

[260] Pour plus de détails sur la commune durant la première moitié du XIX siècle, voir Philippe Tanchoux, « Les « pouvoirs municipaux » de la commune entre 1800 et 1848 : un horizon chimérique ? » *Parlement[s]. Revue d'histoire politique*, 2013, n 20, p. 35-48.

peut conduire à une marginalisation des régions et des communautés locales.

Le risque de centralisation excessive, car le pouvoir est concentré au niveau national, ce qui peut entraîner une centralisation excessive du pouvoir et réduire la capacité des collectivités locales à répondre aux besoins de leurs communautés. La faible flexibilité dans la prise de décision, car les décisions prises au niveau national s'appliquent uniformément sur l'ensemble du territoire, ce qui peut limiter la capacité à adapter les politiques publiques aux besoins spécifiques des régions ou des communautés locales. Le risque de conflits politiques, dans certains cas, les conflits politiques entre les régions et le gouvernement central peuvent se produire dans un État unitaire, en particulier si les intérêts locaux ne sont pas pris en compte de manière adéquate dans la prise de décision.

Le risque de fragmentation, une forte décentralisation peut entraîner une fragmentation de l'État, où chaque région ou chaque province peut agir de manière autonome, sans se soucier des intérêts de l'ensemble du pays. Cela peut conduire à des conflits et des tensions entre les différentes régions. Un coût élevé, car la décentralisation implique souvent la création de nouvelles structures administratives et de gouvernance au niveau régional ou local, ce qui peut entraîner des coûts élevés pour l'État. Les inégalités régionales, la décentralisation peut entraîner des inégalités entre les différentes régions du pays en termes de financement, de services publics et d'opportunités économiques. Certaines régions peuvent avoir plus de ressources et de pouvoir que d'autres, ce qui peut créer des déséquilibres et des tensions.

Des difficultés à coordonner les politiques, la décentralisation peut rendre difficile la coordination des politiques et des programmes entre les différentes régions ou provinces. Cela peut conduire à une inefficacité dans la mise en œuvre des politiques et à une duplication des efforts. La perte de contrôle centralisé, la décentralisation peut conduire à une perte de contrôle centralisé sur les politiques et les décisions importantes, ce qui peut rendre difficile la mise en œuvre d'une vision et d'une stratégie à long terme pour le pays dans son ensemble.

En résumé, l'État unitaire fortement décentralisé peut offrir des avantages en termes de participation citoyenne, de responsabilisation locale et de prise de décision plus rapide. Cependant, il présente également des inconvénients[261], tels que le risque de fragmentation, les coûts élevés, les inégalités régionales, la difficulté à coordonner les politiques et la perte de contrôle centralisé. Le coût de la coordination entre le gouvernement central et les collectivités locales peut être coûteuse en termes de temps, de ressources et de bureaucratie, ce qui peut entraîner des inefficacités et des coûts supplémentaires pour le gouvernement et les citoyens. Il est important de noter que les inconvénients de la forme unitaire de l'État peuvent varier selon les contextes nationaux et que chaque pays doit évaluer les avantages et les inconvénients avant de choisir son système de gouvernement.

SECTION 2 : La nécessité d'appliquer concrètement la démocratie locale au Tchad

La démocratie locale est un concept important dans la gouvernance et la prise de décisions à l'échelle locale. Elle implique les citoyens dans le processus décisionnel et la participation à la gouvernance locale. Pour que les Tchadiens ne revivent pas de manière théorique une forme unitaire fortement décentralisée de l'État, il faut une mise en application concrète de la démocratie locale en organisant des élections crédibles sur le plan régional, départemental et communal pour permettre un développement réel des collectivités locales décentralisées.

Pour parvenir à mettre en application concrète la démocratie au niveau locale au Tchad, il faut que l'État dans sa forme unitaire actuelle, contesté par une partie des Tchadiens arrive à respecter les consultations[262] publiques qui permettent aux citoyens de donner leur avis sur les projets de développement local et les politiques publiques. Les collectivités locales doivent organiser des réunions publiques, des sondages en ligne, des groupes de discussion, des tables rondes, etc.

---

[261] Voir les illustrations faites par Célestin Keutcha Tchapnga, « Droit constitutionnel et conflits politiques dans les États francophones d'Afrique noire », *RFD const.*, 2005, n° 63, p. 456.

[262] Voir le cas évoqué par Didier Maus *et al.*, *Dossier de référence préparé par l'Institut international d'administration publique*, p. 129, http://democratie.francophonie.org (consulté le 17 mars 2023).

Accepter les budgets participatifs qui peuvent permettre aux citoyens de proposer et de voter des projets qui seront financés par les collectivités. Ces budgets participatifs offrent aux citoyens une opportunité de participer directement à la prise de décisions en matière de dépenses publiques.

Mettre en place des comités consultatifs qui sont des groupes de citoyens qui doivent être consultés par les collectivités locales sur des questions spécifiques. Ces comités peuvent être formés pour examiner des questions telles que la planification urbaine, l'environnement, la santé publique, la sécurité, l'éducation, etc. Les initiatives de participation citoyenne doivent être encouragées pour que les citoyens puissent s'engager davantage dans la gouvernance locale. Ces initiatives peuvent inclure des programmes de formation pour les citoyens, des forums publics, des campagnes de sensibilisation, des concours de conception, etc.

Il faut aussi, favoriser la coopération entre les collectivités locales et la société civile qui peut contribuer à renforcer la participation citoyenne et à améliorer la prise de décisions au niveau locale. Les organisations de la société civile peuvent jouer un rôle important en mobilisant les citoyens et en les encourageant à s'engager dans le processus décisionnel. En somme, la démocratie locale est un concept important qui favorise la participation des citoyens dans la prise de décisions à l'échelle locale. Les collectivités locales peuvent mettre en place plusieurs initiatives pour encourager la participation citoyenne et renforcer la démocratie au niveau local pour faciliter la gouvernance dans la forme unitaire fortement décentralisée telle que recommandée par la conférence nationale souveraine de 1993 au Tchad. Mais pour comprendre cette nécessité de mise en application concrète de la démocratie locale au Tchad à l'effet de satisfaire une bonne partie des Tchadiens aujourd'hui offusqués par la forme unitaire fortement décentralisée, il faut tout d'abord, définir le concept ainsi que les principes et expliquer les enjeux de cette démocratie locale. Ensuite, il faut ressortir les conditions de mise en œuvre d'une démocratie locale pour atteindre le développement local dans le cadre d'un État unitaire fortement décentralisé au Tchad.

A. Définition, principes et enjeux de la démocratie locale

La démocratie locale[263] peut être définie comme un système de gouvernance qui implique le transfert de certains pouvoirs et compétences de l'État central à une collectivité locale ou régionale. Cette collectivité est dotée de ses propres institutions démocratiques, telles que des conseils municipaux, départementaux ou régionaux élus au suffrage universel, qui prennent des décisions au nom de la communauté locale. En réalité, la démocratie locale est un concept qui désigne la participation des citoyens à la gestion des affaires publiques à l'échelle locale. Elle s'applique au niveau des communes, des départements et des régions.

Il existe un transfert de pouvoirs et de compétences aux autorités locales qui permet une prise de décision plus efficace et plus adaptée aux besoins et aux réalités locales. Les collectivités locales sont mieux placées pour comprendre les enjeux spécifiques de leur communauté et pour élaborer des politiques et des programmes qui y répondent de manière appropriée. La démocratie locale permet également aux citoyens de participer plus activement à la prise de décisions qui les affectent directement. Les institutions démocratiques locales sont généralement plus accessibles aux citoyens que les institutions centrales, ce qui permet une plus grande participation citoyenne à la vie politique et à la gestion des affaires locales.

Elle est une forme de gouvernance qui permet une prise de décision plus participative, plus efficace et plus adaptée aux réalités locales, en transférant certains pouvoirs et compétences de l'État central aux collectivités locales et régionales. Dans cette configuration, les citoyens sont considérés comme des acteurs à part entière de la vie publique et ont la possibilité de s'impliquer dans la prise de décisions qui les concernent. La démocratie locale repose sur des principes fondamentaux, tels que la participation, la transparence et la responsabilité. Les citoyens sont informés et impliqués dans les processus de décision afin de garantir une gestion équitable et transparente des ressources publiques. La transparence et la

---

[263] Voir l'exemple d'étude illustré par Markku Suksi, *Gouvernance infra-étatique par l'autonomie territoriale : une étude comparative du droit constitutionnel des pouvoirs, des procédures et des institutions*, Berlin, Springer, 2011, p. 82.

responsabilité sont également des éléments clés de la démocratie locale, car elles permettent de prévenir la corruption et d'assurer la confiance des citoyens dans les collectivités locales.

La mise en place de la démocratie locale nécessite la création d'institutions et de mécanismes de participation citoyenne, tels que les conseils régionaux et départementaux, les comités de quartier, les forums citoyens et les budgets participatifs. Ces structures permettent aux citoyens de s'exprimer sur les décisions publiques qui les concernent directement. La participation citoyenne peut également se faire à travers des consultations populaires, des référendums locaux ou des élections municipales. La démocratie locale présente de nombreux avantages pour les citoyens et les collectivités. Elle permet une meilleure prise en compte des besoins et des aspirations des citoyens, ce qui peut améliorer la qualité de vie des communautés locales. Elle favorise également l'implication citoyenne et renforce la confiance des citoyens dans leurs institutions locales[264].

Cependant, la mise en place de la démocratie locale peut être entravée par divers facteurs, tels que le manque de ressources, les contraintes réglementaires et les résistances politiques. La participation citoyenne peut également être limitée par des barrières sociales, économiques ou culturelles. Il est donc important de prendre en compte ces facteurs dans la mise en place de la démocratie locale et de mettre en œuvre des mesures pour surmonter ces obstacles.

Autrement dit, la démocratie locale est un concept important pour la participation citoyenne et la gouvernance locale. Elle repose sur des principes de participation, de transparence et de responsabilité, et nécessite la mise en place d'institutions et de mécanismes de participation citoyenne. La démocratie locale présente de nombreux avantages pour les citoyens et les collectivités, mais peut également rencontrer des obstacles à sa mise en place. Il est donc important de prendre en compte ces défis et de mettre en place des mesures pour les surmonter.

Les principes d'une démocratie locale demeurent les suivants :

---

[264] Voir l’illustration faite par Stéphane Rials, « l'État régional s'explique par une dynamique beaucoup plus économique, sociale et mentale que juridique » *Destin du fédéralisme*, Paris, LGDJ, 1986, p. 3

La participation citoyenne : Les citoyens doivent pouvoir participer activement à la prise de décision locale. Cela peut se faire par le biais de consultations publiques, de réunions de quartier ou de conseils de quartier.

La transparence : Les décisions prises doivent être transparentes et accessibles à tous. Les citoyens doivent être informés des décisions prises et des raisons qui les ont motivées.

La responsabilité : Les élus locaux doivent rendre compte de leurs actions et de leurs décisions. Ils doivent être responsables devant les citoyens et répondre de leurs actes.

L'égalité : Tous les citoyens doivent être traités de manière égale, sans discrimination ni favoritisme. Les politiques locales doivent être élaborées dans le respect de la diversité et de l'égalité des droits.

La décentralisation : Les décisions doivent être prises au plus près des citoyens. Les autorités locales doivent disposer de l'autonomie nécessaire pour agir dans l'intérêt de leur communauté.

La coopération : Les autorités locales doivent travailler en collaboration avec les citoyens, les organisations de la société civile et les autres acteurs locaux pour élaborer des politiques efficaces et répondre aux besoins locaux.

La durabilité : Les politiques locales doivent être durables sur le plan économique, social et environnemental. Les décisions prises doivent contribuer à améliorer la gouvernance et le développement local des régions, départements et communes.

Le développement de la démocratie locale au Tchad est un enjeu crucial pour la réduction de la pauvreté, l'amélioration des conditions de vie des populations et la consolidation de la paix et de la stabilité du pays. Le Tchad est confronté à de nombreux défis, tels que le manque d'infrastructures, la faible productivité agricole, l'insécurité alimentaire, la dégradation de l'environnement, la faible qualité des services de santé et d'éducation, l'exclusion sociale et la marginalisation des groupes vulnérables, tels que les femmes et les jeunes.

Le développement d'une démocratie au niveau local peut contribuer à résoudre[265] ces problèmes en impliquant activement les communautés locales dans la définition de leurs propres priorités de développement et en leur donnant les moyens de mettre en œuvre des solutions adaptées à leurs besoins spécifiques. Le renforcement des capacités des acteurs locaux, tels que les organisations de la société civile, les associations de femmes et les groupes de jeunes, est essentiel pour garantir une participation effective et durable des populations locales.

Le développement d'une démocratie au niveau local peut également stimuler l'activité économique et favoriser la création d'emplois, en encourageant l'entrepreneuriat local et en soutenant le développement de secteurs clés, tels que l'agriculture, l'élevage, le tourisme et l'artisanat. Cela peut contribuer à réduire la pauvreté et l'exclusion sociale, ainsi qu'à renforcer la résilience des communautés locales face aux chocs économiques et environnementaux.

Cependant, le développement enjeu d'une démocratie locale[266] au Tchad est confronté à plusieurs défis, notamment le manque de financement et de ressources, la faible coordination entre les acteurs de développement, la faible capacité institutionnelle et la faible participation des femmes et des jeunes. Pour surmonter ces défis, il est important de renforcer les partenariats entre l'État central, les acteurs de développement et les communautés locales, afin de rendre concret la mise en œuvre d'une autonomisation réelle basée sur le principe de subsidiarité. Au cas contraire, l'approbation d'une forme unitaire de l'État n'aura vraiment pas de sens et les Tchadiens risquent de revivre les mêmes difficultés vécues depuis les indépendances sans impact majeur.

L'un des principaux enjeux du développement local au Tchad est de réduire la pauvreté et les inégalités socio-économiques. Le pays est classé parmi les plus pauvres du monde, avec un taux de pauvreté élevé et des écarts de richesse importants entre les différentes régions.

---

[265] Il faut rappeler à titre illustratif que les régions espagnoles ou italiennes ont obligé le pouvoir constitutionnel à leur reconnaissance renforcée de compétences. Luciano Vandelli, « Formes d'État : État régional, État décentralisé », dans Dominique Chagnollaud et Michel Troper, *Traité international de droit constitutionnel*, Paris, Dalloz, t. 2, 2012, p. 53 et suiv.

[266] Voir Bertrand Faure, *Droit des collectivités territoriales*, Paris, Dalloz, 2011, p. 7-11.

Le développement local doit donc permettre de favoriser une croissance économique inclusive et de réduire les disparités territoriales. Le développement local doit également contribuer à renforcer la gouvernance locale et la participation citoyenne. Le Tchad est confronté à des défis importants en matière de gouvernance, notamment en ce qui concerne la gestion des ressources naturelles et la lutte contre la corruption. Le développement local doit permettre de renforcer les capacités des autorités locales et des acteurs de la société civile pour améliorer la prise de décision et la gestion des affaires publiques.

Un autre enjeu majeur est la préservation de l'environnement et la lutte contre les effets du changement climatique. Le Tchad est un pays confronté à des défis environnementaux importants, notamment la désertification et la dégradation des terres. Le développement local doit donc intégrer des actions de préservation de l'environnement et de promotion de pratiques durables, afin de préserver les ressources naturelles et de renforcer la résilience des communautés locales face aux impacts du changement climatique.

Enfin, le développement local doit permettre de favoriser l'émergence d'activités économiques durables et de créer des emplois pour les jeunes et les femmes. Le Tchad dispose de nombreux atouts en matière de ressources naturelles et de potentiel agricole, mais le secteur privé reste peu développé et la création d'emplois est un enjeu majeur pour la stabilité sociale et politique du pays. En résumé, les enjeux d'une démocratie locale au Tchad sont nombreux et complexes, et nécessitent une approche globale et intégrée, impliquant les différents acteurs locaux et la prise en compte des spécificités territoriales à travers les conditions de mise en œuvre dans le cadre d'un État unitaire.

B. Les conditions de mise en œuvre d'une démocratie locale dans le cadre de l'État unitaire au Tchad

La mise en œuvre de la démocratie locale au Tchad dépend de plusieurs conditions, notamment, la décentralisation. Il est important que les pouvoirs soient décentralisés afin de permettre aux collectivités locales d'exercer un pouvoir réel sur leur territoire[267]. Cela implique le transfert des ressources, des compétences et des responsabilités aux autorités locales. Il faut aussi, la participation citoyenne, cela permet aux citoyens d'être impliqués dans les processus de prise de décision au niveau local. Il est nécessaire de mettre en place des mécanismes de participation citoyenne, tels que des consultations publiques et des comités de quartier.

La transparence doit être de rigueur chez les autorités locales, dans la gestion des ressources et des affaires publiques. Il nécessite de rendre accessible au public des informations sur les budgets, les projets et les activités des autorités locales. Ces autorités doivent être indépendantes et avoir un pouvoir réel sur leur territoire. Autrement dit, cela nécessite de garantir leur autonomie financière et administrative, ainsi que leur capacité à prendre des décisions indépendantes. Les autorités locales doivent être bien formées et disposées à exercer leurs responsabilités de manière efficace. Toutefois, il faut mettre en place des programmes de formation et de renforcement des capacités pour les élus locaux et le personnel de l'administration locale.

La mise en œuvre de la démocratie locale au Tchad nécessite une décentralisation réelle, la participation citoyenne, la transparence, l'indépendance des autorités locales et le renforcement des capacités et cela pourra contribuer à l'efficacité d'une forme unitaire de l'État. L'efficacité de la démocratie locale peut être évaluée en fonction de plusieurs critères tels que la participation citoyenne, la transparence, la responsabilité, l'efficacité dans la gestion des ressources et la capacité à répondre aux besoins locaux. Lorsque les conditions pour une démocratie locale efficace sont réunies, elle peut offrir plusieurs avantages pour les communautés locales et le développement du pays en général.

Parmi les avantages, on peut citer entre autres, la participation citoyenne active dans les processus de prise de décision, ce qui permet aux citoyens de contribuer à la prise de décisions qui les concernent directement. La démocratie locale efficace implique[268] aussi, la

[267] Voir dans le cas d'espèce l'exemple de la France avec André Roux, « La libre administration des collectivités territoriales : une exception française ? », *Les cahiers de l'institut Louis Favoreu*, n° 2, 2013, p. 181.

[268] Voir les illustrations faites par le Grand Maître de Toulouse Maurice Hauriou, *Précis de droit administratif*, Paris, Sirey, 1933, p. 86. Selon l'auteur, « Maurice

transparence dans la gestion des affaires publiques. Les autorités locales doivent être responsables devant les citoyens et rendre des comptes de leur gestion. Les autorités locales doivent être responsables de leurs actions et de leurs décisions, ce qui permet de renforcer la confiance des citoyens dans les institutions locales.

La démocratie locale permet une gestion efficace des ressources locales, ce qui permet de répondre aux besoins locaux de manière efficace, car les décisions sont prises en fonction des besoins et des réalités locales. Cette démocratie locale efficace peut offrir plusieurs avantages pour les communautés locales, en permettant une participation citoyenne active, une gestion transparente et responsable des affaires publiques, une gestion efficace des ressources et une capacité à répondre aux besoins locaux.

La mise en œuvre des politiques locales implique plusieurs étapes, notamment, la planification. Il s'agit de définir les objectifs, les priorités et les actions à mettre en œuvre pour atteindre les résultats escomptés dans une démocratie locale. La planification doit être participative et prendre en compte les besoins et les réalités des collectivités locales. Il y a bien évidemment, la mise en place des mécanismes de coordination. Il est important de mettre en place des mécanismes de coordination efficaces entre les différentes parties prenantes impliquées dans la mise en œuvre des politiques locales, tels que les autorités locales, la société civile, le secteur privé et les communautés locales.

De même, la mobilisation des ressources qui permet la mise en œuvre des politiques locales nécessite souvent des ressources financières et matérielles. Il est donc important de mobiliser les ressources nécessaires auprès des partenaires locaux et internationaux, du secteur privé et des citoyens. Cette mise en œuvre, consiste à mettre les actions prévues dans le plan d'action, en respectant les échéances et les budgets prévus. Elle fait ainsi appel à la notion de suivi et évaluation qui parait important de suivre régulièrement les progrès des politiques

---

Hauriou considère que les raisons de la décentralisation locale ne sont pas purement administratives, mais d'ordre constitutionnel ; il ajoute que s'il s'agissait de doter le pays d'une administration efficace à moindre coût, la centralisation administrative répondrait à cette attente, alors que les pays modernes n'ont pas seulement besoin d'une bonne administration, ils ont aussi besoin de liberté politique ».

de développements locaux et d'évaluer les résultats obtenus par rapport aux objectifs fixés par la démocratie locale à travers la décentralisation. Cette étape permet de déterminer les ajustements nécessaires pour améliorer l'efficacité de la mise en œuvre de la démocratie locale en matière d'autonomie vis-à-vis de l'État basé à N'Djamena la capitale.

Toutefois, la mise en œuvre des politiques locales nécessite une planification participative, des mécanismes de coordination efficaces, la mobilisation des ressources, la mise en œuvre des actions prévues et le suivi et l'évaluation réguliers. L'efficacité de la mise en œuvre dépend de la qualité de la planification, de la coordination et de la mobilisation des ressources, ainsi que de la capacité à suivre et à évaluer les résultats obtenus par les collectivités locales elles-mêmes. Ces collectivités locales bénéficient d'une autonomie[269] de fonctionnement et doivent s'adapter aux besoins locaux, cela constitue un élément clé pour assurer l'efficacité des politiques et programmes locaux. Pour s'adapter aux besoins locaux, il est important de prendre en compte les caractéristiques socio-économiques, culturelles et environnementales spécifiques de chaque communauté locale. Voici quelques éléments clés pour assurer une adaptation efficace aux besoins locaux :

La participation citoyenne : les citoyens doivent être impliqués dans la planification et la mise en œuvre des politiques et des programmes locaux. Ils doivent être consultés pour identifier les besoins locaux et proposer des solutions adaptées.

La connaissance des réalités locales : il est important de bien connaître les réalités locales pour identifier les besoins spécifiques de chaque communauté. Cette connaissance peut être acquise grâce à des enquêtes, des études, des consultations et des observations.

La flexibilité : les politiques et les programmes locaux doivent être suffisamment flexibles pour s'adapter aux besoins locaux. Ils doivent

---

[269] À propos et pour plus de compréhension, le Doyen Louis Favoreu affirme que l'élection des organes délibérants est le minimum requis pour que le principe de libre administration soit assuré. Voir Louis Favoreu *et al., op. cit.*, p. 615. Voir aussi, le dictionnaire Larousse sur l'« Autonomie », http://www.larousse.fr (consulté le 03 avril 2023).

être conçus de manière à pouvoir être ajustés en fonction des réalités locales.

La coopération et la coordination : la coopération et la coordination entre les différentes parties prenantes impliquées dans la planification et la mise en œuvre des politiques et des programmes locaux paraissent essentielles pour assurer une adaptation efficace aux besoins locaux.

L'évaluation régulière : il est important d'évaluer régulièrement l'efficacité des politiques et des programmes pour s'assurer qu'ils répondent aux besoins locaux. Cette évaluation permet d'identifier les ajustements nécessaires pour améliorer l'efficacité de la réponse aux besoins locaux. D'une manière globale, l'adaptation aux besoins locaux est essentielle pour assurer l'efficacité des politiques et des programmes locaux. Cette adaptation nécessite une participation citoyenne active, une bonne connaissance des réalités locales, de la flexibilité, la coopération et la coordination entre les parties prenantes, ainsi qu'une évaluation régulière de l'efficacité de la réponse aux besoins locaux. Cette adaptation passe nécessairement par l'innovation et la créativité en matière de démocratie ou développement local. Dans ce cas figure, l'innovation et la créativité deviennent des éléments importants pour favoriser le développement et renforcer la démocratie locale. Les facteurs d'innovation dans une démocratie locale[270] peuvent se fixer sur l'utilisation des nouvelles technologies. Ces nouvelles technologies peuvent être utilisées pour faciliter la participation citoyenne et renforcer la transparence dans les processus de prise de décision locale. Par exemple, des plateformes en ligne peuvent être mises en place pour permettre aux citoyens de soumettre des idées et des propositions, de participer à des consultations en ligne ou de suivre l'évolution des projets locaux.

Les approches participatives innovantes peuvent également être mises en place pour impliquer les citoyens dans la prise de décision locale et renforcer leur engagement. Par exemple, des ateliers créatifs, des jeux de rôles ou des simulations peuvent être organisés pour encourager les

---

[270] Voir l'exemple du cas de la France évoqué par Marc Joyau, *De l'autonomie des collectivités locales françaises, essai sur le pouvoir normatif local*, Paris, LGDJ, 1998, p. 180. Voir aussi, Jean-François Brisson (dir.), *Les transferts de compétences de l'État aux collectivités locales*, Paris, L'Harmattan, 2009, p. 191 et suivants.

citoyens à partager leurs idées et leurs perspectives. Aussi, les partenariats public-privé peuvent être utilisés pour mobiliser des ressources supplémentaires pour le développement local. Par exemple, les entreprises locales peuvent être impliquées dans des projets de développement économique, ou des partenariats public-privé peuvent être établis pour développer des infrastructures publiques.

Il faut aussi, des approches basées sur les compétences qui peuvent être utilisées pour renforcer les capacités des acteurs locaux à participer au développement local et à la démocratie locale. Ainsi, des formations peuvent être organisées pour les élus locaux sur les compétences nécessaires pour mettre en œuvre des politiques locales efficaces. Il faut rajouter à cela des approches de financement innovantes qui peuvent être mises en place pour mobiliser des ressources supplémentaires pour le développement local. Il faut à cet effet, des mécanismes de financement participatif qui peuvent être utilisés pour mobiliser des fonds auprès des citoyens pour des projets locaux.

En somme, l'innovation et la créativité peuvent contribuer à renforcer la démocratie locale et le développement local en permettant la participation citoyenne, en mobilisant des ressources supplémentaires, en renforçant les capacités des acteurs locaux et en favorisant des approches participatives et collaboratives. Dans la perspective d'une confrontation par référendum constitutionnel pour trancher clairement la question de la forme de l'État entre les Tchadiens dans la recherche de la refondation, nous proposons un avant-projet d'une Constitution de type unitaire pour servir de schéma doctrinaire aux acteurs en présence dans les débats en perspectifs et qui seront tranchés par un référendum constitutionnel majeur contenant pleins d'enjeux.

Proposition d'un schéma d'avant-projet de Constitution unitaire au Tchad.

Attention : cette proposition n'est qu'un schéma doctrinaire pour permettre aux lecteurs de comprendre la conception d'une Constitution unitaire. Mais en réalité, cette proposition pourrait faire l'objet d'une réadaptation en prenant en compte certaines spécificités à la tchadienne avant de concevoir un projet réel. Il reste tout de même une simple proposition indicative pour orienter l'esprit des lecteurs.

Préambule

Le Tchad, proclamé République le 28 novembre 1958, accède à la souveraineté nationale et internationale le 11 août 1960.

Depuis cette date il a connu une évolution constitutionnelle, institutionnelle et politique mouvementée.

Plusieurs années de dictature et de parti unique des régimes successifs ont empêché l'éclosion de toute culture démocratique et de pluralisme politique basés essentiellement sur la diversité et la contradiction.

Les différents régimes qui se sont succédé ont généré et entretenu, le régionalisme, le tribalisme, le népotisme, la corruption et les détournements des deniers publics, les inégalités sociales, les violations des droits de l'homme et des libertés fondamentales individuelles et collective dont les conséquences ont été la guerre, la violence politique, la haine, l'intolérance, le refus de la contradiction, la promotion de la médiocrité et la méfiance entre les différentes communautés qui composent le Tchad.

Cette crise politique et institutionnelle qui secoue le pays depuis plusieurs décennies n'a pas pour autant entamé la détermination du peuple tchadien à parvenir à l'édification d'une nation, à la dignité, à la liberté, à la paix et à la prospérité.

Ainsi, la Conférence Nationale Souveraine tenue à N'Djaména du 15 janvier au 7 avril 1993 et ayant réuni les partis politiques ; les associations de la société civile, les corps de l'État, les autorités traditionnelles et religieuses, les représentants du monde rural et des personnalités ressources a redonné confiance aux tchadiens et permis l'avènement du multipartisme intégral mais sans déboucher encore sur l'alternance dans la dévolution démocratique du pouvoir.

En conséquence, Nous, Peuple tchadien :

Conscients de notre diversité culturelle, de notre histoire commune et de notre aspiration à la paix, à la liberté, à la justice et au développement ;

Réaffirmant notre volonté de vivre ensemble dans un État unitaire, fondé sur le respect de l'autonomie des collectivités décentralisées, la coopération, la solidarité et le partage des ressources ;

Convaincus que la promotion et la protection des droits de l'Homme, la démocratie, la bonne gouvernance, l'égalité des chances, la sécurité, la stabilité et la prospérité sont les fondements d'une société juste et harmonieuse ;

Déterminés à bâtir un État unitaire moderne, compétitif et prospère, capable de répondre aux besoins de tous les Tchadiens, sans discrimination aucune ;

Affirmons notre attachement à l'intégrité, la probité, la transparence, l'impartialité et l'obligation de rendre des comptes comme des valeurs républicaines et éthiques propres à moraliser la vie de la Nation ;

Considérons que la tolérance politique, ethnique et religieuse, le pardon, le dialogue interreligieux et des cultures constituent des valeurs fondamentales concourant à la consolidation de notre unité et de notre cohésion nationale ;

Reconnaissons la promotion des citoyens sans aucune distinction comme facteur de réalisation de l'égalité dans notre pays et l'impératif de sa prise en compte pour le développement humain durable ;

Affirmons par la présente Constitution notre volonté de vivre ensemble dans le respect des diversités ethniques, religieuses, régionales et culturelles, de bâtir un État de droit et une Nation unie fondée sur les libertés publiques et les droits fondamentaux de l'Homme, la dignité de la personne humaine et le pluralisme politique, sur les valeurs africaines de solidarité et de fraternité ;

Réaffirmons notre attachement aux principes des Droits de l'Homme tels que définis par la Charte des Nations de 1945, la Déclaration universelle des Droits de l'Homme de 1948 et la Charte africaine des Droits de l'Homme et des peuples de 1981 ;

Proclamons solennellement notre droit et notre devoir de résister et de désobéir à tout individu ou groupe d'individus, à tout corps d'État qui prendrait le pouvoir par la force ou l'exercerait en violation de la présente Constitution ;

Affirmons notre opposition totale à tout régime dont la politique se fonderait sur l'arbitraire, la dictature, l'injustice, la corruption, la concussion, le népotisme, le clanisme, le tribalisme, le confessionnalisme et la confiscation du pouvoir ;

Affirmons notre volonté de coopérer dans la paix et l'amitié avec tous les peuples partageant nos idéaux de liberté, de justice et de solidarité, sur la base des principes d'égalité, d'intérêts réciproques, du respect mutuel et de la souveraineté nationale, de l'intégrité territoriale et de non-ingérence ;

Proclamons notre attachement à la cause de l'Union Africaine et notre engagement à tout mettre en œuvre pour réaliser l'intégration sous-régionale et régionale ;

Adoptons solennellement la présente Constitution, qui incarne notre volonté commune de vivre ensemble dans la paix, l'harmonie et la fraternité comme loi suprême de l'État, et qui établit les règles fondamentales de notre organisation politique, de notre système de gouvernance et de notre modèle de développement ;

Le présent préambule fait partie intégrante de la constitution.

TITRE I : DE L'ÉTAT ET DE LA SOUVERAINETÉ

Article 1. – Le Tchad est une République souveraine, indépendante, laïque, sociale, une et indivisible, fondée sur les principes de la démocratie, le règne de la loi et de la justice.

Il est affirmé la séparation des religions et de l'État.

Article 2. – D'une superficie d'un million deux cent quatre-vingt-quatre mille (1284000) km2, la République du Tchad est organisée en collectivités territoriales décentralisées dont l'autonomie est garantie par la présente Constitution.

Article 3. – La souveraineté appartient au peuple qui l'exerce soit directement par référendum, soit indirectement par l'intermédiaire de ses représentants élus.

Aucune communauté, aucune corporation, aucun parti politique ou association, aucune organisation syndicale, aucun individu ou groupe d'individus ne peut s'en attribuer l'exercice.

Les conditions de recours au référendum sont déterminées par la présente constitution et par une loi organique.

Article 4. – Les partis et groupements politiques concourent à l'expression du suffrage. Ils se forment librement et exercent leurs activités dans les conditions prévues par la loi dans le respect des principes de la souveraineté, de l'intégrité territoriale, de l'unité nationale et de la démocratie pluraliste.

Article 5. – Toute propagande à caractère ethnique, tribaliste, régionaliste ou confessionnaliste tendant à porter atteinte à l'unité nationale ou à la laïcité de l'État est interdite.

Article 6. – Le suffrage est universel, direct ou indirect, égal et secret.

Sont électeurs dans les conditions déterminées par la loi tous les Tchadiens des deux sexes âgés de dix-huit ans révolus et jouissant de leurs droits civiques et politiques.

Article 7. – Le principe de l'exercice du pouvoir est le Gouvernement du peuple par le peuple et pour le peuple, fondé sur la séparation des pouvoirs Exécutif, Législatif et Judiciaire.

Article 8. – L'emblème national est le drapeau tricolore bleu, or, rouge à bandes verticales et à dimensions égales, le bleu étant du côté de la hampe.

La devise de la République du Tchad est Unité – Travail - Progrès.

L'hymne national est la Tchadienne.

La capitale de la République du Tchad est N'Djaména.

Article 9. – Les langues officielles du Tchad sont le Français et l'Arabe.

La loi fixe les conditions de promotion et de développement des langues nationales.

Article 10. – Les sceaux et les armoiries de la République sont déterminées par la loi.

Article 11. – Les conditions d'acquisition et e perte de la nationalité tchadienne sont fixées par la loi.

TITRE II : DES LIBERTÉS, DES DROITS FONDAMENTAUX ET DES DEVOIRS

Article 12 – Les libertés et les droits fondamentaux sont reconnus et leur exercice garanti aux citoyens dans les conditions et les formes prévues par la Constitution et la loi.

Article 13. – Les Tchadiens des deux sexes ont les mêmes droits et les mêmes devoirs.

Ils sont égaux devant la loi.

Article 14. – L'État assure à tous l'égalité devant la loi sans distinction d'origine, e race, de sexe, de religion, d'opinion politique ou de position sociale.

Il a le devoir de veiller à l'élimination de toutes les formes de discrimination à l'égard de la femme et d'assurer la protection de ses droits dans tous les domaines de la vie privée et publique.

Article 15. – Sous réserve des droits politiques, les étrangers régulièrement admis sur le territoire de la République du Tchad bénéficient des mêmes droits et libertés que les nationaux tchadiens. Ils sont tenus de se conformer à la Constitution, aux lois et règlements de la République.

Article 16 – Les droits des personnes morales sont garantis par la présente Constitution.

Chapitre I : Des libertés et des droits fondamentaux

Article 17 – La personne humaine est sacrée et inviolable.

Tout individu à droit à la vie, à l'intégrité de sa personne, à la sécurité, à la liberté, à la protection de sa vie privée et de ses biens.

Article 18. – Nul ne peut être soumis ni à des sévices ni à des traitements dégradants et humiliants ni à la torture.

Article 19 – Tout individu a droit au libre épanouissement de sa personne dans le respect des droits d'autrui des bonnes mœurs et de l'ordre public

Article 20. – Nul ne peut être tenu en esclavage ou en servitude.

Article 21 – Les arrestations et détentions illégales et arbitraires sont interdites.

Article 22 – Nul ne peut être détenu dans un établissement pénitentiaire s'il ne tombe sous le coup d'une loi pénale en vigueur.

Article 23. – Nul ne peut être arrêté ou inculpé qu'en vertu d'une loi promulguée antérieurement aux faits qui lui sont reprochés.

Article 24. – Tout prévenu est présumé innocent jusqu'à l'établissement de sa culpabilité à la suite d'un procès régulier offrant des garanties indispensables à sa défense.

Article 25. – La peine est personnelle. Nul ne peut être rendu responsable et poursuivi pour un fait non commis par lui.

Article 26. – Les règles coutumières et traditionnelles relatives à la responsabilité pénale collective sont interdites.

Article 27. – Les libertés d'opinion et d'expression, de communication, de conscience, de religion, de presse, d'association, de réunion, de circulation, de manifestation et de cortèges sont garanties à tous.

Elles ne peuvent être limitées que par le respect des libertés et des droits d'autrui et par l'impératif de sauvegarder l'ordre public et les bonnes mœurs.

La loi détermine les conditions de leur exercice.

Article 28 – La liberté syndicale est reconnue.

Tout citoyen est libre d'adhérer au syndicat de son choix.

Article 29. - Le droit de grève est reconnue.

Il s'exerce dans le cadre des lois qui le réglementent.

Article 30 – La dissolution des associations, des partis politiques et des syndicats ne peut intervenir que dans les conditions prévues par leurs statuts ou par voie judiciaire.

Article 31 – L'accès aux emplois publics est garanti à tout Tchadien sans discrimination aucune, sous réserve des conditions propres à chaque emploi.

Article 32 – L'État reconnaît à tous les citoyens le droit au travail.

Il garantit au travailleur la juste rétribution de ses services ou de sa production.

Nul ne peut être lésé dans son travail en raison de ses origines, de ses opinions, de ses croyances, de son sexe, ou de sa situation matrimoniale.

Article 33. – Tout Tchadien a droit à la culture.

L'État a le devoir de sauvegarder et de promouvoir les valeurs nationales de civilisation.

Article 34. – Tout citoyen a droit à la création, à la protection et à la jouissance de ses œuvres intellectuelles et artistiques.

L'État assure la promotion et la protection du patrimoine culturel national ainsi que de la production artistique et littéraire.

Article 35. – Tout citoyen a droit à l'instruction.

L'enseignement public est laïc et gratuit.

L'enseignement privé est reconnu et s'exerce ans les conditions définies par la loi.

L'enseignement fondamental est obligatoire.

Article 36. – L'État et les collectivités territoriales décentralisées créent les conditions et les institutions qui assurent et garantissent l'éducation des enfants.

Article 37 – La famille est la base naturelle et morale de la société.

L'État et les collectivités territoriales décentralisées ont le devoir de veiller au bien-être de la famille.

Article 38 – Les parents ont le droit naturel et le devoir d'élever et d'éduquer leurs enfants. Ils sont soutenus dans cette tâche par l'État et les collectivités territoriales décentralisées.

Les enfants ne peuvent être séparés de leurs parents ou de ceux qui en ont la charge que lorsque ces derniers manquent à leur devoir.

Article 39. – L'État et les collectivités territoriales décentralisées créent les conditions de l'épanouissement et le bien-être de la jeunesse.

Article 40 – L'État s'efforce de subvenir aux besoins de tout citoyen qui, en raison de son âge ou de son inaptitude physique ou mentale, se trouve dans l'incapacité de travailler, notamment par l'institution d'organismes à caractère social.

Article 41 – La propriété privée est inviolable et sacrée.

Nul ne peut en être dépossédée que pour une utilité publique dûment constatée et moyennant une juste et préalable indemnisation.

Article 42 – Le domicile est inviolable. Il ne peut y être effectué des perquisitions que dans les cas et formes prescrits par la loi.

Article 43. –Tout Tchadien a le droit de fixer librement son domicile ou sa résidence en lieu quelconque du territoire national.

Article 44 – Tout Tchadien a le droit de circuler librement à l'intérieur du territoire national, d'en sortir, d'y revenir.

Article 45. - Le secret de la correspondance et des communications est garanti par la loi.

Article 46. – Le droit d'asile est accordé aux ressortissants étrangers dans les conditions déterminées par la loi.

L'extradition des réfugiés politiques est interdite.

Article 47. –Toute personne a droit à un environnement sain.

Article 48.- L'État et les collectivités territoriales décentralisées doivent veiller à la protection de l'environnement.

Les conditions e stockage, de manipulation et d'évacuation des déchets toxiques ou polluant provenant d'activités nationales sont déterminées par la loi.

Le transit, l'importation, le stockage, l'enfouissement, le déversement sur le territoire national des déchets toxiques ou polluants étrangers sont interdits.

Chapitre II : Des devoirs

Article 49. – Tout citoyen est tenu de respecter la Constitution, les lois et règlements ainsi que les institutions et les symboles de la République.

Article 50 –Les biens publics sont inviolables. Toute personne doit les respecter et les protéger.

Article 51. – La défense de la patrie et de l'intégrité du territoire national est un devoir pour tout Tchadien.

Le service militaire est obligatoire.

Les conditions d'accomplissement de ce devoir sont déterminées par la loi.

Article 52 – Tout citoyen a le devoir de respecter et de protéger l'environnement.

Article 53 – Chaque citoyen participe en fonction de ses revenus et de sa fortune aux charges publiques.

Article 54. – Nul ne peut se prévaloir de ses croyances religieuses, ni de ses opinions philosophiques pour se soustraire à une obligation dictée par l'intérêt national.

Article 55. – L'État a le devoir de protéger les intérêts légitimes des Tchadiens à l'étranger.

Article 56. – L'État garantit la neutralité politique de l'administration et des forces armées et de sécurité.

Article 57. –L'État exerce sa souveraineté entière et permanente sur toutes les richesses et les ressources naturelles pour le bien-être de toute la communauté nationale.

Toutefois, il peut concéder l'exploration et l'exploitation de ces ressources naturelles à l'initiative privée.

Article 58. – L'État garantit la liberté d'entreprise.

TITRE III : DU POUVOIR EXECUTIF

Article 59. – Le pouvoir exécutif est exercé par le Président de la République et le Gouvernement.

Chapitre I : Du Président de la République

Article 60. – Le Président de la République est le Chef de l'État.

Il veille au respect de la Constitution.

Il assure par son arbitrage la fonction régulière des pouvoirs publics ainsi que la continuité de l'État.
Il est le garant de l'indépendance, de la souveraineté et de l'unité nationale, de l'intégrité du territoire et du respect des traités et accords internationaux.

Article 61. – Le Président de la République est élu pour un mandat de (05) ans au suffrage universel direct.

Il est rééligible une seule fois et en aucun cas, nul ne peut pour quelque motif que ce soit exercer plus de deux mandats, même en cas de modification de cette disposition sur le nombre d'années du mandat.

Le compteur de mandat ne peut en aucun cas être considéré ou interprété pour quelque motif que ce soit pour être remis à zéro, il reste un mandat renouvelable une seule fois.

Le respect de deux mandats est sacré et toute violation pourra entraîner une poursuite judicaire pour haute trahison, parjure et forfaiture devant le peuple et l'histoire.

Article 62. –Peuvent faire acte de candidature aux fonctions de Président de la République, les Tchadiens des deux (2) sexes remplissant les conditions suivantes :

- Être Tchadien de naissance, né de père et de mère eux-mêmes Tchadiens d'origine et n'avoir pas une nationalité autre que tchadienne ;
- Avoir trente ans révolus à la date de l'élection ;
- Jouir de tous ces droits civiques et politiques ;
- Avoir une bonne santé physique et morale ;
- Être de bonne moralité.

Article 63.- Les candidatures à la Présidence de la République sont déposées auprès du Conseil Constitutionnel quarante (40) jours francs au moins et soixante (60) jours francs au plus avant le premier tour du scrutin.

Trente jours francs avant le premier tour du scrutin, le Conseil Constitutionnel arrête et publie la liste des candidats.
Le candidat doit, en outre, verser une caution dont le montant est fixé par le code électoral.
Si le candidat est membre des forces armées et de sécurité, il doit au préalable se mettre en position de disponibilité, au moins trois ans avant l'année de l'élection.

Article 64. – Le scrutin est ouvert sur convocation du Gouvernement.
L'élection du nouveau Président a lieu trente-cinq jours (35) jours au plus tard avant l'expiration du mandat en cours.

Article 65 – En cas de décès ou d'empêchement de l'un des deux (2) candidats les plus favoris au premier tour avant les retraits éventuels, le Conseil Constitutionnel, après constat, ordonne de procéder de nouveau à l'ensemble des opérations électorales ; il en est de même en cas de décès ou d'empêchement de l'un des candidats restés en présence en vue du second tour.

Article 66. – L'élection du Président de la République a lieu au scrutin uninominal à deux tours.

Est déclaré élu au premier tour le candidat ayant obtenu la majorité absolue des suffrages exprimés.

Si aucun candidat n'a obtenu la majorité absolue au premier tour ; il est procédé le deuxième dimanche suivant à un second tour pour les deux candidats arrivés en tête.

A l'issue du second tour, est élu Président de la République le candidat ayant obtenu le plus grand nombre de voix.

Article 67. –Les conditions d'éligibilité, de présentation des candidatures, du déroulement du scrutin, du dépouillement et de la proclamation des résultats, sont précisées par la loi.

Article 68. –Le Conseil Constitutionnel veille à la régularité du scrutin et constate les résultats.

Les résultats du scrutin font l'objet d'une proclamation provisoire.

Si aucune contestation relative à la régularité des opérations électorales n'est déposée auprès du Conseil Constitutionnel par l'un des candidats dans les cinq (5) jours de la proclamation provisoire ; sa décision emporte proclamation définitive ou annulation de l'élection.

Si aucune contestation n'est soulevée dans le délai de cinq (5) jours et si le Conseil Constitutionnel estime que l'élection n'est entachée d'aucune irrégularité de nature à entraîner son annulation, il proclame l'élection du Président de la République dans les dix (10) jours qui suivent le scrutin.

En cas d'annulation, il est procédé à un nouveau tour de scrutin dans les quinze (15) jours suivant la décision.

Article 69. – Le mandat du nouveau Président prend effet à partir de la date d'expiration du précédent mandat.

Article 70 – Avant son entrée en fonction, le Président de la République élu, prête publiquement serment devant la Cour Suprême en présence des membres du parlement en ces termes :

« Nous, ...Président e la République élu selon les lois du pays, jurons solennellement devant le peuple Tchadien et, sur l'Honneur :

- *de préserver, respecter, faire respecter et défendre la Constitution et les lois ;*
- *de remplir avec loyauté les hautes fonctions que la Nation nous a confiées ;*

- *de respecter et défendre la forme république de l'État ;*
- *de préserver l'intégrité du territoire et l'unité de la Nation ;*
- *de tout mettre en œuvre pour garantir la justice à tous les citoyens ;*
- *de respecter et défendre les droits et les libertés des individus ».*

Article 71. –Les fonctions de Président de la République sont incompatibles avec l'exercice de tout autre mandat électif, de tout emploi public et de toute autre activité professionnelle et lucrative.

Elles sont également incompatibles avec toute activité au sein d 'un parti ou groupement de partis politiques ou d'une organisation syndicale.

Article 72 - Le Président e la République est tenu, lors de son entrée en fonction et à la fin de son mandat, de faire sur l'honneur, une déclaration écrite de son patrimoine et de l'adresser à la Cour Suprême.

Article 73 – Durant son mandat, le Président de la République ne peut par lui-même ni par intermédiaire rien acheter ou prendre en bail qui appartienne au domaine de l'État.

Il ne peut prendre part ni par lui-même ni par intermédiaire aux marchés publics et privés de l'État ou de ses démembrements.

Article 74 – La loi fixe la liste civile et les autres avantages alloués au Président de la République en exercice.

Elle détermine également les modalités d'une pension et autres avantages aux anciens Présidents jouissant de leurs droits civiques et politiques.

Article 75. – En cas d'absence ou d'empêchement temporaire du Président de la République, son intérim est assuré par le Premier Ministre dans la limité qu'il lui aura délégués.

Article 76. – En cas de vacance de la Présidence pour quelque cause que ce soit ou d'empêchement définitif constaté par la Cour Suprême saisie par le Gouvernement et statuant à la majorité absolue de ses membres, les attributions du Président de la République, à l'exception des pouvoirs prévus aux articles 79,82, 83 et 87, sont provisoirement exercés par le président du Sénat et, en cas d'empêchement de ce dernier, par le Premier Vice-président du même Sénat.

Dans tous les cas, il est procédé à de nouvelles élections présidentielles quarante-cinq jours (45) jours au moins et quatre-vingt-dix (90) jours au plus après l'ouverture de la vacance.

Article 77. –Dans l'intervalle, le Premier Ministre ne peut engager la responsabilité du Gouvernement devant l'Assemblée Nationale ni celle-ci faire usage de la motion de censure.

Le Président du Sénat assurant les fonctions de Président de la République ne peut ni démettre le Premier Ministre et son Gouvernement, ni procéder à la révision de la Constitution, ni dissoudre l'Assemblée nationale.

Article 78. – Pendant l'exercice de ses fonctions, la responsabilité pénale du Président n'est engagée qu'en cas de haute trahison telle que prévue à l'article 178.

Article 79. – Le Président de la République nomme le Premier Ministre.

Il met fin à ses fonctions par présentation par celui-ci de la démission du Gouvernement.

Sur proposition du Premier Ministre, il nomme les autres membres du Gouvernement et met fin à leurs fonctions.

Article 80 - Le Président de la République préside le Conseil des Ministres.

Article 81 – Le Président de la République promulgue les lois dans les quinze (15) jours qui suivent la transmission au Gouvernement de la loi définitivement adoptée.

Il peut, avant l'expiration de ce délai, demander au Parlement une nouvelle délibération de la loi ou de certains de ses articles.
La nouvelle délibération qui ne peut-être refuser suspend le délai de promulgation.

En cas d'urgence, le délai de promulgation est ramené à huit (8) jours.

Article 82 –Le Président de la République, sur proposition du Gouvernement pendant la durée des sessions ou sur proposition

conjointe des deux (2) Assemblées publiée au Journal Officiel et après avis du Conseil Constitutionnel, peut soumettre au référendum tout projet de loi portant organisation des pouvoirs publics, comportant approbation d'un accord d'union ou tendant à autoriser la ratification d'un traité qui, sans être contraire à la Constitution, aurait des incidences sur le fonctionnement des institutions.
Après l'adoption du projet par référendum, le Président de la République promulgue la loi dans le délai prévu à l'article 81.

Article 83 - Lorsque le fonctionnement régulier des pouvoirs publics est menacé par des crises persistantes entre le pouvoir exécutif et le pouvoir législatif, ou si l'Assemblée Nationale, en l'espace d'un an, renverse à deux reprises le Gouvernement, le Président de la République peut, après consultations du Premier Ministre et des présidents des deux (2) Assemblées, prononcer la dissolution de l'Assemblée Nationale.

Les élections générales ont lieu dans un délai de quarante-cinq (45) jours après la dissolution de l'Assemblée Nationale.

L'Assemblée Nationale se réunit de plein droit le quinzième jour ouvrable qui suit son élection. Si cette réunion a lieu en dehors des périodes prévues pour les sessions ordinaires, une session est ouverte de droit pour une période de quinze (15) jours.

Il ne peut être procédé à une nouvelle dissolution dans l'année qui suit ces élections.

Article 84. – Le Président de la République signe les ordonnances et les décrets pris en Conseil des Ministres.

Il nomme, en Conseil des Ministres, aux hautes fonctions civiles et militaires de l'État.

Une loi organique détermine les emplois où il est pourvu en Conseil des Ministres ainsi que les conditions dans lesquelles le pouvoir de nomination du Président de la République peut être par lui délégué pour être exercé en son nom.

Article 85. – Le Président de la République accrédite et rappelle les ambassadeurs et les envoyés extraordinaires auprès des États et des Organisations internationales.

Les ambassadeurs et les envoyés extraordinaires étrangers sont accrédités auprès de lui.

Article 86. –Le Président de la République est le Chef Suprême des armées. Il préside les Conseils et Comités supérieurs de la Défense Nationale.

Article 87 – Lorsque les institutions de la République, l'indépendance de la Nation, l'intégrité du territoire ou l'exécution des engagements internationaux sont menacés d'une manière grave et immédiate et que le fonctionnement régulier des pouvoirs publics est interrompu, le Président de la République, après consultation des Présidents des Assemblées et du Président du Conseil Constitutionnel, prend en Conseil des Ministres, pour une durée n'excédant pas douze (12) jours, les mesures exceptionnelles exigées par les circonstances.

Cette période ne peut être prorogé qu'après avis conforme des deux Assemblées.

Le Président de la République en informe la Nation par un message.

Le Parlement se réunit de plein droit s'il n'est pas en session.

Ces mesures exceptionnelles ne sauraient justifier les atteintes à la vie, à l'intégrité physique et morale et aux garanties juridictionnelles accordées aux individus.

Article 88 - Les mesures prises en vertu de l'article précédent doivent être inspirées par la volonté d'assurer aux pouvoirs publics constitutionnels, dans les moindres délais, les moyens d'accomplir leur mission.

L'Assemblée Nationale ne peut être dissoute pendant l'exercice des pouvoirs exceptionnels.

Article 89 – Le Président de la République dispose du droit de grâce.

Article 90. – Le Président de la République communique avec les deux (2) Assemblées du Parlement par des messages qu'il fait lire et qui ne donnent lieu à aucun débat. Hors session, le parlement est réuni spécialement à cet effet.

Article 91. – Les actes du Président de la République autres que ceux relatifs :

- à la dissolution de l'Assemblée Nationale ;
- à la nomination du Premier Ministre ;
- au recours au référendum ;
- à l'exercice des pouvoirs exceptionnels ;
- aux messages par lui adressés au Parlement ;
- à la saisine du Conseil Constitutionnel ;
- à la nomination des membres du Conseil Constitutionnel ;
- à la nomination des membres du Conseil Constitutionnel et de la Cour Suprême ;
- au droit de grâce ;
- aux décrets simples.

Sont contresignés par le Premier Ministre, et, le cas échéant, par les Ministres responsables.

Article 92 – Les grandes orientations de la politique de la Nation sont définies par le Gouvernement et adoptées en Conseil des Ministres.

Chapitre II : Du Gouvernement

Article 93 – Le Gouvernement est composé du Premier Ministre et des Ministres.

Il exécute la politique de la Nation déterminé en Conseil des Ministres.

Article 94. – Le Premier Ministre est le Chef du Gouvernement. Il est nommé par décret du Président de la République.

Article 95. – Les autres membres du Gouvernement sont nommés par le Président de la République sur proposition du Premier Ministre.

Article 96. - Le Premier Ministre doit, dans un délai maximum de quinze (15) jours, présenter le Gouvernement à l'investiture de l'Assemblée Nationale et obtenir de celle-ci un vote de confiance sur le programme politique de son Gouvernement.
Le Gouvernement est responsable devant l'Assemblée Nationale dans les conditions et suivant les procédures prévues aux articles 142 et 143.

Article 97. -Le Premier Ministre dirige, coordonne et anime l'action gouvernementale.
Il dispose de l'administration.
Il est chargé de l'exécution de la politique de Défense Nationale.
Article 98. – Sous la supervision du Premier Ministre, le Gouvernement assure la sécurité publique et le maintien de l'ordre dans le respect des libertés et des droits de l'Homme.
A cette fin, il dispose de toutes les forces de police chargées du maintien de l'ordre et de la sécurité intérieure.
Article 99. – Le Gouvernement assure l'exécution des lois.
Il dispose des organes de contrôle de l'administration et s'assure du bon fonctionnement des services publics, de la bonne gestion des finances publiques, des entreprises nationales et des organismes publics.
Article 100. – Le Premier Ministre préside le Conseil de Cabinet.
Il supplée le Président de la République dans la présidence des Conseil des Ministres, en vertu d'une délégation expresse et pour un ordre du jour déterminé.
Il le supplée également dans la présidence des conseils et comités de défense.

Article 101. – Le Conseil des Ministres détermine les matières dans lesquelles le Premier Ministre exerce le pouvoir réglementaire.
Article 102 – Le Premier Ministre peut déléguer certains de ses pouvoirs aux membres du Gouvernement.
Article 103. – Les actes du Premier Ministre sont contresignés, le cas échéant, par les Ministres chargés de leur exécution.
Article 104. – Lors de leur entrée en fonction et à la fin, le Premier Ministre et les autres membres du Gouvernement sont tenus de faire sur l'honneur une déclaration écrite de leur patrimoine et de l'adresser à la Cour Suprême.
Les dispositions relatives aux marchés publics et adjudications prévues à l'article 73 sont applicables aux membres du Gouvernement.
Article 105 – Les fonctions de membres du Gouvernement sont incompatibles avec l'exercice de tout mandat parlementaire, de toute fonction de représentation professionnelle à caractère national, de tout emploi public ou de toute activité professionnelle et lucrative, à l'exception de l'Enseignement Supérieur, de la Recherche scientifique, de la santé.

Une loi organique fixe les conditions dans lesquelles il est pourvu au remplacement des titulaires de mandat parlementaire appelés au Gouvernement.

TITRE IV : DU POUVOIR LÉGISLATIF

Article 106. – Le pouvoir législatif est exercé par un Parlement composé de l'Assemblée Nationale et du Sénat.

- Les membres de l'Assemblée Nationale portent le titre de député ;
- Les membres du Sénat portent le titre de Sénateur ;

Article 107. – Les députés sont élus au suffrage universel.

Article 108. – Peuvent être candidats à l'Assemblée Nationale, les Tchadiens des deux sexes remplissant les conditions fixées par la loi.

Article 109. – Le mandat des députés est de quatre ans renouvelables.

Article 110.- Le Sénat représente les Collectivités Territoriales décentralisées ;

-Les Sénateurs sont élus au suffrage universel indirect par un collège électoral composé des conseillers régionaux, départementaux et municipaux.

Article 111. – Peuvent être candidat au Sénat, les Tchadiens des deux sexes âgés de quarante (40) ans au minimum, et remplissant les conditions fixées par la loi.

Article 112. –La durée du mandat des Sénateurs est de six ans renouvelables par tiers tous les deux ans.

Le premier tiers à renouveler est désigné par tirage au sort.

Article 113. – Une loi organique fixe le nombre des membres de chaque Assemblée, leurs indemnités, le régime des inéligibilités et es incompatibilités.

Elle fixe également les conditions dans lesquelles sont élues les personnes appelées à assurer, en cas de vacance de siège, le remplacement des députés ou des sénateurs jusqu'à renouvellement général ou partiel de l'Assemblée à laquelle ils appartiennent.

Article 114. – Les membres du Parlement bénéficient de l'immunité parlementaire.

Aucun parlementaire ne peut être poursuivi, recherché, arrêté détenu ou jugé pour des opinions ou votes émis par lui dans l'exercice de ses fonctions.

Aucun parlementaire ne peut, pendant la durée de session, être poursuivi ou arrêté en matière criminelle qu'avec l'autorisation de l'Assemblée à laquelle il appartient, sauf cas de flagrant délit.
Aucun parlementaire ne peut, hors session, être arrêté qu'avec l'autorisation du Bureau de son Assemblée, sauf en cas de flagrant délit, de poursuites autorisées ou de condamnation définitive
En cas de crime ou délit établi, l'immunité peut être levée par l'Assemblée à laquelle appartient le parlementaire lors des sessions ou par le Bureau de ladite Assemblée hors session.
En cas de flagrant délit, le Bureau de l'Assemblée à laquelle appartient le parlementaire est immédiatement informé de l'arrestation.
Article 115.- Le Président de l'Assemblée Nationale ainsi que les autres membres du Bureau sont élus au début e la première session pour la durée de la législature.
Le Bureau du Sénat est élu après chaque renouvellement partiel. Toutefois, en cas de manquement constaté, les membres des bureaux parlementaires peuvent être remplacés à l'issue d'un vote des deux tiers (2/3) de leur Assemblée.
En cas de vacances de poste dans les bureaux de deux (2) Assemblées pour quelque cause que ce soit, il est procédé dans les vingt et un (21) jours qui suivent à de nouvelles élections.
Article 116. – Le parlementaire représente la Nation tout entière.
Tout mandat impératif est nul et de nul effet.

Article 117. –Le droit de vote des membres du Parlement est personnel.
Toutefois, une loi organique peut autoriser exceptionnellement la délégation de voie.
Dans ce cas, nul ne peut recevoir délégation de plus d'un mandat.
Article 118. -Le Règlement Intérieur de chaque Assemblée détermine :

- la composition, les règles de fonctionnement du bureau ainsi que les prérogatives de son Président ;
- le nombre, le mode de désignation, la composition, le rôle et la compétence de ses commissions permanentes, de ses commissions de délégation ainsi que de ses commissions temporaires ;
- l'organisation des services administratifs ;
- le régime disciplinaire des parlementaires ;

- les différents modes de scrutin, à l'exclusion de ceux prévus par la Constitution ;
- toutes les règles relatives au fonctionnement du parlement.

Article 119. – Si à l'ouverture d'une session, le quorum de deux tiers (2/3) des membres composant une Assemblée n'est pas atteint, la séance est renvoyée ai troisième jour ouvrable qui suit. Dans ce cas, les délibérations ne sont valables que si la moitié au moins des membres de chaque Assemblée est présente.

Article 120. – Les séances des Assemblées ne sont valables que si elles se déroulent aux lieux ordinaires de leurs sessions, sauf cas de force majeure.

Les séances Assemblées sont publiques.

Toutefois chaque Assemblée peut siéger à huis clos à la demande du Premier Ministre ou d'un tiers de ses Ministres.

Le compte rendu intégral des débats des Assemblées est publié au Journal Officiel.

Article 121. –Le premier se réunit de plein droit en deux (2) sessions ordinaires par an.

La première session s'ouvre le cinq (5) mars.

La deuxième session s'ouvre le cinq (5) octobre.

Si le cinq (5) mars ou le cinq (5) octobre est un jour férié l'ouverture de la session a lieu le premier jour ouvrable qui suit.

La durée de chaque session ne peut excéder quatre-vingt-dix (90) jours.

Article 122. – Lorsque les deux chambres du Parlement se réunissent, le bureau de l'Assemblée Nationale préside les travaux.

Article 123. – Le Parlement se réunit en session extraordinaire à la demande du Premier Ministre ou de la majorité des membres composant l'Assemblée Nationale sur un ordre du jour déterminé.

Lorsque la session extraordinaire est tenue à la demande des membres de l'Assemblée Nationale, le décret de clôture intervient dès le Parlement a épuisé l'ordre du jour pour lequel il a été convoqué et au plus tard quinze jours à compter de la date d'ouverture de la session.

Le Premier Ministre peut seul demander une nouvelle session avant l'expiration du mois qui suit le décret de clôture.

Article 124. – Hors les cas dans lesquels le Parlement se réunit de plein droit, les sessions extraordinaires sont ouvertes et closes par décret du Président de la République.

TITRE V : DES RAPPORTS ENTRE LE POUVOIR EXECUTIF ET LE POUVOIR LÉGISLATIF

Article 125. - La loi est votée par le Parlement.

La loi fixe les règles concernant :

-les droits civiques et les garanties fondamentales accordés aux citoyens pour l'exercice des libertés publiques ;

- les sujétions imposées par la Défense Nationale aux citoyens en leur personne et en leurs biens ;
- la nationalité, l'état et la capacité des personnes, les régimes matrimoniaux, les successions et les libéralités ;
- le code de la famille ;
- la détermination des infractions pénales ainsi que les peines qui leur sont applicables, la procédure pénale, l'amnistie, la création de nouveaux ordres de juridiction et le statut des magistrats ;
- le régime pénitentiaire ;
- l'assiette, le taux et les modalités de recouvrement des impositions de toute nature ;
- le régime d'émission de la monnaie ;
- la création de catégories d'établissements publics,
- les nationalisations d'entreprises et les transferts de propriété d'entreprises du secteur public au secteur privé ;
- les garanties fondamentales accordées aux fonctionnaires civils et militaires de l'État ;
- le régime électoral ;
- la procédure selon laquelle les coutumes sont constatées et mises en harmonie avec les principes de la Constitution ;
- l'état de siège et l'état d'urgence ;

La loi détermine les principes fondamentaux

- de l'organisation générale de la Défense Nationale
- de la libre administration des collectivités, de leurs compétences et de leurs ressources ;
- de l'urbanisme et de l'aménagement du territoire ;
- de la charte des partis politiques, des régimes des associations et de la presse ;
- de l'enseignement, de la recherche scientifique ;
- de la santé publique, des affaires sociales et des droits de l'enfant ;
- du régime de sécurité sociale ;

- du régime de la propriété, des droits réels et des obligations civiles et commerciales ;
- de la protection de l'environnement et de la conservation des ressources naturelles ;
- du régime foncier ;
- du régime du domaine de l'État ;
- de la mutualité, de l'épargne et du crédit ;
- du droit du travail et du droit syndical ;
- de la culture, des arts et des sports ;
- du régime des transports et télécommunications,
- de l'agriculture, élevage, pêche, eaux et forêts.

Les dispositions du présent article pourront être précisées et complétées par une loi organique.

Article 126. – Les matières autres que celles qui sont du domaine de la loi ont un caractère réglementaire.

Les textes de forme législative intervenus en ces matières peuvent être modifiés par décrets après avis de la chambre administrative de la Cour Suprême.

Ceux de ces textes qui interviendraient après l'entrée en vigueur de la présente Constitution ne pourront être modifiés par décret que si le Conseil Constitutionnel a déclaré qu'ils ont un caractère réglementaire en vertu de l'alinéa précédent.

Article 127. – La déclaration de guerre est autorisée par le parlement.

Article 128. – L'état de siège et l'état d'urgence sont décrétés en Conseil des Ministres.

- Le Gouvernement en informe les bureaux de deux (2) chambres.
- Leur prorogation au-delà de douze (12) jours ne peut être autorisée que par les deux (2) chambres réunies.

Article 129. - Le Gouvernement peut, pour l'exécution de son programme, demander au Parlement de prendre par ordonnances, pendant un délai limité, des mesures qui sont du domaine de la loi.

Les ordonnances sont prises en Conseil des Ministres après avis de la chambre administrative de la Cour Suprême.

Elles entrent en vigueur dès leur publication, mais deviennent caduques si le projet de loi de ratification n'est pas déposé devant le Parlement avant la date fixée par la loi d'habilitation.

À l'expiration du délai mentionné au premier alinéa du présent article, les ordonnances ne peuvent plus être modifiées que par la loi dans les matières qui sont du domaine législatif.

Article 130. – Les membres du Gouvernement ont accès au Parlement et à ses commissions.
Ils sont entendus à la demande d'un parlementaire ou d'une commission.
Ils peuvent se faire assister par des collaborateurs.
Article 131. - La loi organique est une loi qui précise ou complète une ou plusieurs dispositions constitutionnelles.
Elle est votée en termes identiques par les chambres sans qu'il ne soit possible de donner la prééminence à l'Assemblée Nationale.
Elle ne peut être promulguée que si le Conseil Constitutionnel, obligatoirement saisi par le Président de la République, l'a déclaré conforme à la Constitution.
Ne sont applicables aux lois organiques les dispositions relatives à l'habilitation de légiférer accordée au Gouvernement et celles accordant à la commission de délégations le droit de prendre des mesures qui sont du domaine de la loi.
Article 132. – Les lois de programmes déterminent les objectifs de l'action économique et sociale de l'État.
Article 133.- Les lois de finances déterminent les ressources et les charges de l'État dans les conditions et sous les réserves prévues par une loi organique.
Le Parlement vote les projets de loi de finances dans les conditions prévues par une loi organique.
Le projet de loi de finances est déposé sur les bureaux des deux (2) Assemblées au plus tard la veille de l'ouverture de la deuxième session ordinaire.
Le Parlement dispose de quatre-vingts (80) jours au plus pour voter les projets de lois de finances.
Si, par suite d'un cas de force majeure, le Gouvernement n'a pu déposer le projet de loi de finances de l'année en temps utile pour que le Parlement dispose, avant la fin de la session ordinaire du délai prévu à l'alinéa précédent, celle-ci est immédiatement et de plein droit, suivie d'une session extraordinaire dont la durée est au plus égale au temps nécessaire pour parfaire ledit délai.
Si le projet de loi de finance, n'est pas voté définitivement à l'expiration du délai de quatre-vingts (80) jours prévus ci-dessus, il peut être mis en vigueur par Ordonnance.
Cette Ordonnance doit tenir compte des amendements votés par le Parlement et acceptés par le Gouvernement.

Si compte tenu de la procédure ci-dessus la loi n'a pu être mise en vigueur avant le début de l'année budgétaire, le Gouvernement est autorisé à reconduire par décret les services votés.
La Chambre des Comptes de la Cour Suprême assiste le Gouvernement dans le contrôle de l'exécution des lois de finances.
Article 134. – L'initiative des lois appartient concurremment au Gouvernement et aux membres du Parlement.
Les projets de lois sont délibérés en Conseil des Ministres après avis de la Chambre administrative de la Cour Suprême et déposés sur le bureau de l'un des deux (2) Assemblées.
Les projets de lois de finances sont soumis en premier lieu à l'Assemblée Nationale.
Article 135. – Les propositions et amendements formulés par les membres du Parlement ne sont pas recevables lorsque leur adoption aurait pour conséquence soit une diminution des ressources publiques, soit une création ou une aggravation des dépenses publiques, à moins qu'ils ne soient accompagnés d'une proposition d'augmentation de recettes ou d 'économies équivalentes.
Article 136. - S'il apparaît au cours de la procédure législative qu'une proposition ou un amendement n'est pas du domaine de la loi ou est contraire à une délégation accordée en vertu des dispositions de l'article 129 relatives à l'habilitation, le Gouvernement peut opposer l'irrecevabilité.
En cas de désaccord entre le Gouvernement et l'Assemblée intéressée, le Conseil Constitutionnel, à la demande de l'une ou de l'autre des parties, statue dans un délai de huit (8) jours.

Article 137. – La discussion des projets de lois porte, devant la première Assemblée saisie, sur le texte présenté par le Gouvernement.
Une Assemblée saisie d'un texte voté par l'autre Assemblée délibère sur le texte qui lui est transmis.
Article 138. – Les projets et propositions de lois sont, à la demande du Gouvernement ou de l'Assemblée qui en est saisie, envoyés pour examen aux commissions spécialement désignées à cet effet.
Les projets et propositions pour lesquels une telle demande n'a pas été faite sont envoyés à l'une des Commissions permanentes.
Le nombre des Commissions permanentes est déterminé par le Règlement Intérieur de chaque Assemblée.
Article 139.- Les membres du Parlement et du Gouvernement ont droit d'amendement.

Lorsqu'une Assemblée a confié l'examen d'un texte à une Commission, le Gouvernement peut, après l'ouverture des débats, s'opposer à l'examen de tout amendement qui n'a pas été préalablement soumis à cette Commission.
Si le Gouvernement le demande, l'Assemblée saisie se prononce par un seul vote sur tout ou partie d'un texte en discussion en ne retenant que les amendements proposés ou acceptés par lui.
Article 140.- Tout projet ou proposition de loi est successivement examiné dans les deux (2) chambres du Parlement en vue de l'adoption d'un texte identique.
Lorsque par suite d'un désaccord entre les deux (2) Assemblées, un projet ou une proposition de loi n'a pas pu être adopté après deux (2) lectures par chaque Assemblée ou, si le Gouvernement a déclaré l'urgence, après une seule lecture par chacune d'entre elles, le Gouvernement a la faculté de provoquer la réunion d'une Commission mixte paritaire changée chargée de proposer un texte sur les dispositions restant en discussion.
Le texte élaboré par la Commission mixte peut être soumis par le Gouvernement pour approbation aux deux (2) Assemblées. Aucun amendement n'est recevable, sauf accord du Gouvernement.
Si la Commission mixte ne parvient pas à l'adoption du texte commun ou si ce texte n'est pas adopté dans les conditions prévues à l'article précédent, le Gouvernement peut, après une nouvelle lecture par l'Assemblée Nationale et le Sénat, demander à l'Assemblée Nationale de statuer définitivement. Dans ce cas l'Assemblée Nationale peut reprendre le texte élaboré soit par la Commission mixte, soit le dernier texte voté par elle, complété le cas échéant par un (1) ou plusieurs des amendements du Sénat.
Article 141. – L'ordre du jour des Assemblées comporte par priorité et dans l'ordre que le Gouvernement a fixé la discussion des projets de loi déposés par le Gouvernement.
Une (1) séance par semaine est réservée à l'examen et à l'adoption des projets de loi.
Une (1) séance par quinzaine est réservée aux questions des membres du Parlement et aux réponses du Gouvernement.
Article 142. – Le Premier Ministre, après délibération du Conseil des Ministres, engage devant l'Assemblée Nationale la responsabilité du Gouvernement sur son programme et éventuellement sur une déclaration de politique générale.

L'Assemblée Nationale met en cause la responsabilité du Gouvernement par le vote d'une motion de censure. Une telle motion n'est recevable que si elle est signée par un dixième (1/10) au moins des membres de l'Assemblée Nationale. Le vote ne peut avoir lieu que quarante-huit (48) heures après son dépôt. Seuls sont recensés les votes favorables à la motion de censure qui ne peut être adoptée qu'à la majorité des membres composant l'Assemblée Nationale.
Si la motion de censure est rejetée, ses signataires ne peuvent en proposer une nouvelle au cours de la même session, sauf dans le cas prévu à l'alinéa ci-dessous.
Le Premier Ministre peut, après délibération du Conseil des Ministres, engager la responsabilité du Gouvernement devant l'Assemblée Nationale sur le vote d'un texte.
Dans ce cas, ce texte est considéré comme adopté, sauf si une motion de censure, déposée dans les vingt-quatre (24) heures qui suivent est votée dans les conditions prévues à l'alinéa deux (2) du présent article.
Le Premier Ministre a la faculté de demander au Sénat l'approbation d'une déclaration de politique générale.
Article 143. - Lorsque l'Assemblée Nationale adopte une motion de censure ou lorsqu'elle désapprouve le programme ou une déclaration de politique générale du Gouvernement, le Premier Ministre doit remettre au Président de la République la démission du Gouvernement.
Article 144.- La clôture des sessions ordinaires ou extraordinaires est de droit, retardée pour permettre, le cas échéant, l'application des dispositions de l'article 142.
Article 145. - Le Gouvernement est tenu de fournir au Parlement toutes les explications qui lui sont demandées sur sa gestion et sur ses activités.
Les moyens d'informations et de contrôle du Parlement sur l'action du Gouvernement sont :

- l'interpellation ;
- la question écrite ;
- la question orale ;
- la Commission d'enquête ;
- la motion de censure ;
- l'audition en Commission.

Ces moyens sont exercés dans les conditions déterminées par le Règlement Intérieur de chaque chambre.

TITRE VI : DU POUVOIR JUDICIAIRE

Article 146 – Le pouvoir judiciaire est indépendant du pouvoir exécutif et du pouvoir législatif.

Article 147. – Il est institué un seul ordre de juridiction dont la Cour Suprême est l'instance suprême.

Article 148. – Le pouvoir judiciaire est exercé au Tchad par la Cour Suprême, les Cours d'Appels, les Tribunaux et les Justices de paix.

Il est le gardien des libertés et de la propriété individuelle et veille au respect des droits fondamentaux.

Article 149. - La justice est rendue au nom du peuple tchadien.

Article 150. – Il est institué un Conseil Supérieur de la Magistrature (CSM)

Le Conseil Supérieur de la Magistrature est le garant de l'indépendance de la Magistrature.

Il veille à l'exécution des lois.

Article 151 – Le Président de la Cour Suprême préside le Conseil Supérieur de la Magistrature.

Le 1er et 2ème vice-président sont désignés dans l'ordre de préséance, parmi les Présidents des chambres de la Cour suprême.

Les membres du Conseil Supérieur de la Magistrature sont des magistrats.

Les autres membres du Conseil Supérieur de la Magistrature sont élus par leurs pairs dans les conditions fixées par la loi, pour un mandat de trois ans renouvelables.

Article 152. - Le Conseil Supérieur de la Magistrature propose les nominations et les avancements des magistrats.

Article 153. – Les Magistrats sont nommés par décret du Président de la République après avis conforme du Conseil Supérieur de la Magistrature. Ils sont révoqués dans les mêmes conditions.

Article 154. – La discipline et la responsabilité des magistrats à tous les niveaux relève du Conseil Supérieur de la Magistrature.

Article 155.- Les magistrats du siège ne sont soumis dans l'exercice de leurs fonctions qu'à l'autorité de la loi.

Ils sont inamovibles.

Article 156. – Les autres règles d'organisation, de fonctionnement ainsi que le régime des incompatibilités sont fixées par la loi.

Chapitre I
De la Cour Suprême

Article 157. – La Cour Suprême est la plus haute juridiction du Tchad en matière judiciaire, administrative et des comptes.
Elle connaît également du contentieux des élections locales.
Elle comprend trois (3) chambres :

- une (1) chambre judiciaire ;
- une (1) chambre administrative ;
- une (1) chambre des comptes.

Article 158.- La Cour Suprême est composée de seize (16) membres dont (15) conseillers plus un (1) Président.
Le Président de la Cour Suprême est choisi parmi les hauts magistrats de l'ordre judiciaire.
Il est nommé par décret du Président de la République après avis des Présidents des Assemblées Nationale et du Sénat.
Les conseillers sont désignés de la façon suivante :

- huit (8) choisis parmi les hauts magistrats de l'ordre judiciaire :
  * trois (3) par le Président de la République ;
  * trois (3) par le Président de l'Assemblée Nationale ;
  * deux (2) par le Président du Sénat.
- sept (7) choisis parmi les spécialistes du Droit Administratif, du Droit budgétaire et de la Comptabilité publique dont :
  * trois (3) par les Président de la République
  * deux (2) par le Président de l'Assemblée Nationale
  * deux (2) par le Président du Sénat.

Les attributions et les autres règles d'organisation et de fonctionnement ainsi que la procédure suivie devant la Cour Suprême sont déterminées par une loi organique.
Article 159. – Les membres de la Cour Suprême sont inamovibles. Ils demeurent en fonction jusqu'à l'admission à la retraite, sauf cas de condamnation pour délits et crimes, de démission ou d'empêchement définitif.
Article 160. Avant leur entrée en fonction, les membres non-Magistrats de la Cour Suprême prêtent serment en ces termes :
« Je jure de bien et fidèlement remplir mes fonctions, de les exercer en toute impartialité dans le respect des lois et de garder le secret des délibérations ».

Chapitre II
Des règles Coutumières et Traditionnelles

Article 161- Jusqu'à leur codification, les règles coutumières et traditionnelles ne s'appliquent que dans les communautés où elles sont reconnues.

Toutefois, les coutumes contraires à l'ordre public ou celles qui prônent l'inégalité entre les citoyens sont interdites.

Article 162 - Les règles coutumières et traditionnelles régissant les régimes matrimoniaux et les successions ne peuvent s'appliquer qu'avec le consentement des parties concernées.

- À défaut de consentement, la loi nationale est seule applicable.
- Il en est de même en cas de conflit entre deux (2) ou plusieurs règles coutumières.

Article 163 - Les réparations coutumières et traditionnelles ne peuvent faire obstacle à l'action publique.

TITRE VII : DU CONSEIL CONSTITUTIONNEL

Article 164 - Il est institué un Conseil Constitutionnel.

Article 165 - Le Conseil Constitutionnel est composé de neuf (9) membres constitués des juristes de haut niveau dont trois (3) magistrats, (4) constitutionnalistes et (2) spécialistes du droit administratif désignés de la manière suivante :

- Un (1) magistrat et deux (2) spécialistes du droit administratif par le Président de la République ;
- Un (1) magistrat et deux (2) constitutionnalistes par le Président de l'Assemblée Nationale ;
- Un (1) magistrat et deux (2) constitutionnalistes par le Président du Sénat.

Le mandat des membres du Conseil Constitutionnel est de neuf (9) ans non renouvelables.

Le Conseil Constitutionnel se renouvelle par tiers (1/3) tous les trois (3) ans.

Les membres du Conseil Constitutionnel sont inamovibles pendant la durée de leur mandat.

Les membres du Constitutionnel doivent être d'une compétence professionnelle reconnue, de bonne moralité et d'une grande probité.

Article 166.- Le Conseil Constitutionnel est juge de la constitutionnalité des lois, des traités et des accords internationaux.

Il connaît du contentieux des élections présidentielles, législatives et sénatoriales.
Il veille à la régularité des opérations du référendum et en proclame les résultats.
Il statue obligatoirement sur la constitutionnalité des lois organiques avant leur promulgation, et des règlements intérieurs des assemblées avant leur mise en application.
Le Conseil Constitutionnel est l'organe régulateur du fonctionnement des institutions et de l'activité des pouvoirs publics.
Il règle les conflits d'attributions entre les institutions de l'État.
Article 167. – Les fonctions de membre du Conseil Constitutionnel sont incompatibles avec la qualité de membre du Gouvernement, l'exercice de tout mandat électif, de tout emploi public et de toute autre activité lucrative.
Article 168.- Le Président du Conseil Constitutionnel est élu par ses pairs pour une durée de trois (3) ans renouvelables.
Article 169.- Avant d'entrer en fonction, les membres du Constitutionnel prêtent le serment suivant :

« Je jure de m'acquitter fidèlement des devoirs de ma charge, dans le strict respect de ses obligations de neutralité et de réserve, de veiller au respect de la Constitution et de me conduire dignement et loyalement dans l'accomplissement de ma mission »

Article 170. – Le Conseil Constitutionnel, à la demande du Président de la République, du Premier Ministre, du Président de l'Assemblée Nationale, du Président du Sénat ou d'au moins d'un dixième (1/10) des membres de l'Assemblée Nationale ou du Sénat, se prononce sur la Constitutionnalité d'une loi avant sa promulgation.
Article 171. - Tout citoyen peut soulever l'exception d'inconstitutionnalité d'une loi devant une juridiction dans une affaire qui le concerne.
Dans ce cas, la juridiction sursoit à statuer et saisit le Constitutionnel qui doit prendre une décision dans un délai maximum de quarante-cinq (45) jours.
Article 172. – Le Conseil Constitutionnel, saisi d'un texte, statue dans les quinze (15) jours.
Toutefois, à la demande du Gouvernement, et en cas d'urgence, ce délai est ramené à huit (8) jours. Dans ce cas, la saisine du Conseil Constitutionnel suspend le délai de promulgation.
Article 173. – Aucun texte ne peut être promulgué ni mis en application dans ses dispositions déclarées inconstitutionnelles.

Article 174. – Les décisions du Conseil Constitutionnel ne sont susceptibles d'aucun recours.
Elles imposent aux pouvoirs publics et à toutes les autorités administratives, militaires et juridictionnelles.
Article 175. – Les autres compétences, l'organisation et le fonctionnement du Conseil Constitutionnel ainsi que les immunités de ses membres sont déterminées par une loi organique.

TITRE VIII : DE LA HAUTE COUR DE JUSTICE

Article 176 – Il est institué une Haute Cour de Justice.
Article 177. – La Haute Cour de Justice est composée de quinze (15) membres dont :

- six (6) députés ;
- quatre (4) sénateurs :
- deux (2) membres du Conseil Constitutionnel ;
- trois (3) membres de la Cour Suprême.

Les membres de la Haute Cour de Justice sont élus par leurs pairs respectifs.
Le Président est élu par les membres de la Haute Cour.
Article 178. –La Haute Cour de Justice est compétente pour juger le Président de la République et les membres du Gouvernement ainsi que leurs complices en cas de haute trahison.
Constitue un crime de haute trahison, tout acte portant atteinte à la forme républicaine, à l'unité et à la laïcité de l'État, à la souveraineté, à l'indépendance et à l'intégrité du territoire national.
Sont assimilés à la haute trahison, les violations graves et caractérisées des droits de l'homme, le détournement des fonds publics, la corruption, la concussion, le trafic de drogue et l'introduction des déchets toxiques ou dangereux, en vue de leur transit, dépôt ou stockage sur le territoire national.
Le Président de la République n'est responsable des actes accomplis dans l'exercice de ses fonctions qu'en cas de haute trahison.
Article 179. – Hors les cas de haute trahison, les membres du Gouvernement sont pénalement responsables de leurs actes devant la justice de droit commun.
Article 180. – La mise en accusation du Président de la République et des membres du Gouvernement est votée, au scrutin secret, à la majorité des deux tiers (2/3) des membres composants chacune des deux (2) chambres du Parlement.

Le Président de la République et les membres du Gouvernement sont suspendus de leurs fonctions en cas de mise en accusation.
En cas de condamnation, le Président de la République est déchu de ses charges et les ministres de leurs fonctions par la Haute Cour de Justice.
Article 181. – La Haute Cour de Justice est liée par la définition des crimes et délits ainsi que par la détermination des peines résultant des lois pénales en vigueur au moment où les faits ont été commis.
Article 182.- Une loi organique fixe les règles de fonctionnement ainsi que la procédure suivie devant la Haute Cour de Justice.

TITRE IX : DE LA HAUTE AUTORITE DES MEDIAS ET DE L'AUDIOVISUEL

Article 183 - Il est institué une Haute Autorité des Médias et de l'audiovisuel.
La Haute Autorité des Médias et de l'audiovisuel est une autorité administrative indépendante.
Article 184.- La Haute Autorité des Médias et de l'audiovisuel est composée de neuf (9) membres nommés par décret du Président de la République.
Ils sont désignés de la manière suivante :
- deux (2) personnalités par le Président de la République ;
- une (1) par le Président de l'Assemblée ;
- une (1) par le Président du Sénat
- trois (3)professionnels de la communication audiovisuel et de la presse écrite désignés par leurs pairs ;
- un (1) magistrat désigné par le Président de la Cour Suprême
- une (1) personnalité du monde de la culture, des arts et lettres désignés par ses pairs.

Article 185.- La Haute Autorité des Médias et de l'audiovisuel élit son Bureau parmi ses membres.
Article 186. – La Haute Autorité des Médias et de l'audiovisuel :
- veille au respect des règles déontologiques en matière d'information et de communication ;
- garantit la liberté de la presse et l 'expression pluraliste des opinions ;
- régule les rapports de communication entre les pouvoirs publics, les organes d'informations et le public ;

- donne des avis techniques, des recommandations sur les questions touchant au domaine de l'information.

Article 187.- Les autres attributions, l'organisation et le fonctionnement de la Haute Autorité des Médias et de l'Audiovisuel sont précisés par la loi.

TITRE X : DE LA DEFENSE NATIONALE ET DE LA SECURITE

Article 188.- La défense nationale et la sécurité sont assurées par les Forces Armées et de Sécurité.

Article 189. – Les Forces Armées et de Sécurité sont composées :

- l'Armée Nationale ;
- la Gendarmerie Nationale ;
- la Police Nationale ;
- la Garde Nationale et Nomade.

Article 190.- Les Forces Armées et de Sécurité sont au service de la Nation.

Elles sont soumises à la légalité républicaine.

Elles sont subordonnées au pouvoir civil.

Article 191. – Les Forces Armées et de Sécurité sont apolitiques.

Nul ne peut les utiliser à des fins particulières.

Article 192.- La défense nationale est assurée par l'Armée Nationale et la Gendarmerie Nationale.

Le maintien de l'ordre et de la sécurité est assuré par la Police Nationale, la Garde Nationale et Nomade et la Gendarmerie Nationale.

Chapitre I
De l'Armée Nationale Tchadienne

Article 193.- L'Armée Nationale Tchadienne a pour mission de défendre l'intégrité du territoire national, l'unité nationale, de garantir l'indépendance nationale et la sécurité du pays contre toute agression ou menace extérieure.

Article 194.- L'armée Nationale Tchadienne participe aux tâches de développement économique et social ainsi qu'aux opérations humanitaires.
Article 195. – Les missions non prévues par la présente Constitution sont déterminées par la loi.

Chapitre II
De la Gendarmerie Nationale

Article 196. – La Gendarmerie Nationale a pour mission de :
- assurer la protection des personnes et des biens ;
- assurer le maintien et le rétablissement de l'ordre public ;
- assurer le respect des lois et règlements.

Article 197.- La Gendarmerie Nationale exécute les tâches de Police Judiciaire et de Police Administrative. Son action s'exerce sur l'ensemble du territoire de la République du Tchad dans le respect des libertés et des droits de l'Homme.

Chapitre III
De la Police Nationale

Article 198.- La Police Nationale a pour mission de :
- veiller à la sécurité de l'État ;
- assurer le maintien et le rétablissement de l'ordre public ;
- veiller à la sécurité et à la protection des personnes et des biens ;
- veiller à la tranquillité et à la salubrité publiques ;assurer le respect des lois et règlements.

Article 199.- L'action de la Police Nationale s'exerce sur l'ensemble du territoire de la République dans le respect des libertés et des droits de l'homme.

Chapitre IV
De la Garde Nationale et Nomade

Article 200. – La Garde Nationale et Nomade a pour mission :
- la protection des autorités politiques et administratives ;
- la protection des édifices publics ;
- le maintien de l'ordre en milieu rural et nomade ;

- la garde et la surveillance des maisons d'arrêt.

Article 201. – L'action de la Garde Nationale et Nomade s'exerce sur l'ensemble du territoire de la République du Tchad dans le respect des libertés et des droits de l'Homme.

Article 202.- L'organisation, le fonctionnement et les autres attributions de l'Armée Nationale, de la Gendarmerie Nationale, de la Police Nationale et de la Garde Nationale et Nomade sont fixées par la loi.

TITRE XI : DES COLLECTIVITÉS TERRITORIALES DÉCENTRALISÉES

Article 203.- Les Collectivités Territoriales Décentralisées de la République du Tchad sont :

- les communes rurales ;
- les communes ;
- les départements ;
- les régions.

Article 204- Les Collectivités Territoriales Décentralisées sont dotées de la personnalité morale.

Leur autonomie administrative, financière, patrimoniale, économique, culturelle et sociale est garantie par la Constitution.

Article 205.- Les Collectivités Territoriales Décentralisées s'administrent librement par des Assemblées élues qui règlent par leurs délibérations les affaires qui leur sont dévolues par la Constitution et par la loi.

Les délibérations des Assemblées locales sont exécutoires de plein droit dès leur publication.

Toutefois, elles ne peuvent être contraires aux dispositions constitutionnelles, législatives et réglementaires.

Article 206.- Les membres des Assemblées locales sont élus au suffrage universel direct pour un mandat de six (6) ans renouvelables.

Article 207. – Les Assemblées locales élisent en leur sein des organes exécutifs pour un mandat de trois (3) ans renouvelables.

Les organes exécutifs sont responsables devant les Assemblées locales.

Article 208.- L'État est représenté auprès des Collectivités Territoriales Décentralisées par les chefs des unités administratives déconcentrées chargés de défendre les intérêts nationaux et de faire respecter les lois et règlements.

Article 209 – L'État veille au développement harmonieux de toutes les Collectivités Territoriales Décentralisées sur la base de la solidarité nationale.

Article 210. – Les Collectivités Territoriales Décentralisées assurent dans les limites de leur ressort territorial et avec le concours de l'État :

- la sécurité publique ;
- l'administration et l'aménagement du territoire ;
- le développement économique, social, sanitaire, culturel et scientifique ;
- la protection de l'environnement .

La loi détermine la répartition des compétences en considération des intérêts locaux et nationaux.

Article 211 - Les Collectivités Territoriales Décentralisées votent et gèrent leur budget.

Article 212 – Les ressources des Collectivités Territoriales Décentralisées sont constituées notamment par :

- les produits des impôts et taxes votés par les Assemblées des collectivités territoriales décentralisées et perçus directement par elles ;
- la part qui leur revient de droit sur les produits des impôts et taxes perçus au profit du budget de l'État ;
- les produits des dotations et les subventions attribués par l'État ;
- le produit des emprunts contractés par les collectivités territoriales décentralisées, soit sur le marché intérieur , soit sur le marché extérieur après accord des autorités monétaires nationales, avec ou sans garantie de l'État ;
- les dons et legs ;
- les revenus de leur patrimoine ;
- le pourcentage sur le produit des ressources du sol et du sous-sol exploitées sur leur territoire.

Article 213.- Les règles relatives aux statuts juridiques, à l'organisation, au fonctionnement et aux attributions des collectivités territoriales décentralisées ainsi que leurs rapports avec le pouvoir central sont fixées par une loi organique.

TITRE XII : DES AUTORITES TRADITIONNELLES ET COUTUMIERES

Article 214.- Les autorités traditionnelles et coutumières sont les garants des us et coutumes.
Article 215. –Elles concourent à l'encadrement des populations et appuient l'actions des collectivités territoriales décentralisées.
Article 216.- Elles sont les collaboratrices de l'administration dans le respect des libertés et des droits de l'Homme.
Article 217.- Une loi détermine leurs statuts, attributions et rémunérations en considérations des contextes locaux et nationaux.

TITRE XIII : DE LA COOPERATION, DES TRAITES ET ACCORDS INTERNATIONAUX

Article 218.- La République du Tchad peut conclure avec d'autres États des accords de coopération ou d'association sur la base des principes d'égalité, de respect mutuel de la souveraineté, de l'intégrité territorial, des avantages réciproques et de la dignité nationale.
Elle peut créer avec des États des organismes de gestion commune, de coordination et de coopération dans les domaines économique, monétaire, financier, scientifique, technique, militaire et culturel.
Article 219- Le Président de la République négocie et ratifie les traités. Il est informé de toute négociation tendant à la conclusion d'un accord international non soumis à la ratification.
Article 220.- Les traités de paix, les traités de défense, les traités de commerce, les traités relatifs à l'usage du territoire national ou à la l'exploitation des ressources naturelles, les accords relatifs à l'organisation internationale, ceux qui engagent les finances de l'État ou ceux qui sont relatifs à l'état des personnes, ne peuvent être approuvés ou ratifiés qu'après autorisation du Parlement.
Ces traités et accords ne prennent effet qu'après avoir approuvés et ratifiés.
Nulle cession, nul échange, nulle adjonction de territoire n'est valable sans le consentement du peuple exprimé par voie de référendum.

Article 221.- Les traités ou accords régulièrement ratifiés ont, dès leur publication, une autorité supérieure à celle des lois, sous réserve pour chaque accord ou traité de son application par l'autre partie.

TITRE XIV : DE LA REVISION

Article 223.- L'initiative de la révision appartient concurremment au Président de la République, après décision prise en conseil des Ministres et aux membres du Parlement.
Pour être pris en considération, le projet ou la proposition de révision doit être votée, en termes identiques, à la majorité des deux tiers (2/3) des membres de l'Assemblée Nationale et du Sénat.
Article 224.- La révision de la Constitution est approuvée par référendum.
Toutefois, il peut être procédé à une révision d'ordre technique, à la majorité des trois cinquièmes (3/5) des membres de l'Assemblée Nationale et du Sénat réunis en congrès.
Article 225.- Aucune procédure de révision ne peut être engagée ou poursuivie lorsqu'elle porte atteinte :

- à l'intégrité du territoire, à l'indépendance ou à l'unité nationale ;
- à la forme républicaine de l'État, au principe de la séparation des pouvoirs et la laïcité ;
- aux libertés et droits fondamentaux du citoyen ;
- au pluralisme politique.

Article 226.- Aucune procédure de révision ne peut être engagée lorsque le Président de la République exerce les pouvoirs exceptionnels ou lorsqu'un Président intérimaire exerce les fonctions de Président de la République conformément aux dispositions des articles 87 et 76 de la présente Constitution.

TITRE XV : DES DISPOSITIONS TRANSITOIRES ET FINALES

Article 227 - La présente Constitution est adoptée par référendum.
Elle entre en vigueur dès sa promulgation par le Président de la République dans les huit (8) jours suivant la proclamation du résultat du référendum par la Cour d'appel.
Article 228 - Le Président de la République en fonction continue d'assumer sa charge jusqu'à l'investiture du Président élu.

Article 229 - Le Conseil Supérieur de la Transition (CST) continue d'exercer sa fonction législative.

Il veille à la défense et à la promotion des Droits de l'Homme et des Libertés ;
Il supervise l'organisation de l'élection présidentielle.
Dès l'ouverture de la campagne des élections législatives, le Conseil Supérieur de la transition (CST) se met de droit en vacances.
Le mandat des Conseillers prend fin dès l'installation de l'Assemblée Nationale élue.
Article 230.- Pendant la période de vacances du Conseil Supérieur de la Transition, le Président de la République légifère par ordonnances.
Article 231.- Les ordonnances prises par le Gouvernement en application de l'article 230 ci-dessus ne peuvent en aucune façon et sous quelque forme que ce soit, intervenir dans les domaines suivants :

- le régime électoral ;
- la Charte des Partis Politiques ;
- le régime des Associations et de la Presse ;
- les droits civiques et les garanties fondamentales accordées aux citoyens pour l'exercice des libertés publiques ;
- la nationalité, l'état et la capacité des personnes, les régimes matrimoniaux, les successions et les libéralités ;
- le code de la famille.

Article 232. - Le Gouvernement continue d'exercer ses charges jusqu'à la nomination d'un nouveau Gouvernement.
Article 233 – Les autres institutions établies continuent d'exercer leurs fonctions et attributions conformément aux lois et règlement en vigueur jusqu'à l'adoption et la mise en place des nouvelles institutions.
Article 234. – Les mesures nécessaires à la mise en place des nouvelles institutions prévues par la présente Constitution sont prises, soit par voie législative, soit par décrets en Conseil des Ministres.
Les institutions de la République prévues par la présente Constitution sont mises en place dans un délai maximum de trente-six (36) mois à compter de l'installation de l'Assemblée Nationale.
Article 235.- En attendant la mise en place du Sénat, les attributions de ce dernier sont dévolues à la seule Assemblée Nationale.

Article 236. – Pour les consultations électorales nationales, la publication des listes électorales et la convocation des électeurs sont faites par décret pris en Conseil des Ministres après avis de la Commission Electorale Nationale Autonome (CENA).

Article 237.- Le Président élu entre en fonction vingt et un (21) jours après la proclamation définitive des résultats du scrutin.
Article 238 : La présente Constitution est adoptée par référendum.
Elle entre en vigueur dès sa promulgation par le président de la République dans les huit jours suivant la proclamation du résultat du référendum.
Article 239.- La présente Constitution abroge dès sa promulgation, la Charte de Transition et toutes les autres dispositions antérieures contraires.

REMARQUES CONCLUSIVES

Le débat sur la forme de l'État au Tchad apparaît de plus en plus complexe et suscite des opinions divergentes à travers le pays. De mémoire de l'histoire constitutionnelle et politique de ce pays, jamais une question d'envergure nationale n'a divisé autant les Tchadiens par rapport aux enjeux qu'elle porte. Cela s'explique simplement, par le ras le bol constaté dans la gouvernance du système unitariste consacré depuis l'indépendance en aout 1960 et qui pousse aujourd'hui une grande partie des Tchadiens à s'exprimer ouvertement contre la défaillance de la forme unitaire de l'État qui ne les protège plus face aux défis de l'insécurité, de la croissance économique et du développement. Une partie des Tchadiens en particulier, a pris conscience de cette défaillance politique, sécuritaire et économique, qui a plombé sévèrement la dynamique de l'unité nationale et de la cohésion sociale, constitutionnaliser dès le premier contrat social du 31 mars 1959 à la suite de la proclamation de la République en novembre 1958. Ces tchadiens préfèrent l'expérience d'une nouvelle forme « Fédérale de l'État » avec une plus grande autonomie régionale. Cependant, d'autres, surtout les tenants du pouvoir, soutiennent ouvertement la continuité de la forme « Unitaire de l'État » pour conserver un certain nombre des privilèges conquis dans l'histoire tumultueuse de la dévolution du pouvoir au Tchad.

Autrement dit, ce dualisme constitutionnel polarise depuis un moment la société tchadienne, et perçu comme une source de conflit et d'instabilité politique en perspective au regard de la situation « crisogène » actuelle du pays. Certains acteurs politiques estiment que le système actuel de gouvernance basé sur l'unitarisme de l'État favorise une région ou un groupe particulier des Tchadiens au détriment d'autres. Ce qui alimente les tensions et les divisions sur le choix réel de la forme de l'État qui correspond réellement aux aspirations de la majorité des Tchadiens. Cette question qui soulève des enjeux d'une envergure nationale doit être tranchée par un référendum constitutionnel transparent et crédible.

En tout état de cause, la question de la forme de l'État au Tchad paraît complexe et divise clairement les Tchadiens. Elle nécessite une discussion approfondie et un engagement de tous les citoyens sans exclusion pour parvenir à une solution durable et équitable. Pour résoudre cette nouvelle crise en gestation, il est nécessaire que les autorités engagent une nouvelle Conférence Nationale Inclusive avec toutes les parties prenantes (pouvoir, opposition, société civile et les technocrates universitaires) pour trouver une solution consensuelle et durable.

De même, la Communauté internationale peut également jouer un rôle de médiateur neutre pour aider à faciliter le dialogue entre les parties et encourager la mise en œuvre d'une solution consensuelle et durable. La Communauté internationale peut aider à renforcer les institutions démocratiques et l'État de droit au Tchad pour garantir les solutions qui sortiront des discussions soient sincères, durables et respectueuses des droits de l'homme. Aussi, cette situation de crise politique au Tchad s'est subitement aggravée par la prise du pouvoir par l'armée le 20 avril 2021, à la suite du décès tragique du Président Idriss Deby ITNO et les répressions des manifestations qui réclament des institutions démocratiques fortes en lieu et place des hommes forts. Cette remise en cause des acquis démocratiques par l'armée a créé un véritable recul dans le processus démocratique tchadien.

Les leçons à tirer des conséquences de la Transition militaire du 20 avril 2021 au Tchad

Le non-respect de l'ordre constitutionnel dans la vacance du pouvoir par la transition militaire du 20 avril 2021 au Tchad soulève des préoccupations juridiques importantes quant au respect des principes démocratiques, à la légitimité du pouvoir et à la stabilité politique du pays.

Tout d'abord, le non-respect de l'ordre constitutionnel après la mort du Président Idriss Deby ITNO a accentué la remise en cause des principes démocratiques et l'État de droit acquis à la Conférence nationale souveraine de 1993. La Constitution du 04 mai 2018, fondatrice de la IVème République, dénuée de toute légitimité fut-elle, a quand bien même établi les règles et les procédures de succession en cas de vacance de pouvoir, garantissant au peuple tchadien une continuité démocratique légitime. En opérant ce braquage institutionnel aux dispositions de l'article 81 de la Constitution du 04 mai 2018, la transition militaire du 20 avril 2021 a compromis la volonté du peuple tchadien de participer à la prise de décision politique et a sapé les bases de la dévolution démocratique du pouvoir.

Ensuite, le non-respect de l'ordre constitutionnel a créé des tensions et des conflits au sein de la société État, République du Tchad, accentuant ainsi de manière drastique le manque de confiance entre les Tchadiens. Lorsqu'une transition au pouvoir est réalisée par des moyens non constitutionnels, cela peut forcément conduire à des contestations, des manifestations et même des violences. Les citoyens peuvent se sentir lésés et exclus du processus des décisions politiques, ce qui risque de compromettre la stabilité et la cohésion sociale ainsi que l'unité nationale. C'est exactement ce qui s'est déroulé depuis la prise du pouvoir par l'armée, le 20 avril 2021, après la mort tragique du Président Idriss Deby ITNO.

En règle générale, le non-respect de l'ordre constitutionnel nuit à la légitimité des institutions et du gouvernement en place. Lorsqu'une transition au pouvoir se fait en dehors du cadre constitutionnel, cela soulève des doutes et du mépris quant à la légitimité du gouvernement et sa capacité à représenter réellement les intérêts et la volonté du peuple. Cela peut conduire à une perte de confiance des citoyens et une délégitimation dans l'opinion publique des autorités en place.

En outre, le non-respect de l'ordre constitutionnel compromet la prévisibilité et la stabilité politique du pays. En opérant un braquage aux dispositions de l'article 81 de la Constitution, la transition militaire du 20 avril 2021 a créé une incertitude quant à la direction future du pays. L'absence des règles claires et bien définies pour la succession et la dévolution démocratique du pouvoir peut entraîner des divisions politiques, des rivalités et des conflits, qui pourraient nuire l'unité nationale, la stabilité politique et la gouvernance efficace, socles essentiels de progrès et développement dans un État moderne.

De ce qui précède, le non-respect de l'ordre constitutionnel dans la vacance du pouvoir par la transition militaire du 20 avril 2021 au Tchad soulève des préoccupations juridiques majeures quant au respect des principes démocratiques, à la légitimité du pouvoir et à la stabilité politique. Cela remet en cause les fondements démocratiques du pays, suscite des tensions et des conflits, nuit à la légitimité des institutions et compromet la prévisibilité politique. Il est essentiel de promouvoir le respect de l'ordre constitutionnel et de garantir des transitions au pouvoir démocratiques et légitimes pour préserver l'unité nationale, la stabilité politique et la démocratie au Tchad. Ce non-respect de l'ordre constitutionnel opéré par un braquage de l'armée contre le peuple tchadien a induit des conséquences fâcheuses dans la vie des institutions et le fonctionnement réel et classique de l'État.

Les conséquences

La Transition militaire d'avril 2021 est non inclusive et constitue un pas en arrière pour le processus démocratique tchadien.

Il faut simplement rappeler qu'en avril 2021, le Tchad, a connu une transition politique tumultueuse à la suite du décès tragique du Président Idriss Deby ITNO. Alors que les espoirs de voir une transition démocratique s'établir étaient présents, la réalité s'est révélée bien différente. Cette période critique a été marquée par une transition militaire non inclusive, suscitant des inquiétudes quant au respect des droits de l'homme et à la consolidation de la démocratie. L'examen des événements et les conséquences de cette transition, mettent en évidence les défis auxquels le Tchad est confronté dans sa quête d'une gouvernance plus inclusive.

En effet, le contexte de cette transition militaire provient de la mort subite du Président Deby en avril 2021, et a plongé le Tchad dans l'incertitude. En violation des dispositions de la Constitution, le pouvoir a fait l'objet d'un braquage opéré par un Conseil Militaire de Transition (CMT), dirigé par le fils du défunt Président, le Général Mahamat Idriss Deby. Cette transition a été critiquée pour son manque d'inclusivité, car elle a exclu les acteurs politiques majeurs et la société civile du processus des décisions. Saufs, quelques acteurs politiques en faveur du système au pouvoir ont pu bénéficier d'une inclusion politique.

Exclusion des acteurs politiques : L'opposition politique a rapidement dénoncé la transition militaire, soulignant l'absence de consultations et le non-respect des principes démocratiques. Les partis politiques ont été marginalisés, empêchant ainsi une représentation équilibrée dans le processus décisionnel. Cette exclusion a exacerbé les tensions politiques et affaibli la confiance du peuple envers le gouvernement de transition.

Répression des manifestations : La transition militaire a également été marquée par une répression violente de plusieurs manifestations dont celles du 27 avril 2021 et du 20 octobre 2022 causant des centaines des morts, blessés, arrestations et déportations vers la prison de Korotoro dans le désert tchadien. Les citoyens qui ont osé exprimer leurs mécontentements face au manque d'inclusivité et aux violations des droits de l'homme ont été confrontés à une répression brutale. Les forces de sécurité ont fait usage de la violence, arrêtant et emprisonnant des manifestants pacifiques. Cette répression a soulevé des inquiétudes quant au respect des droits fondamentaux et a suscité des condamnations de la Communauté internationale (voir le Rapport d'Amnesty international sur les événements du 20 octobre 2022 au Tchad).

Conséquences sur la démocratie et les droits de l'homme : La transition militaire non inclusive a entraîné des conséquences néfastes sur la démocratie et les droits de l'homme au Tchad. Les institutions démocratiques ont été affaiblies, laissant peu de place à la participation politique et à la protection des droits fondamentaux. Les médias indépendants ont également été censurés (le cas de Salam Info) et des journalistes froidement assassinés dans l'exercice de leur métier (le cas de Orédjé Narcisse), limitant ainsi la liberté d'expression et la diffusion d'informations objectives.

Les perspectives : La transition militaire non inclusive d'avril 2021 représente un recul pour le Tchad dans sa quête d'une démocratie consolidée. Pour progresser vers une gouvernance plus inclusive, il est essentiel de restaurer la confiance entre les différentes parties prenantes, de promouvoir le dialogue politique et d'impliquer la société civile dans le processus décisionnel.

L'absence de justice et d'égalité, une réelle menace pour la démocratie au Tchad

La Transition militaire d'avril 2021 au Tchad, a engendré des graves préoccupations quant à l'absence de justice et d'égalité. Alors que les attentes étaient élevées quant à une transition démocratique et inclusive, la réalité s'est révélée bien différente. Les conséquences de cette transition militaire sur le système judiciaire et la promotion de l'égalité, mettent en évidence les défis persistants auxquels le Tchad est confronté dans son cheminement vers une société juste et équitable.

Dégradation de l'État de droit : La Transition militaire a entraîné une détérioration de l'État de droit au Tchad. Les principes fondamentaux de justice, de transparence et d'impartialité ont été compromis. Les décisions judiciaires ont souvent été influencées par des considérations politiques, sapant ainsi la confiance du peuple envers le système judiciaire. Cette absence d'indépendance judiciaire a eu un impact négatif sur la recherche de la justice pour tous les citoyens.

Impunité et violations des droits de l'homme : L'absence de justice et d'égalité s'est manifestée par une impunité généralisée et des violations des droits de l'homme à répétition. Les responsables de violations graves des droits de l'homme ont rarement été tenus pour responsables de leurs actes. Les forces de sécurité ont été accusées d'abus, de détentions arbitraires et de tortures. Cette culture de l'impunité a créé un climat d'insécurité et de peur parmi la population, entravant la construction d'une société juste et égalitaire.

Discrimination et marginalisation : La Transition militaire a également exacerbé les inégalités existantes et la marginalisation de certains groupes de la société. Les femmes, les minorités ethniques et les groupes vulnérables ont été particulièrement touchés par cette absence de justice et d'égalité. Les femmes ont été victimes de violences sexistes et de discriminations, tandis que les minorités ethniques ont subi des discriminations systémiques. Ces inégalités ont renforcé les clivages sociaux et sapé la cohésion nationale.

Nécessité de réformes et de responsabilisation : Pour construire un avenir démocratique, juste et équitable, le Tchad doit s'engager dans des réformes profondes visant à renforcer l'État de droit, à promouvoir l'indépendance judiciaire et à lutter contre l'impunité. Il est essentiel de mettre en place des mécanismes de responsabilisation pour les violations des droits de l'homme et de garantir l'accès à la justice pour tous les citoyens. De plus, des politiques inclusives et des mesures de protection doivent être mises en œuvre pour garantir l'égalité des droits et des opportunités pour tous les membres de la société.

L'échec du pré-dialogue de Doha : Une impasse entre les Groupes politico-militaires et le pouvoir de Transition militaire au Tchad

Après le décès du Président Idriss Deby ITNO en avril 2021, pour parvenir à une solution pacifique et inclusive dans la gestion du pouvoir, un pré-dialogue a été organisé à Doha au Qatar entre les Groupes politico-militaires et le pouvoir de Transition militaire au Tchad. Malheureusement, cet effort de dialogue a abouti à un échec, laissant entrevoir de sérieux obstacles à la stabilité politique et à la consolidation démocratique du pays. Pour cerner les raisons de cet échec et ses conséquences sur la situation actuelle au Tchad, il faut interroger le processus des négociations.

Il était un espoir de résolution pacifique et perçu comme une opportunité de réunir les différents acteurs politico-militaires et le pouvoir de Transition pour discuter des défis auxquels le Tchad était confronté. Il visait à établir un dialogue inclusif et constructif en vue de parvenir à un consensus sur les questions clés, telles que la gouvernance, la sécurité et la transition vers la démocratie.

Les raisons de l'échec du pré-dialogue de Doha s'expliquent par plusieurs facteurs qui ont contribué à son échec. Tout d'abord, les parties prenantes n'ont pas réussi à trouver un terrain d'entente sur la composition et l'organisation du dialogue national en perspectif. Les Groupes politico-militaires ont exprimé leur mécontentement quant à leur représentation et à la manière dont le dialogue était structuré, estimant que leurs voix n'étaient pas suffisamment prises en compte.

De plus, des divergences profondes sont apparues concernant les questions de sécurité et de désarmement. Les Groupes politico-militaires ont demandé des garanties et des mesures concrètes pour leur intégration dans les forces de sécurité et pour le désarmement. Cependant, le pouvoir de Transition a rencontré des difficultés pour répondre à ces demandes, ce qui a entravé les progrès des résolutions du dialogue.

L'échec du pré-dialogue de Doha a entraîné des conséquences significatives sur la situation actuelle au Tchad. Tout d'abord, cela a renforcé la méfiance entre les Groupes politico-militaires et le pouvoir de Transition, alimentant les tensions et les risques de conflits armés. L'absence d'un dialogue constructif et inclusif compromet la stabilité politique du pays et sa transition vers un réel retour à l'ordre constitutionnel.

De plus, cet échec a également un impact sur la population tchadienne, qui aspire à la paix, à la justice et à la stabilité. Les retombées socio-économiques négatives, telles que l'insécurité persistante et les violations des droits de l'homme sur l'ensemble du territoire, continuent d'affecter la vie quotidienne des citoyens, entravant le développement et la prospérité du pays.

L'échec du pré-dialogue de Doha, représente un obstacle majeur à la stabilité politique et à la résolution pacifique des conflits. Cet échec souligne les profondes divisions et les défis persistants auxquels le pays est confronté dans sa quête d'une transition démocratique et inclusive dont les principaux aspects à considérer sont :

1. Manque de confiance mutuelle : L'un des principaux obstacles à la réussite du pré-dialogue de Doha était le manque de confiance mutuelle entre les Groupes politico-militaires et la Transition militaire. Les années de conflits et de méfiance ont créé des barrières qui ont rendu difficile l'établissement d'un dialogue constructif.

2. Divergences sur les questions clés : Les parties prenantes ont également été confrontées à des divergences profondes sur les questions clés, telles que la répartition du pouvoir, l'intégration des Groupes politico-militaires dans les institutions étatiques et les garanties de sécurité. Ces désaccords ont entravé les progrès du dialogue et ont contribué à l'échec global des négociations.

3. Absence de participation inclusive : Malgré les efforts déployés pour inclure les différents acteurs politico-militaires, certains groupes clés ont été exclus du processus de dialogue, ce qui a affaibli sa légitimité et son efficacité. Une participation inclusive est essentielle pour garantir que toutes les voix et les préoccupations soient prises en compte.

4. Influence des acteurs régionaux : Les acteurs régionaux et internationaux ont joué un rôle important dans le processus du dialogue. Leurs intérêts divergents et leurs rivalités ont également compliqué les pourparlers, rendant difficile la

création d'un environnement propice à la résolution des conflits.

5. Conséquences pour la stabilité et la démocratie : L'échec du pré-dialogue de Doha a des conséquences significatives sur la stabilité politique du Tchad. Les tensions persistantes entre les Groupes politico-militaires et la Transition militaire augmentent les risques de violence et d'instabilité, mettant en péril les aspirations démocratiques du pays.

6. Besoin d'un engagement renouvelé : Malgré cet échec, il est essentiel de maintenir les efforts en faveur d'un dialogue inclusif et d'une résolution pacifique des conflits au Tchad. Cela nécessite un engagement renouvelé de toutes les parties prenantes, ainsi qu'un soutien international continu pour faciliter le processus de dialogue et surmonter les obstacles qui entravent la stabilité et la démocratie.

En conclusion, l'échec du pré-dialogue de Doha entre les Groupes politico-militaires et la Transition militaire souligne les défis complexes auxquels le Tchad est confronté dans sa transition politique. Pour avancer vers une paix durable et une gouvernance inclusive, il est crucial de restaurer la confiance mutuelle, de promouvoir la participation inclusive et de trouver des solutions aux divergences persistantes qui ont également conduit à l'échec du dialogue national inclusif, supposé souverain.

L'échec du dialogue national inclusif et souverain au Tchad : L'imposture du Comité d'organisation CODNI

Le dialogue national est souvent considéré comme un mécanisme essentiel pour résoudre les crises politiques et sociales dans de nombreux pays. Malheureusement, au Tchad, cette initiative a échoué de manière flagrante, plongeant le pays dans une impasse politique. Le facteur clé de cet échec réside dans l'imposture du Comité d'organisation du dialogue national inclusif (CODNI), qui a compromis son efficacité et sapé la confiance des citoyens.

I. Les lacunes du dialogue national inclusif et souverain au Tchad

Le dialogue national inclusif et souverain était censé être une plateforme inclusive pour toutes les parties prenantes tchadiennes, en vue de trouver des solutions consensuelles aux défis qui se posent.

Malheureusement, cette initiative a souffert de plusieurs lacunes fondamentales.

1. **Exclusion des acteurs clés**

Le dialogue national au Tchad a été entaché par l'exclusion de certains acteurs politiques et de la société civile. Les principaux partis d'opposition et les voix dissidentes ont été écartés du processus, ce qui a réduit la crédibilité et l'efficacité du dialogue. L'exclusion des voix divergentes a privé le dialogue de la diversité nécessaire pour aboutir à des solutions réellement inclusives.

2. **Manque de volonté politique**

Malgré les déclarations officielles d'engagement d'un dialogue national inclusif et souverain, le manque de volonté politique réelle de la part du gouvernement de transition militaire a entravé la mise en œuvre. Des mesures concrètes et une ouverture réelle au dialogue étaient nécessaires pour instaurer un climat de confiance, mais les actions du gouvernement ont souvent contredit ses discours, compromettant ainsi l'ensemble du processus.

II. L'imposture du Comité d'organisation CODNI

Le Comité d'organisation du dialogue national inclusif (CODNI) a joué un rôle central dans l'organisation et la facilitation du dialogue au Tchad. Cependant, son rôle et son impartialité ont été gravement remis en question, ce qui a alimenté le scepticisme et la méfiance des citoyens.

1. **Manque de transparence**

Le CODNI a été critiqué pour son manque de transparence dans ses activités et ses prises de décision. Les citoyens tchadiens ont été tenus dans l'ignorance des délibérations du comité, ce qui a alimenté les doutes sur l'intégrité du processus et la neutralité des décisions prises.

2. **Partialité politique**

Des allégations d'influence partisane ont pesé lourdement sur le CODNI. Certains membres du comité ont été accusés de favoriser les intérêts du gouvernement en place, compromettant ainsi l'équité et l'équilibre nécessaires pour un dialogue véritablement inclusif et impartial.

En conclusion, le dialogue national inclusif et souverain au Tchad a lamentablement échoué, principalement en raison de l'imposture du Comité d'organisation CODNI qui s'est érigé en directoire du présidium réduisant à néant la souveraineté de ces assises nationales par un cafouillage systémique.

Le cafouillage à l'échec du déroulement du Dialogue national inclusif

Le Dialogue national inclusif est présenté comme une opportunité précieuse pour résoudre les conflits politiques et sociaux dans de nombreux pays. Malheureusement, au Tchad, le déroulement de cette initiative a été marqué par un véritable cafouillage, aboutissant à un échec cuisant. Les erreurs et les obstacles rencontrés tout au long du processus ont entravé la recherche d'une solution consensuelle et ont suscité le mécontentement parmi les citoyens tchadiens.

I. Les erreurs fondamentales dans le déroulement du Dialogue national inclusif

Le Dialogue national inclusif au Tchad a été confronté à plusieurs erreurs majeures qui ont sapé son efficacité et sa crédibilité.

1. Planification déficiente

La planification inadéquate du Dialogue national inclusif a été l'une des principales sources de cafouillage. Les délais irréalistes, le manque de consultations appropriées avec les parties prenantes et l'absence d'une feuille de route claire ont conduit à une organisation chaotique de l'événement, empêchant ainsi l'émergence d'un véritable dialogue constructif.

2. Exclusion des voix dissidentes

Un autre problème majeur a été l'exclusion des voix dissidentes et des acteurs politiques clés. Les principaux partis d'opposition et les groupes de la société civile critiques ont été marginalisés ou ignorés, créant ainsi un déséquilibre dans la représentation et remettant en question la légitimité du processus.

II. Les obstacles au déroulement du Dialogue national inclusif

Outre les erreurs de planification, plusieurs obstacles ont compliqué davantage le déroulement du Dialogue national inclusif au Tchad.

1. Manque de confiance et de consensus

La méfiance généralisée entre les différents acteurs politiques et sociaux a entravé le développement d'un climat de confiance propice à un dialogue constructif. Les clivages politiques profonds et les rancœurs historiques ont rendu difficile la recherche d'un consensus sur les questions clés, contribuant ainsi à l'échec global du processus.

2. Ingérence politique

L'ingérence politique dans le déroulement du Dialogue national inclusif a également joué un rôle prépondérant dans son échec. Les tentatives de manipulation de l'agenda, les pressions exercées sur les participants et les interférences politiques ont entravé la liberté d'expression et ont compromis la sincérité des débats.

En conclusion, le déroulement chaotique du Dialogue national inclusif au Tchad a révélé des erreurs fondamentales et des obstacles majeurs qui ont entravé la recherche d'une solution consensuelle. La planification déficiente, l'exclusion des voix dissidentes, le manque de confiance et l'ingérence politique ont tous contribué à l'échec de cette initiative. Pour véritablement résoudre les problèmes politiques et sociaux du pays, il est essentiel de tirer les leçons de ce cafouillage et de mettre en place un processus de dialogue plus inclusif, transparent et équitable. Outre, ce cafouillage, le pays a subi un véritable détournement à ciel ouvert, car il semblerait que le CODNI a reçu de l'État une somme faramineuse de quatre-cents (400) milliards de francs CFA pour organiser ce dialogue qui s'est soldé par un échec cuisant et qui a instauré un modèle de retour à l'ordre constitutionnel fondé sur l'imposture et l'exclusion des préoccupations majeures.

L'imposture du Comité national d'organisation du référendum constitutionnel (CONOREC) au Tchad : Un coup contre la démocratie

Le Tchad, a récemment été secoué par une controverse liée au Comité National d'Organisation du Référendum Constitutionnel (CONOREC). Ce Comité, chargé de superviser le processus référendaire vers le retour à l'ordre constitutionnel, est clairement accusé d'imposture, de manipulations et d'exclusions dans le cadre de l'organisation du référendum constitutionnel en perspective. L'analyse contenu dans cet ouvrage examine les différentes accusations portées contre le

CONOREC et met en lumière les préoccupations concernant l'intégrité du processus vers le retour à l'ordre constitutionnel au Tchad.

Tout d'abord, le mépris et l'exclusion des parties prenantes : L'initiative de la création de ce Comité chargé d'organiser le référendum constitutionnel pour le retour à l'ordre constitutionnel n'a associé ni parti politique, ni société civile, moins encore les technocrates universitaires du pays pour rendre crédible et consensuelle l'initiative. Le Gouvernement de Transition post-dialogue a pris de court l'opinion publique et cela suppose une anguille sous roche et témoigne de la mauvaise foi des dirigeants de la Transition dans leur perspective d'exclure les Tchadiens des décisions fondamentales.

Manipulation des résultats : L'une des principales accusations portées contre la création unilatérale du CONOREC par le Gouvernement de Transition post-dialogue s'oriente vers le projet de manipulation probable des résultats du référendum constitutionnel en perspective. Des signes avant-coureurs indiquent que des bulletins de vote seront falsifiés, des urnes seront manipulées et des pressions seront exercées sur les électeurs pour obtenir des résultats favorables au système en place depuis plus de trois décennies. Ces allégations portent des doutes sérieux sur l'intégrité du processus électoral à venir et remettront en question la légitimité des résultats qui sortiront des urnes.

Restreindre la participation et la liberté d'expression : Une autre préoccupation majeure concerne les restrictions qui seront imposées à la participation et à la liberté d'expression pendant la campagne référendaire. Des voix critiques se verront réduites au silence, des opposants politiques seront intimidés et des médias indépendants seront probablement censurés. Ces actions vont sapés la possibilité d'un débat ouvert et équitable sur les enjeux constitutionnels que le chef du Gouvernement de Transition Saleh Kebzabo a considéré en toute contradiction qu'il est sans enjeux. Cela augure d'une réelle manipulation en perspective qui va priver certainement les Tchadiens d'une expression démocratique véritable au profit d'un système trentenaire qui a lamentablement échoué aux portes de la croissance économique et du développement et cherche à se consolider pour se pérenniser au détriment du peuple.

Manque de transparence : Le manque de transparence entourant le processus du CONOREC fait également l'objet de critique. Les observateurs indépendants seront indubitablement limités dans leurs fonctions, les procédures de dépouillement des votes ne seront pas clairement expliquées et les rapports détaillés sur le déroulement du référendum seront rendus publics mais bien cafouillés. Ce manque de transparence en perspective mine déjà la confiance des Tchadiens dans l'intégrité du processus électoral et renforce les soupçons d'une manipulation délibérée des résultats à venir.

Conséquences pour la démocratie tchadienne : L'imposture présumée du CONOREC entraînera des conséquences profondes pour la démocratie tchadienne. En sapant la confiance des citoyens dans le processus démocratique, ces actions compromettent déjà la légitimité du gouvernement en place et affaiblissent les fondements de la démocratie au Tchad. Les citoyens tchadiens ont le droit de participer à des élections libres et équitables, et il est essentiel que les organes responsables de l'organisation de ces élections agissent de manière impartiale et transparente.

En conclusion ; l'imposture alléguée du Comité national d'organisation du référendum constitutionnel (CONOREC) au Tchad soulève des préoccupations majeures quant à l'intégrité du processus vers le retour à l'ordre constitutionnel. Les manipulations présumées en perspectives seront éventuellement un véritable préjudice pour le pays en stoppant une fois de plus le processus démocratique si cher aux tchadiens.

Le retour à l'ordre constitutionnel et les élections futures au Tchad : une étape cruciale pour le pays.

Alors que le pays cherche à surmonter cette période d'incertitude de transition militaire, le retour à l'ordre constitutionnel et l'organisation d'élections futures jouent un rôle crucial pour restaurer la stabilité politique et renforcer la démocratie. Cette analyse examine les défis et les enjeux liés à cette transition militaire et explore l'importance des élections futures pour l'avenir du Tchad.

La période de transition militaire : La disparition du Président Idriss Deby a entraîné une période de transition militaire au Tchad. Pendant cette période, le Conseil Militaire de Transition (CMT) a assumé la responsabilité du gouvernement, avec pour objectif de rétablir l'ordre constitutionnel et de préparer le pays aux élections. Cette transition est une étape délicate qui nécessite un engagement ferme et inclusif en faveur de la démocratie et du respect des droits fondamentaux.

Le retour à l'ordre constitutionnel est essentiel pour assurer la stabilité politique et la légitimité du gouvernement. Cela implique l'organisation d'un référendum constitutionnel crédible et pleins d'enjeux, la mise en place d'institutions démocratiques solides et la restauration des droits et libertés fondamentaux. Ce processus de retour à l'ordre constitutionnel doit être inclusif et implique une consultation active des différentes parties prenantes, y compris la société civile, les partis politiques et les technocrates universitaires neutres pour la mise en place d'une institution électorale crédible et consensuelle pour organiser le référendum constitutionnel et les élections futures.

Les enjeux des élections futures : Les élections futures revêtent une importance capitale pour consolider la démocratie et assurer la représentation du peuple tchadien. Cependant, des défis majeurs se posent lors de la préparation de ces élections.

1. Inclusivité politique : Il est crucial d'assurer une participation politique inclusive, en permettant à tous les partis politiques, y compris l'opposition, de participer au processus électoral. Cela garantira une représentation équitable des différentes perspectives politiques et renforcera la légitimité des résultats électoraux.

2. Transparence et intégrité : La transparence et l'intégrité du processus électoral sont essentielles pour instaurer la confiance entre les Tchadiens dans le système politique. Il est important de mettre en place des mécanismes de surveillance indépendants, d'assurer la sécurité des urnes et de garantir que le décompte des votes se déroule de manière transparente et juste.

3. Sensibilisation et éducation civique : une éducation civique solide est nécessaire pour informer et sensibiliser les Tchadiens aux valeurs démocratiques et aux principes du processus électoral. Des efforts doivent être déployés pour éduquer la population sur l'importance de voter, les droits et devoirs des citoyens, et les principes de la démocratie pour une consolidation de la paix.

Enfin, tout dirigeant qui n'a pas l'ambition d'insuffler une démocratie forte avec des institutions fortes en lieu et place des Hommes forts, est inévitablement voué à la compromission de son peuple. Il doit disparaître pour laisser libre cours au système démocratique et à l'épanouissement de son peuple.

BIBLIOGRAPHIE SELECTIVE

Ouvrages généraux

ARDANT (Philippe), *Institutions politiques et Droit constitutionnel*, 18e édition, Paris : LGDJ, 2006, 616 p.

BARTHÉLEMY (J.), *Traité de droit constitutionnel*, réédité, Paris, Economica, 1985, (réédition de la version de 1993).

BURDEAU (G.), HAMON (F.), TROPER (M.), *Droit constitutionnel*, Paris, 25e édition, L.G.D.J., 1997.

BONDE (Amédée), *Droit constitutionnel*, Cours de première année, Paris : Dalloz, 1914, 329 p.

BURDEAU (Georges), *Manuel de droit constitutionnel et institutions politiques*, Paris : LGDJ, 1984, 690 p.

CHALVIDAN (P.H.), *droit constitutionnel (Institutions et Régimes politiques)*, Nathan Université, 1996.

CADART (Jacques), *Institutions politiques et droit constitutionnel*, 3e édition, Paris : Economica, 1990, Tome 1, 641 p.

CHAGNOLLAUD (Dominique), *Droit constitutionnel contemporain*, Tome 1, Théorie générale, les régimes étrangers, 4e édition, Paris : Armand Colin, 2005, 390 p.

CHANTEBOUT (Bernard), *Droit constitutionnel*, 23e édition, Paris : Armand Colin, 2006, 596 p.

CHEVALLIER (Jean-Jacques), CARCASSONNE (Guy), DUHAMEL (Olivier), *La Cinquième République (1958-2002). Histoire des institutions et des régimes politiques de la France*, 11e édition, Paris : Armand Colin, 2004, 612 p.

DEBBASCH (Charles) (dir), *Droit constitutionnel et institutions politiques*, Paris : Economica, 2001, 540 p.

DEBBASCH (Charles), PONTIER (Jean-Marie), *Les constitutions de la France*, 3e édition, Paris : Dalloz, 1996, 469 p.

DEBBASCH (Roland), *Droit constitutionnel*, 2e édition, Paris : Litec, 254 p.

DUGUIT (L.), *Traité de droit constitutionnel*, Paris, Édition de Boccard, 2 éditions, 1921, 3 tomes.

DUHAMEL (O.), MENY (Y.), *Dictionnaire constitutionnel,* Paris, PUF, 1992.

DUVERGER (M.), *Institutions politiques et droit constitutionnel*, T. 1, les grands systèmes politiques, Paris, PUF, 16e édition, 1980.

ESMEIN (Adhémar), *Éléments de droit constitutionnel français et comparé*, Paris : Éditions Panthéon-Assas, Rééd. 2001, 1246 p.

FAVOREU (Louis), (dir), *Droit constitutionnel*, Coll. Droit public et science politique, 9ème éd., Paris : Dalloz, 2003, 912 p.

FABRE (M. H.), *Principes républicains de droit constitutionnel,* Paris, LGDJ, 1984.

FAVOREU (L.), *Droit constitutionnel*, Paris, 4eéd., Précis Dalloz, 2001.

GICQUEL (J.) et GICQUEL (J.-E.), *Droit constitutionnel et institutions politiques,* Paris, 26e édition, Montchrestien, 2012, 854 p.

GREWE (Constance), RUIZ (Fabri Hélène), *Droits constitutionnels européens*, PUF, 1995, 661 p.

GUCHET (Yves), *Histoire constitutionnelle de la France (1789-1974)*, 3e édition, Paris : Economica, 1993, 345 p.

HAMON (Francis), TROPER (Michel), *Droit constitutionnel*, 30e édition, Paris : LGDJ, 2007, 908 p.

HAURIOU (Maurice.), *Précis de droit constitutionnel,* Paris, Sirey, 1929, réédité, CNRS, 1965.

HAURIOU (André), *Droit constitutionnel et institutions politiques*, 7e édition, Paris : Montchrestien, 1980, 1152 p.

JANNEAU (B.), *Droit constitutionnel et institutions politiques*, Paris, Précis Dalloz 1991.

JOSEPH-BARTHELEMY, DUEZ (Paul), *Traité de droit constitutionnel*, Paris : Éditions Panthéon-Assas, Rééd. 2004, 955 p.

LABOULAYE (Édouard), *Questions constitutionnelles*, Paris : Charpentes et Cie, Librairies éditrices, 1872, 440 p.

LAFERRIÈRE (Julien), *Manuel de droit constitutionnel*, 2e édition, Paris : Domat-Montchrestien, 1947, 1112 p.

LASCOMBE (Michel), *Le droit constitutionnel de la Cinquième République*, 9ème éd., Paris, L'Harmattan, 2005, 406 p.

LAVROFF (Dmitri Georges), *Le droit constitutionnel de la Cinquième République*, 3ème éd., Paris : Dalloz, 1999, 1100 p.

LECLERCQ (Claude), *Droit constitutionnel et institutions politiques*, 10ème éd., 1999, 657 p.

LUCHAIRE (F.), CONAC (G.), *Le droit constitutionnel de la cohabitation*, Paris, Economica, 1989.

MEKHANTAR (J.), *Droit politique et constitutionnel*, Paris, Éditions Eska, 1997, 731 p.

OWONA (J.), *Droit constitutionnel et régimes politiques africains*, Paris, Berger-Levrault, 1985.

PACTET (P.), *Institutions politiques et droit constitutionnel*, Paris, 16e édition, 1997, Masson, 1994.

PARINI (Philippe), *Régimes politiques contemporains*, Masson, 1991, 29 p.

PORTELLI (Hugues), *Droit constitutionnel*, 7e édition, Paris : Dalloz, 2007, 370 p.

PRELOT (Marcel), BOULOUIS (Jean), *Institutions politiques et droit constitutionnel*, 11e édition, Dalloz, 1990, 944 p.

RENOUX (Thierry), DE VILLIERS (Michel), *Code constitutionnel*, Paris : Litec, 2001,147 0 p.

ROUSSEAU (Dominique), *Droit du contentieux constitutionnel*, 7e édition, Paris : Montchrestien, 2006, 531 p.

ROUSSEAU (Dominique), VIALA (Alexandre), *Droit constitutionnel*, Paris : Montchrestien, 2004, 480 p.

ROUSSILLON (Henry), (dir.), *Les nouveaux objets du droit constitutionnel*, Presses universitaires des sciences sociales de Toulouse, 2006, 409 p.

TURPIN (Dominique), *Droit constitutionnel*, PUF, 2003, 800 p.

TURPIN (Dominique), *Contentieux constitutionnel*, Paris : PUF, 1994, 543 p.

VEDEL (Georges), *Manuel élémentaire de droit constitutionnel*, Réédition présentée par Guy Carcassonne et Olivier Duhamel, Paris : Dalloz, 2002, 1ère édition, 1949, 616 p.

VEDEL (Georges), *Droit constitutionnel et institutions politiques*, Cours IEP, Paris : 1968-1969, 660 p.

VERPEAUX (Michel), BERTRAND (Mathieu), *Droit constitutionnel*, 1ère édition, Paris : PUF, janvier 2004, 874 p.

ZOLLER (Élisabeth), *Droit constitutionnel*, 1ère édition, Paris : PUF, 1998, 629 p.

ALBERTINI (Pierre), *Le droit de dissolution et les systèmes constitutionnels français,* Paris : PUF, 1977, 409 p.

ALTHUSSER (Louis), *Montesquieu, la politique et l'histoire*, 5e édition, Paris : PUF, 1981, 126 p.

AMELLER (M.), *Les questions, instruments de contrôle parlementaire*, Paris : LGDJ, 1964, 298 p.

AMELLER (M.), *Parlements, une étude comparative sur la structure et le fonctionnement des institutions représentatives dans 55 pays*, 2e édition, Paris : PUF, 1966, 378 p.

AMELLER (M.), BERGOUGNOUS (Georges), *L'Assemblée nationale*, 2e édition, Paris : PUF, 2000, 126 p.

AMOR (A.), ARDANT (Philippe), ROUSSILLON (Henry), (dir.), *Le suffrage universel*, Toulouse, Presses de l'université des Sciences sociales de Toulouse, 1994, 277 p.

ANDOLFATTO (Dominique), GREFFET (Fabienne), OLIVIER (Laurent), *Les partis politiques. Quelles perspectives ?*, Coll. Logiques politiques, Paris : L'Harmattan, 2001, 267 p.

ARON (Raymond), *Démocratie et totalitarisme*, Paris : Gallimard, 1987, 370 p.

ARON (Raymond), *Essai sur les libertés*, Paris : Calmann-Lévy, 1965.

ARRIGHI (Pascal), *Le statut des partis politiques*, Paris : LGDJ, 63 p.

AVRIL (Pierre), GICQUEL (Jean), *Droit parlementaire*, 3e édition, Paris : Montchrestien, 2004, 408 p.

AVRIL (Pierre), *Essai sur les partis politiques*, 2e édition, Paris : Éditions Payot, 1990, 225 p.

AVRIL (Pierre), *La Cinquième République : histoire politique et constitutionnelle*, 2e édition, Paris : LGDJ, 1994, 417 p.

AVRIL (Pierre), *Les français et leur parlement*, Paris : Calmann-Lévy, 1972, 145 p.

AVRIL (Pierre), *Un président, pour quoi faire ?*, Paris : Seuil, 1965, 156 p.

AVRIL (Pierre), GICQUEL (Jean), *Droit parlementaire*, 3e édition, Paris : Montchrestien, 2004, 411 p.

BACOT (Guillaume), *Carré de Malberg et l'origine de la distinction entre souveraineté du peuple et souveraineté nationale*, Paris : édition CNRS, 1985, 200 p.

BADIE (B.), *L'État importé : essai sur l'occidentalisation de l'ordre politique*, Paris : Fayard, 1992, 334 p.

BADIE (B.), *La diplomatie des droits de l'homme. Entre éthique et volonté de puissance*, Fayard, 2002, 324 p.

BALENCIE (J.-M.), De LA GRANGE (A.), RUFIN (J.-C.), *Mondes rebelles : acteurs, conflits et violences politiques*, Tome I, Paris, éditions Michalon, 1996, p. 216.

BASTID (Paul), *L'idée de constitution*, Paris : Economica, Rééd. 1985, 197 p.

BAUFUME (Bruno), *Le droit d'amendement et la constitution sous la Cinquième République*, Paris, LGDJ, 1993, 618 p.

BEACHLER (Jean), *Les démocraties*, Paris : Calmann-Lévy, 1985, 125 p.

Références africaines

ABDOU (Hassan), *Le statut des partis politiques dans les États de l'Afrique de l'Ouest francophone*, Villeneuve d'Ascq : Presses universitaires du SPTENTRION, 2002, 548 p.

ADAMON (Augustin), *Le renouveau démocratique au Bénin : la conférence nationale des forces vives et la période de transition*, Paris : L'Harmattan, 1995, 223 p.

ADOUKO (Djouka Berna), *Le président de l'Assemblée nationale en Afrique noire francophone. Essai d'analyse comparative à partir des exemples de la Côte d'Ivoire et du SénégalL*, Thèse Droit public, Toulouse 1, 1993.

AFO SABI (K.), *La transparence des élections en droit public africain à partir des cas béninois, sénégalais et togolais*, Thèse en droit, Université Montesquieu-Bordeaux IV et Université de Lomé, 2013.

AHADZI-NONOU (Koffi), *Essai de réflexion sur les régimes de fait : le cas du Togo*, Thèse droit public, Université de Poitiers, 1985, 845 p.

AHANHANZO-GLELE (Maurice), *Naissance d'un État noir. L'évolution politique et constitutionnelle du Dahomey. De la colonisation à nos jours*, Paris : LGDJ, 1969, 537 p.

AÏVO (F.J), *Le juge constitutionnel et l'État de droit en Afrique. L'exemple du modèle béninois*, Paris, L'Harmattan, 2006, 221 p.

AÏVO (F. J.), *Le Président de la République en Afrique noire francophone. Essai sur les évolutions institutionnelles de la fonction au Bénin, au Cameroun, au Gabon et au Togo*, Thèse de doctorat en Droit, Université Jean Moulin Lyon 3, Lyon, mai 2006, 644 p.

AÏVO (F. J.), (Dir.), *La Constitution béninoise du 11 décembre 1990 : un modèle pour l'Afrique ?*, Paris, L'Harmattan, 2014, 800 p.

AKINDES (Francis), *Les mirages de la démocratie en l'Afrique subsaharienne francophone*, Paris : Karthala, 1996, 246 p.

ALASSANI Zeinatou, *Le rôle de l'Organisation internationale de la Francophonie dans l'accompagnement des processus électoraux en Afrique : Le cas du Togo*, Mémoire de master II en Science politique, Université Jean-Moulin de Lyon 3/IFRAMOND 2012, 129 p.

ANYANG NYONGO (Peter), *Afrique : La longue marche vers la démocratie*, Paris : Publisud, 1988, 198 p.

ARENDT (Hannah), *Le système totalitaire*, Paris : Seuil, 1987, 313 p.

ASSO (Bernard), *Le Chef de l'État africain : l'expérience des États africains de succession française*, Paris, albatros, 1976, 382 p.

AUCHER (Tim), *Le Gabon, une démocratie bloquée ? Reculs et avancées d'une décennie de lutte*, Paris : L'Harmattan, 2001, 135 p.

BADET (Gilles), *Cour constitutionnelle et régularité des élections au Bénin*, Friedrich Ebert Stiftung, 2000, 210 p.

BANGOURA (Dominique), *L'armée africaine (1960-1990)*, Paris : Centre de Hautes Études sur l'Afrique et l'Asie moderne, 1992, 190 p.

BANOCK (Michel), *Le processus démocratique en Afrique : le cas du Cameroun*, Paris : L'Harmattan, 1993, 252 p.

BAYART (Jean-François), *L'État en Afrique. La politique du ventre*, Paris : Fayart, 2006, 439 p.

BAYART (Jean-François), *L'État au Cameroun*, 2e édition, Presse de la Fondation nationale de sciences politiques, 1985, 348 p.

BAYART (Jean-François), MBEMBE (Achille), TOULABOR (Comi), *La politique par le bas. Contribution à une problématique de la démocratie en Afrique noire*, Karthala, 1992, 268 p.

BANEGAS (Richard), *La démocratie à pas de caméléon. Transition et consolidation démocratiques au Bénin,* Thèse science politique, IEP Paris, 1998, 310 p.

BANEGAS (Richard), *Insoumissions populaires et révolutions au Burkina Faso*, Centre d'Études d'Afrique Noire, IEP de Bordeaux, 1993.

BENOT (Yves), *Les indépendances en Afrique : idéologie et réalités*, Paris : Maspero, 1975, 126 p.

BENOT (Yves), *Les parlementaires africains à Paris (1914-1958)*, Paris : Chaka, 1989, 190 p.

BESSIS (Sophie), *Crises et mutations en Afrique noire*, Paris : La Documentation française, problèmes politiques et sociaux, 1994, 64 p.

BLANC (François-Paul) et al. *Constitutions et régime politique au Burkina Faso, Centre d'Études et de Recherches juridiques sur l'Afrique francophone*, Presses de l'Institut d'Études Politiques de Toulouse, 1994, 240 p.

BLANC (François-Paul), DE GAUDUSSON (Jean du Bois), FALL (Alioune), FÉRAL (François), (dir), *Le chef de l'État en Afrique. Entre traditions, état de droit et transition démocratique*, Presses universitaires de Perpignan, n° 9, 2001, 550 p.

BOLLE (Stéphane), *Le nouveau régime constitutionnel du Bénin. Essai sur la construction d'une démocratie africaine par la constitution*, Thèse droit public, Université de Montpellier 1, 1997, 807 p.

BOURGI (Albert), *Le printemps de l'Afrique*, Paris : Hachette, 1991, 186 p.

BOURMAUD (Daniel), *La politique en Afrique*, « Coll. Clefs Politiques », Paris : Montchrestien, 1997, 160 p.

BUCHMANN. (J.), *L'Afrique noire indépendante*, Paris, LGDJ, 1962.

BUIJTENHUIJS (Robert), THIRIOT (Céline), *Démocratisation en Afrique au sud du Sahara : un aperçu de la littérature : 1992-1995 : un bilan de la littérature*, CEAN-IEP de Bordeaux-Centre d'études africaines de Lieden, Pays-Bas, 217 p.

CABANIS (André), MARTIN (Michel Louis), *Les constitutions d'Afrique noire francophone, évolutions récentes*, Paris : Karthala, 1999, 192 p.

CADOUX (Ch.), *Le statut et les pouvoirs des chefs d'État et de gouvernement, in Les Institutions constitutionnelles des États d'Afrique Noire Francophone*, Paris, Economica, Collection La vie du droit en Afrique, 1979.

CERI-CEAN, *Aux urnes l'Afrique ! Élections et pouvoirs en Afrique noire*, Paris : Éditions Pedone, 1978, 259 p.

CHANTEBOUT (Bernard), *Le tiers monde*, 2e édition, Paris : Armand Colin, 1986, 183 p.

CONAC (Gérard), (dir.), *Les institutions des États d'Afrique francophone et de la République malgache*, Paris : Economica, 1979, 359 p.

CONAC (Gérard), (dir.), *L'Afrique en transition vers le pluralisme politique*, Paris : Economica, 1993, 517 p.

CONAC (Gérard), (dir.), *Dynamiques et finalités des droits africains*. Acte du colloque de la Sorbonne « la vie du droit en Afrique », Paris : Economica, 1980, 509 p.

DALLOZ (Jean-Pascal), QUANTIN (Patrick) (dir), *Les transitions démocratiques africaines*, Paris : Éditions Karthala, 1997, 313 p.

DALLOZ (Jean-Pascal) (dir.), *Le non-renouvellement des élites en Afrique subsaharienne*, Centre d'Études d'Afrique Noire, 1999, 230 p.

DANIOUE (Roger), *L'Afrique, unité démocratique*, Paris : L'Harmattan, 1997, 165 p.

DARBON (Dominique), DE GAUDUSSON (Jean du Bois), *La création du droit en Afrique*, Paris : Karthala, 1997, 493 p.

DE GAUDUSSON (Jean du Bois), CONAC (Gérard), DESOUCHE (Christine), *Les constitutions des États d'Afrique francophone*, Paris : La Documentation française, 1997, Tome 1, 452 p.

DE GAUDUSSON (Jean du Bois), CONAC (Gérard), DESOUCHE (Christine), *Les constitutions des États d'Afrique francophone*, Paris : La Documentation française, 1998, Tome 2, 458 p.

DEGNI-SEGUI (René), *Les droits de l'homme en Afrique noire. Théories et réalités*, Abidjan : CEDA, 2001, 343 p.

DESCHAMP (Hubert), *Les institutions d'Afrique noire*, Paris : PUF, 1962, 128 p.

DIA (D.), *Les dynamiques de démocratisation en Afrique noire francophone*, Thèse en Science politique, Université Jean Moulin de Lyon 3, 2010, 296 p.

DIAKHATÉ (M.), *L'émergence du droit électoral dans les États de l'Afrique subsaharienne francophone. Les cas du Bénin, du Mali et du Sénégal*, Thèse de Doctorat de Droit Public, Université Cheikh Anta Diop de Dakar, 2012.

DIOP (A.B), *Le Sénégal, une démocratie de phénix ?*, Karthala, 2009, 368 p.

DIOP (S.), *Le Premier ministre africain : la renaissance du bicéphalisme en Afrique à partir de 1969*, Thèse de doctorat d'État en droit, Université de Dakar, 1985.

DIOP (El Hadj Omar), *Les partis politiques dans le processus de démocratisation des États d'Afrique noire francophone. Essai d'analyse comparative à partir des exemples du Bénin, du Cameroun, du Gabon, de la Guinée, du Mali et du Sénégal*, Thèse droit public, Bordeaux 4, 2005, 945 p.

DUCEL (Tong Prosper), *Les conférences nationales en Afrique noire francophone : les chemins de la démocratie*, Thèse droit public, Université de Lille 2, 1997.

DUMONT (René), PAQUET (Charlotte), *Démocratie pour l'Afrique : la longue marche de l'Afrique vers la liberté*, Paris : Seuil, 1993, 343 p.

EBOUSSI-BOULAGA (Fabien), *Les conférences nationales en Afrique noire. Une affaire à suivre*, Paris : Karthala, 1993, 229 p.

EBOUSSI-BOULAGA (Fabien), *La démocratie de transit au Cameroun*, Paris : L'Harmattan, 1997, 456 p.

ETEKA (Yamet Valère), *La Charte africaine des Droits de l'Homme et des peuples : Études comparatives*, Paris : L'Harmattan, 1996, 476 p.

FALL (Ismaïla Madior), *La condition du pouvoir exécutif dans le nouveau constitutionnalisme africain : exemple des États francophones d'Afrique subsaharienne*, Thèse de droit public, Université Cheikh Anta DIOP, Dakar, 22 décembre 2001, 513 p.

FALL (Ismaïla Madior), *Évolution constitutionnelle du Sénégal. De la veille de l'indépendance aux élections de 2007*, Karthala, janvier, 2009, 191 p.

FARES (Zahir), *L'Afrique et démocratie. Espoir et illusions*, Paris : L'Harmattan, 1992, 190 p.

FOFANA (Mamadou Lamine), *L'universalité des droits de l'Homme et sa portée en Afrique*, EDJA, 1997, 131 p.

FEUILLET (Claude), *Le Togo en général : la longue marche de Gnassingbé Eyadema*, Paris : Afrique Biblio Club, 1976, 198p.

FRANCOPHONIE ET DÉMOCRATIE, « *Symposium international sur le bilan des pratiques de la démocratie, des droits et des libertés dans l'espace francophone* », (Bamako, 1er et 3 novembre 2000), Pedone, 2001, 948 p.

FORTES (M.) et EVANS-PRITCHARD (E.) (dir.), *Systèmes politiques africains*, Paris, PUF, 1964

GAZIBO (M.), *Introduction à la politique africaine*, 2e édition revue et augmentée, Les Presses de l'Université de Montréal, 2010, 295 p.

GAZIBO (Mamoudou), *La problématique de la consolidation démocratique : les trajectoires comparées du Bénin et du Niger*, Thèse science politique, IEP Bordeaux : 1998, 556 p.

GONIDEC (Pierre-François), *Les systèmes politiques africains,* 2e édition, Paris : LGDJ, 1978, 431 p.

GOODWING-GILL (Guy), *Élections libres et régulières, Droit international et pratique*, Genève, Union interparlementaire, 1994, 135 p.

GOUDOU (Thomas), *L'État, la politique et le droit parlementaire en Afrique*, Paris : Berger — Levrault, 1987, 589 p.

HODONOU (Djimon Adolphe), *Le Bénin et l'enjeu démocratique africain*, Lettre de Montgeron, Cotonou : Éditions ABM, 1993, 243 p.

HOUNGNIKPO (Mathurin), *L'illusion démocratique en Afrique*, Paris : L'Harmattan, 2004, 257 p.

IBRIGA (Luc Marius), GARANE (Amidou), *Constitutions burkinabés, textes et commentaires*, Ouagadougou : 2001, 174 p.

ISSA ABDOURHAMANE (Boubacar), *Les cours constitutionnelles dans le processus de démocratisation en Afrique : analyse comparative à partir des exemples du Bénin, de la Côte d'Ivoire et du Niger*, Thèse Droit public, Université Bordeaux IV, octobre 2002, 531 p.

JEOL (Michel), *Droit public africain*, Paris : Berger-Levrault, 1967, 408 p.

KABOU (Axelle), *Et si l'Afrique refusait le développement ?*, Paris : L'Harmattan, 1991, 207 p.

KAMTO (Maurice), *Pouvoir et droit en Afrique noire. Essai sur les fondements du constitutionnalisme dans les États d'Afrique francophone*, Thèse droit public, Paris : LGDJ, 1987, 545 p.

KANKEU-TAGHEDJO (Joseph), *Le pouvoir constituant dans l'élaboration des nouvelles constitutions des pays d'Afrique noire francophones. Contribution à l'étude des systèmes politiques et constitutionnels*, Thèse droit public, Université Robert Schumann de Strasbourg, 1998, 441 p.

KEITA (Lansana Condé), *Les attributions des assemblées législatives dans les pays d'Afrique noire d'expression française*, Thèse droit public, Paris, 1972, 240 p.

LAVROFF (Dmitri Georges), *Les partis politiques en Afrique noire*, Paris : PUF, « coll. Que sais-je ?», 1970, 127 p.

LAVROFF (Dmitri Georges), *Les systèmes constitutionnels en Afrique. Les États francophones*, Paris : A. Pedone, 1976, 438 p.

LAVROFF (Dmitri Georges), *Les constitutions africaines. L'Afrique noire francophone et le Madagascar*, Paris : A. Pedone, 1961.

LISSOUCK, Félix François, *Pluralisme politique et droit en Afrique noire francophone*, ANRT, 2003, 450 p.

LUSIGNAN (Guy), *L'Afrique noire depuis les indépendances. L'évolution des États francophones*, Paris : Fayard, 1970, 410 p.

MAHIOU (Ahmed), *L'avènement du parti unique en Afrique noire. L'expérience des États d'expression française*, Paris : LGDJ, 1969, 421 p.

MAIGNAN (Jean-Claude), *La difficile démocratisation du Niger, Paris : Publication du Centre des Hautes Études sur l'Afrique et l'Asie Moderne*, 2000, p. 94.

MBONIMPA (Melchior), *Ethnicité et démocratie en Afrique : l'homme tribal contre l'homme citoyen*, Paris : L'Harmattan, 1994, 234 p.

MÉDARD (Jean-François), *États d'Afrique noire, fondations, mécanismes et crises*, Paris : Karthala, 1991, 405 p.

MICHALON (Thierry), *Quel État pour l'Afrique ?,* Paris : L'Harmattan, 1984, 190 p.

NOUDJENOUME (Philippe), *La démocratie au Bénin 1988-1993 : Bilan et perspectives*, Paris, L'Harmattan, 1999, 395 p.

OWONA (Joseph), *Droit constitutionnel et régimes politiques africains*, Paris : Berger-Levrault, 1985, 410 p.

PABANEL (Jean-Pierre), *Les coups d'État militaires en Afrique*, Paris : L'Harmattan, 1984, 188 p.

PASSOT (Bernard), *Le Bénin*, 3e éd., L'Harmattan, 2004, 364 p.

QUANTIN (Patrick), (dir.), *Voter en Afrique. Comparaison et différenciations*, Paris : L'Harmattan, 2004, 353 p.

QUANTIN (Patrick), *Gouverner les sociétés africaines*, Paris : Karthala, 2005, 336 p.

RAYNAL (Jean Jacques), *Les institutions politiques du Niger*, Paris : sépia, 1993, 342 p.

ROUSSILLON (Henry), (dir.), *Les nouvelles constitutions africaines : la transition démocratique*, Toulouse : Presse de l'IEP de Toulouse, 1995, 201 p.

ROY (Maurice-Pierre), *Les régimes politiques du Tiers Monde*, Paris : LGDJ, 1997, 615 p.

SAHIRI (Léandre), *La victoire par les urnes*, Brunoy : Éditions Kasimex, 1999, 112 p.

SALAMI (Abdou), *Processus de conférences nationales et mutations politiques en Afrique : cas du Togo*, Thèse droit public, Université Lille 2, 2000, 493 p.

SALAMI (Aboudou Ibrahim), *La protection de l'État de droit par les cours constitutionnelles africaines. Analyse comparative des cas béninois, ivoirien, sénégalais et togolais*, Thèse droit public, 29 janvier 2005, Université François Rabelais de Tours, 452 p.

SASSOU (Attisso Fulbert.), *La problématique de l'alternance politique au Togo*, Paris : L'Harmattan, 2001, 175 p.

SCHACHTER-MORGENTHAU (Ruth), *Le multipartisme en Afrique de l'Ouest francophone jusqu'aux indépendances. La période nationaliste*, 2e édition, Paris : L'Harmattan 1998, 488 p.

SINDJOUN (L.), *Les grandes décisions de la justice constitutionnelle africaine. Droit constitutionnel jurisprudentiel et politiques constitutionnelles au prisme des systèmes politiques africains*, Bruxelles, Bruylant, 2009.

SOMALI (K.), *Le Parlement dans le nouveau constitutionnalisme en Afrique. Essai d'analyse comparée à partir des exemples du Bénin, du Burkina Faso et du Togo*, Thèse de Doctorat en Droit public, Université Lille II, 2008.

SYLLA (lanciné), *Tribalisme et parti unique en Afrique noire, Université nationale de Côte d'Ivoire*, Presses de la Fondation nationale des sciences politiques, Abidjan : 1977, 384 p.

SY (Seydou Madani), *Recherche sur l'exercice du pouvoir politique en Afrique noire*, Paris : Pedone, 1965, 231 p.

TALL (Moctar), *Les parlements dans les États francophones d'Afrique noire : essai sur le Burkina Faso, la Côte d'Ivoire, le Togo et le Sénégal*, Thèse droit public, Poitiers, 1986, 463 p.

TCHIVOUNDA (Guillaume Pambou), *Essai sur l'État africain postcolonial*, Paris : LGDJ, 1982, 276 p.

TCHODIE (M'Babiniou.), *Essai sur l'évolution du présidentialisme en Afrique noire francophone : l'exemple togolais*, Thèse droit public, Université de Caen, 1993, 432 p.

TEDGA (Paul John Marc), *Ouverture démocratique en Afrique noire*, Paris : L'Harmattan, 1991, 251 p.

THIRIOT (Céline), *Démocratisation et démilitarisation du pouvoir : étude comparative à partir du Burkina Faso, Congo, Gabon,*

Mali et du Togo, Thèse Science politique, Université de Bordeaux IV, 1999, 1035 p.

THYSTERE-TCHICAYA (Jean Pierre), *Itinéraire d'un Africain vers la démocratie*, Paris : Tricore, 1992, 171 p.

TOULABOR (Comi), *Le Togo sous Eyadema*, Paris : Karthala, 1986, 332 p.

TONG (Prosper Ducel), *Les conférences nationales en Afrique noire francophone : les chemins de la démocratie*, Thèse science politique, Université de Lille 2, 1994, 529 p.

VANDERLINDEN (Jacques), *Les systèmes juridiques africains*, Paris : PUF, 1983, 127 p.

VIGNON (Yao Biova), *Recherches sur le constitutionnalisme en Afrique noire francophone. Le cas du Congo, de la Côte d'Ivoire, du Sénégal et du Togo*, Poitiers, 1988, 1039 p.

WODIE (F.), *Institutions politiques et Droit constitutionnel en Côte d'Ivoire*, Abidjan, Presses universitaires de Côte d'Ivoire, 1996. 116 p.

YAMEOGO (Philippe), *Repenser l'Afrique*, Paris : L'Harmattan, 1993, 250 p.

ZIEGLER (Jean), *Démocratie et nouvelles formes de légitimation en Afrique : les conférences nationales au Bénin et au Togo*, notes et travaux n° 47, itinéraires, Genève : octobre 1997.

Bibliographie sur le Tchad

HOUZIBE. (O.K*.), L'impasse du processus démocratique en Afrique noire francophone : le cas du Tchad. Les dimensions juridiques, politiques et institutionnelles de la démocratisation en Afrique subsaharienne,* L'Harmattan, 2016, 435 p.

HOUZIBE. (O.K*.), Le constitutionnalisme Tchadien de la proclamation de la République à l'instauration démocratique.*

De la succession des Républiques à la Transition militaire d'avril 2021, L'Harmattan, 2022, 360 p.

AGIR ICI-SURVIE, *Tchad-Niger : Escroqueries à la démocratie*, Paris, L'Harmattan, 1996.

BANGUI ROMBAYE (A.), *Tchad : élections sous contrôle (1996-1997)*, Paris, L'Harmattan, 1999, 304 p.

BANGOURA (M. T.), *Violence politique et conflit en Afrique : le cas du Tchad*, Paris, L'Harmattan, 2006, 488 p.

BUIJTENHUIJS (R.), *Transition et élection au Tchad — 1993-1997. Restauration autoritaire et recomposition politique*, Paris, Karthala, 1998, 372 p.

BUIJTENHUIJS (R.), *La conférence nationale souveraine du Tchad. Un essai d'histoire immédiate*, Paris, Karthala, 1993, 216 p.

BUIJTENHUIJS (R.), *Le Frolinat et les guerres civiles du Tchad (1977-1984) : la révolution introuvable*, Paris, Karthala, 479 p.

BUIJTENHUIJS (R.), *Tchad : L'année des élections, L'Afrique politique 1997*, CEAN, Paris, Karthala, 1997.

BUIJTENHUIJS (R.), *Limiter les dégâts ou cautionner des abus ? L'observation internationale du référendum constitutionnel et des élections présidentielles au Tchad (mars-juillet 1996*), *Observatoire permanent de la Coopération française*, Paris, Karthala, 1997.

DADI (A.), *Tchad, l'État retrouvé*, Paris, L'Harmattan, 1987.

DEBOS (M.), *Le métier des armes au Tchad. Le gouvernement de l'entre-guerre*, Karthala, 2013, 264 p.

DINGAMADJI (A.), *Les gouvernements du Tchad. De Gabriel LISSETTE à Idriss DEBY ITNO 1957-2010*, Paris, L'Harmattan, 2011, 309 p.

DINGAMADJI (A.), *« NGARTA TOMBALBAYE : Parcours et rôle dans la vie politique du Tchad, 1959-1975 »,* Paris, L'Harmattan, 2007, 442 p.

DJONDANG (E.), *« Au pays Moundang, recueil de traditions, essai de chronologie et aperçu sur l'environnement sociologique et économique »*, Paris ; Budapest ; Torino, L'Harmattan, 2004, 185 p.

GALIT NGOTHE (G.), *Tchad : guerre et désagrégation de l'État*, Paris, Présence africaine, 1985, 217 p.

MAGNANT (J.-P.), « Le Tchad », *in L'Afrique en transition vers le pluralisme politique* CONAC (G.) (Dir.), Paris, Economica, 1993, pp. 387-391.

MAGNANT (J.-P.), « Tchad, Crise de l'État ou crise de gouvernement ? », *in* MÉDARD (J.-F.) et al., *États d'Afrique noire : Formations, mécanismes et crises*, Paris, Karthala, 1991, pp. 173-201.

NEBARDOUM (D.), *Le labyrinthe de l'instabilité politique au Tchad*, Paris, L'Harmattan, 1998, 171 p.

TOGO-ALLAH (M.), *Conflits tchadiens et ingérences étrangères*, Berlin, Peter Lang, 1995, 180 p.

Articles et revues

ALIFA (M.D.), « Le pays piégé par ses propres fils », *in Tchad, Conflit nord-sud : Mythe ou réalité ?* Centre culturel Al Mouna-Sépia, s.l.

AICARDI de SAINT-PAUL (M.), « La Conférence nationale souveraine du Tchad du 15 janvier au 7 avril 1993 », *Afrique Contemporaine*, 167, 1993, pp. 41-44.

ARDITI (C.), « Tchad : Chronique d'une démocratie importée », *Journal des Anthropologues*, N° 53-54-55, Automne-Hiver 1993 — Printemps 1994.

BANGUI (A.), « Transformer nos différences en atouts », in *Tchad, Conflit nord-sud : Mythe ou réalité ?* Centre culturel Al Mouna-Sépia, s.l.

BUIJTENHUIJS (R.), « Idriss DEBY, le dernier seigneur de la guerre du Tchad », *Politique africaine* n°44, déc. 1991, pp. 128-133.

BUIJTENHUIJS (R.), « Les partis politiques africains ont-ils des projets de société ? L'exemple du Tchad », *Politique africaine* n° 56, 1994, pp. 119-135.

BUIJTENHUIJS (R.), « On nous a volé nos voix ! : Quelle démocratie pour le Tchad », *politique Africaine* n° 63, octobre 1996, pp. 130-135.

BUIJTENHUIJS (R.), « La situation dans le sud du Tchad », *Afrique contemporaine*, N° 175, juillet-septembre 1995.

BUIJTENHUIJS (R.), « Le Tchad est inclassable : le référendum constitutionnel du 31 mars 1996 », *politique Africaine*, n° 62, juin 1996.

DADNADJI (D.) et al., *« La démocratisation par le haut : de la Conférence nationale souveraine à la transition »*, N'djaména, CEFOD, 1994.

DOUTOUM (M.A), *« Actualité tchadienne, 1991-1994 »*, Paris, Aresae et PMCT. 1994.

GARY (I.) et REISCH (N.), *« Le pétrole tchadien : miracle ou mirage ? Suivre l'argent au dernier-né des pétro-États d'Afrique »*, Catholic Relief Services and Bank Information Center, 2003, 124 p.

LANNE (B.), « Conflits et violences au Tchad », *Afrique contemporaine*, N° 180, octobre-décembre 1996.

LANNE (B.), « Tchad : la Constitution du 14 avril 1996 », *Afrique contemporaine*, N° 182, 2e trimestre 1997.

LEMOINE (Th.), « Tchad, 1960-1990 : Trente années d'indépendance », Paris, *Lettre du Monde*, 1997.

MANDIGUI (Y.), « Les vicissitudes de la transition démocratique tchadienne », *R.J.P.I.C.,* 49, octobre-décembre 1995, pp. 304-321.

MAGRIN (G.) et VLIET (G.V.), « Greffe pétrolière et dynamiques territoriales : l'exemple de l'on-shore tchadien », *Afrique contemporaine* 2005/4 (n° 216), p. 87-105.

MASSUYEAU (B.) et DORBEAU-FALCHIER (D.), « Gouvernance pétrolière au Tchad : la loi de gestion des revenus pétroliers », *Afrique contemporaine*, 2005/4 n° 216, p. 139-156.

MOYRAND (A.), *« La normalisation constitutionnelle au Tchad »*, CEAN, Travaux et Documents, 1990.

NGODI (E.), *« gestion des ressources pétrolières et développements en Afrique »*, CODESRIA, 11e Assemblée Générale, 6-10 décembre 2005, Maputo, Mozambique, 30 p.

TRIAUD (J.-L.), « Au Tchad, la démocratie introuvable », *Le Monde diplomatique*, février 1992.

Thèses et mémoires

BANGOURA (M.), *Contribution à l'étude du conflit tchadien. De l'indépendance à nos jours*, Mémoire de DEA en Science politique, IAES, Libreville, sous la direction de DABEZIES (P.), mars 1988, 107 p.

GABAROUM GABRE (L.), *La France et le problème tchadien*, Thèse de doctorat de 3e cycle, Université de Paris XI, sous la direction de ZORBIBE (Ch.), 1983.

HOUZIBE (O.K.), *Contribution à l'étude du processus démocratique en Afrique francophone, évolution ou stagnation ? : le cas du Tchad*, Mémoire de master II en Science politique, Université Jean-Moulin de Lyon 3/IFRAMOND 2012, 120 p.

RABIER (Y.), *Politique internationale du conflit tchadien (1960-1990) : Guerre civile et système mondial*, Thèse d'État en Science politique, IEP de Paris, 1993.

YARANGAR (T.C.), *Existe-t-il un État tchadien*, Thèse de doctorat d'État de Droit public, Université de Nice, 1988.

ALASSANI (Zeinatou), *L'évolution du droit de recourir à la force : vers une reconnaissance de l'« autorisation implicite*, Thèse de doctorat en Droit, Université de Rouen, 2019, 501 p.

TABLE DES MATIERES

SCHÉMA INDICATIF DU RÉFÉRENDUM CONSTITUTIONNEL EN PERSPECTIVE AU TCHAD

Extrait de l'ouvrage intitulé : Le Dualisme constitutionnel sur la forme de l'État au Tchad. Une confrontation dans la recherche de la refondation de l'État tchadien.

Auteur : *Dr. Ousmane Koudangbé Houzibé, universitaire, juriste politologue.*

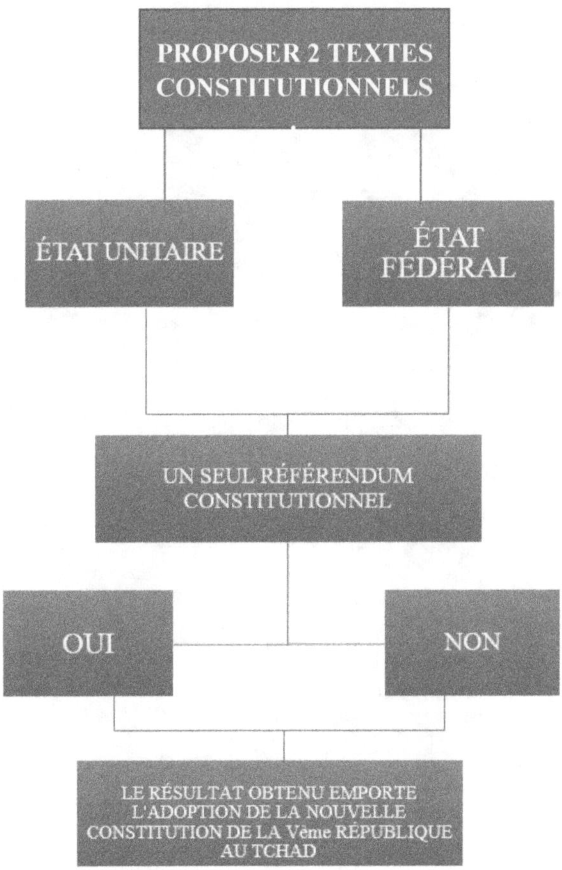

Structures éditoriales du groupe L'Harmattan

L'Harmattan Italie
Via degli Artisti, 15
10124 Torino
harmattan.italia@gmail.com

L'Harmattan Hongrie
Kossuth l. u. 14-16.
1053 Budapest
harmattan@harmattan.hu

L'Harmattan Sénégal
10 VDN en face Mermoz
BP 45034 Dakar-Fann
senharmattan@gmail.com

L'Harmattan Cameroun
TSINGA/FECAFOOT
BP 11486 Yaoundé
inkoukam@gmail.com

L'Harmattan Burkina Faso
Achille Somé – tengnule@hotmail.fr

L'Harmattan Guinée
Almamya, rue KA 028 OKB Agency
BP 3470 Conakry
harmattanguinee@yahoo.fr

L'Harmattan RDC
185, avenue Nyangwe
Commune de Lingwala – Kinshasa
matangilamusadila@yahoo.fr

L'Harmattan Congo
219, avenue Nelson Mandela
BP 2874 Brazzaville
harmattan.congo@yahoo.fr

L'Harmattan Mali
ACI 2000 - Immeuble Mgr Jean Marie Cisse
Bureau 10
BP 145 Bamako-Mali
mali@harmattan.fr

L'Harmattan Togo
Djidjole – Lomé
Maison Amela
face EPP BATOME
ddamela@aol.com

L'Harmattan Côte d'Ivoire
Résidence Karl – Cité des Arts
Abidjan-Cocody
03 BP 1588 Abidjan
espace_harmattan.ci@hotmail.fr

Nos librairies en France

Librairie internationale
16, rue des Écoles
75005 Paris
librairie.internationale@harmattan.fr
01 40 46 79 11
www.librairieharmattan.com

Librairie des savoirs
21, rue des Écoles
75005 Paris
librairie.sh@harmattan.fr
01 46 34 13 71
www.librairieharmattansh.com

Librairie Le Lucernaire
53, rue Notre-Dame-des-Champs
75006 Paris
librairie@lucernaire.fr
01 42 22 67 13

www.ingramcontent.com/pod-product-compliance
Lightning Source LLC
LaVergne TN
LVHW011500061026
849535LV00004BA/1155